**Questo volume è disponibile anche in versione digitale.**
Per scaricare il **libro digitale**:
- annota i codici stampati sul bollino argentato presente in questa pagina
- segui le istruzioni sul sito internet www.seieditrice.com/libri-digitali

Elisabetta **Stroppiana**   Michele Fossati

# LUCE DEL MONDO

# 2

SOCIETÀ EDITRICE INTERNAZIONALE - TORINO

*Coordinamento e progetto editoriale*: Lia Ferrara
*Redazione*: Paola Cotto
*Ricerca iconografica*: Paola Cotto, Enrico Badellino
*Coordinamento tecnico*: Francesco Stacchino
*Progetto grafico*: Piergiuseppe Anselmo
*Impaginazione*: Puntografica - Torino
*Disegni*: Studio Balbo-Gozzelino; Gabriella Bianco
*Copertina*: Piergiuseppe Anselmo
*Foto in copertina*: Archivio SEI

Le immagini provengono dall'Archivio SEI.

E. Stroppiana – M. Fossati
*Luce del mondo*
Volume per il secondo anno
Testo per l'IRC nella Scuola Secondaria di Primo Grado
Edizioni SEI – Torino

**Nulla osta** della Conferenza Episcopale Italiana (Prot. N. 4/2011)
Roma, 7 gennaio 2011

X **Angelo Card. Bagnasco**
*Presidente*

**Imprimatur** (Prot. N. 6/11)

Torino, 14 gennaio 2011

**mons. Piero Delbosco**
*Pro-Vicario Generale*

AZIENDA CON SISTEMA DI GESTIONE
PER LA QUALITÀ CERTIFICATO DA DNV
= UNI EN ISO 9001:2008 =

© 2011 by SEI – Società Editrice Internazionale – Torino
www.seieditrice.com

Prima edizione: 2011

Ristampa
3   4   5   6   7   8   9   10
     2014      2015

Tutti i diritti sono riservati. È vietata la riproduzione dell'opera o di parti di essa con qualsiasi mezzo, compresa stampa, copia fotostatica, microfilm e memorizzazione elettronica, se non espressamente autorizzata per iscritto.

Le fotocopie per uso personale del lettore possono essere effettuate nei limiti del 15% di ciascun volume dietro pagamento alla SIAE del compenso previsto dall'art. 68, commi 4 e 5, della legge 22 aprile 1941 n. 633.

Le fotocopie effettuate per finalità di carattere professionale, economico o commerciale o comunque per uso diverso da quello personale possono essere effettuate a seguito di specifica autorizzazione rilasciata da CLEARedi, Centro Licenze e Autorizzazioni per le Riproduzioni Editoriali, Corso di Porta Romana 108, 20122 Milano, e-mail autorizzazioni@clea-redi.org e sito web www.clearedi.org.

L'Editore dichiara la propria disponibilità a regolarizzare errori di attribuzione o eventuali omissioni sui detentori di diritto di copyright non potuti reperire.

Mediagraf S.p.A. - Padova

# Indice

Presentazione, 1

## 1 La prima comunità cristiana

**1 Le fonti per conoscere la comunità primitiva**, 4

Gli Atti degli apostoli, 4 – Le Lettere paoline e cattoliche, 5

**2 Soli ma non abbandonati**, 6

Una speranza che rinasce, 6 – Gesù ascende al cielo, 6 – La prima comunità, 7

**3 La Pentecoste e l'annuncio del Vangelo**, 8

La discesa dello Spirito Santo, 8 – La forza dello Spirito, 8 – L'annuncio e il battesimo cristiano, 9

L'inserto → *Riti di iniziazione e di passaggio*, 10

**4 L'organizzazione della comunità**, 12

Apostoli, episcopi e diaconi, 12 – Il primato di Pietro, 13

**5 La vita della comunità**, 14

Un nuovo stile di vita, 14 – Una comunità non solo di santi, 15

**6 Il distacco dall'ebraismo**, 16

Il primo martire, 16 – L'attrito con le autorità ebraiche, 16 – La missione ai non ebrei, 17

**Sosta di verifica**, 18

Verifichiamo, 18 – Giochiamo, 19

■ **Attività finali**, 20

Mappa concettuale, 20 – Concludiamo la riflessione, 21

 • Riassunto dell'unità • Verifica finale • Libro: *Il mago di Oz* • Film: *Gesù di Nazareth*

# Indice

## 2 Da Gerusalemme all'Impero romano

**1 La missione di Pietro**, 24
Una duplice vocazione, 24 – La missione agli Ebrei, 24 – La missione ai pagani, 25 – Sulle orme di Pietro, 25

**2 La missione di Paolo**, 26
Un inizio da persecutore, 26 – La conversione e la missione, 26 – L'evangelizzazione fuori dalla Palestina, 27

**3 Il Concilio di Gerusalemme**, 28
Due posizioni diverse, 28 – Le decisioni del Concilio, 29 – Gli effetti del Concilio, 29

**4 Gli scritti e il messaggio di Paolo**, 30
Le lettere, 30 – Un contributo enorme, 31 – Cristo al centro, 31

*on line*
• Un inno teologico • L'inno alla carità

**Sosta di verifica**, 32
Verifichiamo, 32 – Giochiamo, 33

**5 Cristianesimo e Impero romano**, 34  *...ESPANSIONE digitale*
Le persecuzioni, 34 – I motivi dell'ostilità, 35

**6 I martiri cristiani**, 36
Martiri e *lapsi*, 36 – Le catacombe, 36 – La reazione dei cristiani, 37

▶ *L'anfiteatro Flavio*, 38

L'inserto  *I simboli usati dai primi cristiani*, 40

**7 Il cristianesimo religione dell'Impero**, 42
Da Galerio a Teodosio, 42 – L'organizzazione delle Chiese, 43

**8 La definizione della fede**, 44
L'ortodossia e le eresie, 44 – I simboli di fede, 45

L'inserto  *La basilica cristiana*, 46

**Sosta di verifica**, 48
Verifichiamo, 48 – Giochiamo, 49

■ **Attività finali**, 50
Mappa concettuale, 50 – Concludiamo la riflessione, 51

• Riassunto dell'unità • Verifica finale • Libro: *I viaggi di Gulliver* • Film: *Quo vadis?*

Indice V

# 3 Il Vangelo in Europa

**1 Dopo la caduta dell'Impero d'Occidente**, 54

La crisi dell'Impero, 54 – Un nuovo ruolo per la Chiesa, 55 – Il ruolo dei vescovi, 55

- La radici culturali dell'Europa

**2 Il Vangelo si diffonde in Europa**, 56

Una nuova stagione missionaria, 56 – L'unificazione culturale, 56 – Gregorio Magno, 56 – Grandi missionari, 57

- La musica sacra

**3 La nascita del monachesimo**, 58

L'esperienza eremitica, 58 – L'esperienza cenobitica, 59 – Il monachesimo in Occidente, 59

**4 Il monachesimo benedettino**, 60

La svolta del VI secolo, 60 – La Regola benedettina, 60 – Una funzione sociale e culturale, 61 – Il consolidamento dell'evangelizzazione, 61

- La regola benedettina

▶ *L'abbazia benedettina*, 62

**5 La vita nel monastero**, 64

La figura dell'abate, 64 – La giornata monastica, 65

**Sosta di verifica**, 66

Verifichiamo, 66 – Giochiamo, 67

■ **Attività finali**, 68

Mappa concettuale, 68 – Concludiamo la riflessione, 69

- Riassunto dell'unità • Verifica finale • Libro: *Quando l'Europa è diventata cristiana*
- Film: *Il grande silenzio*

# 4 Il Medioevo della Chiesa

**1 Papato e Impero**, 72

Istituzione celeste, realtà terrena, 72 – Un difficile rapporto, 72 – Crisi e decadenza, 73 – La riforma gregoriana, 73

## Indice

**2 La riforma monastica**, 74

Un forte desiderio di rinnovamento, 74 – I cluniacensi, 74 – I cistercensi, 75 – La rinascita del movimento eremitico, 75

▶ *La cattedrale romanica*, 76

**3 Lo scisma d'Oriente**, 78

Oriente e Occidente, 78 – Una cristianità divisa, 78

• La liturgia ortodossa

**4 Una Chiesa in difficoltà**, 80

Uno scontro inevitabile, 80 – Lo scisma d'Occidente, 81

**Sosta di verifica**, 82

Verifichiamo, 82 – Giochiamo, 83

**5 Pellegrini e pellegrinaggi**, 84

L'Europa in movimento, 84 – Forme di pellegrinaggio, 85 – Le mete, 85

**6 Alla conquista dell'Oriente**, 86

Le crociate, 86 – Differenti motivazioni, 87 – Una separazione divenuta definitiva, 87

**7 La lotta alle eresie**, 88

Il ritorno alla povertà, 88 – Gruppi di eretici, 88 – La Chiesa contro l'eresia, 89

**8 Gli ordini mendicanti**, 90

Poveri e in mezzo alla gente, 90 – I francescani, 90 – I domenicani, 91

▶ *La cattedrale gotica*, 92

**Sosta di verifica**, 94

Verifichiamo, 94 – Giochiamo, 95

■ **Attività finali**, 96

Mappa concettuale, 96 – Concludiamo la riflessione, 97

• Riassunto dell'unità • Verifica finale • Libro: *Il segreto di Altemburg* • Film: *San Francesco*

# La Chiesa riformata

**1 La cristianità in crisi**, 100

Un'età di trasformazione, 100 – Il rinnovamento culturale, 100 – L'uomo al centro, 100 – Le critiche alla Chiesa, 101

Indice **VII**

**2 Lutero e la questione delle indulgenze**, 102

Le cause della Riforma, 102 – La questione delle indulgenze, 103 – Lutero e le indulgenze, 103

**3 La Riforma protestante**, 104

La Chiesa secondo Lutero, 104 – La salvezza secondo Lutero, 104 – La Chiesa luterana, 105 – La nascita di una nuova Chiesa, 105

**4 La Riforma in Europa**, 106

In Svizzera: il calvinismo, 106 – In Inghilterra: l'anglicanesimo, 106 – Nel resto d'Europa, 107

**5 La Riforma cattolica**, 108

Il Concilio di Trento, 108

**6 Differenze dottrinali e dialogo**, 110

Il dialogo ecumenico, 110

**7 Il rinnovamento della Chiesa**, 112

I nuovi ordini religiosi, 112 – La Compagnia di Gesù, 113

**Sosta di verifica**, 114

Verifichiamo, 114 – Giochiamo, 115

■ **Attività finali**, 116

Mappa concettuale, 116 – Concludiamo la riflessione, 117

• Riassunto dell'unità • Verifica finale • Libro: *La lettera scarlatta* • Film: *Luther*

# 6 Il cristianesimo nel mondo

**1 Il cristianesimo nell'America del Nord**, 120

Missionari in terre nuove, 120 – Puritani e quaccheri, 121

**2 Il cristianesimo in America Latina**, 122

La conquista, 122 – L'evangelizzazione, 123

**3 Il cristianesimo in Asia**, 124

Un'antica missione, 124 – Il metodo dei gesuiti, 125

**4 Il cristianesimo in Africa**, 126

Un cristianesimo antico, 126 – Tentativi di missione, 127 – Un triste destino, 127

VIII  Indice

**Sosta di verifica**, 128
Verifichiamo, 128 – Giochiamo, 129

■ **Attività finali**, 130
Mappa concettuale, 130 – Concludiamo la riflessione, 131

• Riassunto dell'unità • Verifica finale • Libro: *l'uomo che piantava gli alberi* • Film: *Mission*

# 7 La Chiesa e la modernità

**1  La Chiesa e la questione sociale**, 134
Un necessario adeguamento, 134 – A favore degli emarginati, 135

**2  I santi sociali**, 136
L'opera caritativa e assistenziale di Giuseppe Cottolengo, 136 – La Piccola Casa della Divina Provvidenza, 136 – L'azione educativa di Giovanni Bosco, 137 – Don Bosco e i salesiani, 137

**3  La Chiesa e le nuove ideologie**, 138
Chiesa e modernità, 138 – La dottrina sociale della Chiesa, 139

**4  Le missioni cristiane**, 140
Un nuovo vigore, 140 – La Chiesa e la decolonizzazione, 141

**Sosta di verifica**, 142
Verifichiamo, 142 – Giochiamo, 143

■ **Attività finali**, 144
Mappa concettuale, 144 – Concludiamo la riflessione, 145

• Riassunto dell'unità • Verifica finale • Libro: *La città della gioia* • Film: *Don Bosco*

# 8 Il Novecento della Chiesa

**1  La Chiesa e i totalitarismi**, 148
Un momento storico drammatico, 148 – La Chiesa e il comunismo, 148 – La Chiesa e il fascismo, 149 – La Chiesa e il nazismo, 149

**2  I testimoni della fede**, 150
La fede fino al martirio, 150 – Dietrich Bonhoeffer, 150 – Massimiliano Kolbe, 151 – Edith Stein, 151

### Indice IX

##### 3 Il Concilio Vaticano II, 152
La convocazione, 152 – Il Concilio, 152 – Una nuova immagine di Chiesa, 153

##### 4 Giovanni XXIII, 154
L'importanza di cogliere "i segni dei tempi", 154

##### 5 Una nuova evangelizzazione, 156
La missione e la Chiesa, 156 – Le missioni nel Novecento, 156 – L'inculturazione, 157

##### 6 Da Paolo VI a Benedetto XVI, 158
Il pontificato di Paolo VI, 158 – Il pontificato di Giovanni Paolo II, 159 – Benedetto XVI, 159

L'inserto ▸ *L'energia della fede*, 160

▸ *La basilica di San Pietro*, 162

##### 7 Una Chiesa in dialogo, 164
L'importanza del dialogo, 164 – Il movimento ecumenico, 164 – Il dialogo interreligioso, 165

• Concilio Vaticano II, *Unitatis redintegratio*

##### 8 La riconciliazione con la scienza, 166
Un rapporto non facile, 166 – In dialogo, 167

##### 9 Cristiani e cattolici oggi nel mondo, 168
Il cristianesimo nel mondo, 168 – Il cattolicesimo nel mondo, 168

**Sosta di verifica**, 170
Verifichiamo, 170 – Giochiamo, 171

■ **Attività finali**, 172
Mappa concettuale, 172 – Concludiamo la riflessione, 173

• Riassunto dell'unità • Verifica finale • Libro: *Arrivederci ragazzi* • Film: *Uomini di Dio*

# Vita della Chiesa

##### 1 Segno e strumento di salvezza, 176
La Chiesa ridisegnata dal Concilio, 176 – La realtà della Chiesa, 177

##### 2 L'organizzazione della Chiesa cattolica, 178
La gerarchia ecclesiastica, 178 – Il ruolo dei laici, 179

# Indice

### 3 I segni sacramentali, 180
I sette sacramenti, 180 – Azioni molteplici, 181 – I sacramenti e la Chiesa, 181

### 4 I sacramenti dell'iniziazione, 182
Entrare nella comunità, 182 – Il battesimo, 182 – L'eucaristia, 183 – La confermazione, 183

### 5 I sacramenti della guarigione, 184
La misericordia di Dio, 184 – La penitenza, 184 – L'unzione dei malati, 185

### 6 I sacramenti del servizio, 186
L'ordine sacro, 186 – Il matrimonio, 187

### 7 L'anno liturgico, 188
Il tempo cristiano, 188 – Tempo sacro e tempo profano, 189

**Sosta di verifica**, 190
Verifichiamo, 190 – Giochiamo, 191

■ **Attività finali**, 192
Mappa concettuale, 192 – Concludiamo la riflessione, 193

• Riassunto dell'unità • Verifica finale • Libro: *Io non ho paura* • Film: *Asini*

**Glossario**, 194

# Legenda

I due simboli seguenti, presenti in alcune pagine, rimandano rispettivamente a:

**...espansione digitale** = **materiale multimediale** presente nel DVD-rom allegato al volume e nell'espansione dedicata all'opera sul sito **www.seieditrice.com**

 = lettura di **approfondimenti** nell'espansione dedicata all'opera sul sito **www.seieditrice.com**

# Presentazione

Conformemente al taglio antropologico-religioso che caratterizzava *Il sale della terra*, questo testo, completamente nuovo e progettato secondo i nuovi *Traguardi per le competenze in uscita della scuola secondaria di primo grado*, a lungo sperimentate e finalmente rese definitive dalla CEI (ogni Unità dichiara puntualmente i *Nuovi Obiettivi Formativi*, facendo riferimento ai quattro ambiti individuati dal documento emerso dalla Riforma) si presenta particolarmente attento agli aspetti del rapporto tra l'umanità e il sacro, al linguaggio religioso, alla Bibbia e alle altre fonti, ai valori etici e religiosi.

Molto vigile rispetto ai valori didattici ed esperienziali, il testo vuole offrire allo studente e all'insegnante l'opportunità di affrontare gli argomenti, pur nel rispetto della confessionalità prevista dall'IRC, con una grande attenzione agli aspetti pluri- e interdisciplinari, aprendosi ad altri mondi e ad altre culture, per permettere una migliore conoscenza di coloro che ormai vivono e fanno parte della nostra società, nella convinzione che la conoscenza sia il primo gradino per l'accoglienza, il dialogo reciproco e quindi per un arricchimento culturale e spirituale.

Consapevole di rivolgersi a ragazzi nella delicata fascia della preadolescenza, inoltre, con attenzione si sofferma sugli interrogativi, sugli aspetti più propriamente legati alla difficoltà di crescere, nel passaggio dal mondo protetto dell'infanzia a una fase dell'esistenza in cui si deve saper scegliere, il testo vuole accompagnare gli studenti lungo un percorso educativo di consapevolezza di sé, dei propri sentimenti e delle proprie convinzioni e a uno sviluppo di un senso critico maturo che colga la sfumatura dei grandi problemi dell'attualità e della realtà che li circonda.

Particolarmente attento all'attualità, anche nei suoi aspetti più aspri (il problema delle diseguaglianze sociali, la povertà, la malattia, il dolore…) e cogenti (fin dove ha diritto di spingersi la conoscenza umana? Che cosa comporta il rispetto della vita? Che cos'è il pluralismo religioso?) *Luce del mondo* si propone come un veicolo all'educazione ai valori e a una visione critica e consapevole della realtà contemporanea.

Il "filo rosso" che percorre il testo è ovviamente la visione dell'esistenza alla luce dell'insegnamento di Cristo, permettendo tuttavia e favorendo nel ragazzo lo sviluppo di un punto di vista autonomo e maturo che permetta di considerare gli aspetti dell'esistenza nelle sue variegate sfaccettature e quindi di scegliere in piena autonomia e consapevolezza.

# La prima comunità cristiana

**1**

Andrea Bonaiuti, *Navicella di Cristo*, 1366 (Firenze, Basilica di Santa Maria Novella).

## Cominciamo a riflettere

### L'ombra della luce

Difendimi dalle forze contrarie,
la notte, nel sonno, quando non sono cosciente,
quando il mio percorso, si fa incerto,
E non abbandonarmi mai...
Non mi abbandonare mai!
Riportami nelle zone più alte
in uno dei tuoi regni di quiete:
È tempo di lasciare questo ciclo di vite.
E non mi abbandonare mai...
Non mi abbandonare mai!
Perché, le gioie del più profondo affetto
o dei più lievi aneliti del cuore
sono solo l'ombra della luce,
Ricordami, come sono infelice
lontano dalle tue leggi;
come non sprecare il tempo che mi rimane.
E non abbandonarmi mai...
Non mi abbandonare mai!
Perché, la pace che ho sentito in certi monasteri,
o la vibrante intesa di tutti i sensi in festa,
sono solo l'ombra della luce.

*Franco Battiato*

# Dio e l'uomo - La Bibbia e le altre fonti

## OBIETTIVI DI APPRENDIMENTO

▶ Riconoscere la vicenda della morte e risurrezione di Cristo nella prospettiva dell'evento pasquale.

▶ Riconoscere in Lui il Figlio di Dio, Salvatore del mondo, fondatore della Chiesa.

▶ Saper adoperare i Vangeli come documento storico culturale e apprendere che nella fede della Chiesa sono accolti come Parola di Dio.

## COMPETENZE

▶ L'alunno individua nella fondazione della Chiesa una tappa della storia della salvezza.

▶ L'alunno sa cogliere l'intreccio tra dimensione religiosa e culturale.

# 1 Le fonti per conoscere la comunità primitiva

## GLI ATTI DEGLI APOSTOLI

Coloro che avevano creduto al **Vangelo** di Gesù e alla sua risurrezione predicata dagli apostoli costituiscono la **prima comunità cristiana**, raccolta attorno a essi. Alcuni testi del Nuovo Testamento, in particolare gli Atti degli apostoli e le Lettere di Paolo, ci consentono di conoscere la vita e la testimonianza della comunità primitiva.

Tra i testi fondamentali della fede cristiana, gli Atti degli apostoli, scritti **in greco** dall'evangelista **Luca intorno all'80 d.C., narrano le vicende dei Dodici dopo la morte e risurrezione di Gesù**, in particolare quelle di Pietro e di altri credenti, tra cui Paolo, Barnaba e Filippo.

▼ **I Dodici**
Vigoroso da Siena, *I dodici apostoli*, XIII secolo, miniatura (Venezia, Fondazione Giorgio Cini).

### LESSICO

**Vangelo**
La parola è di origine greca e significa "lieto annuncio". Viene usata per indicare il messaggio di Gesù, secondo il quale la salvezza attesa da Israele era vicina. Con lo stesso termine si indica anche il testo che riporta per iscritto tale annuncio, inserendolo nel racconto della vicenda terrena di Gesù.

- I fatti narrati vengono interpretati **in chiave teologica**, per dimostrare cioè che il Signore agisce nella storia dell'umanità e che grazie all'azione divina, attraverso lo Spirito, il Vangelo, cioè la buona notizia portata da Cristo, può arrivare «*fino ai confini della terra*». Il messaggio diffuso a Gerusalemme e in Giudea da Pietro e portato da Paolo a Roma, infatti, è lo stesso che fu affidato da Gesù ai Dodici.

- Gli Atti uniscono dunque una serie di **memorie storiche**, riguardanti la diffusione del cristianesimo delle origini, a una vera e propria **riflessione teologica sulla Chiesa** e sullo Spirito Santo che la anima. L'azione degli apostoli, inviati a predicare il Vangelo di Cristo, infatti, è vista come l'attiva, libera e responsabile risposta degli uomini all'iniziativa e alla proposta di salvezza dello Spirito. **Esso è presenza viva nella Chiesa** e nei credenti: è una Persona reale, che guida e aiuta la comunità a capire e a compiere la volontà di Dio.

## 1 Le fonti per conoscere la comunità primitiva

▼ **Luca**
L'evangelista scrive su un rotolo posato sulle ginocchia secondo l'uso greco-romano. Sullo scranno vi sono gli attrezzi necessari all'amanuense. Miniatura del x secolo (Vienna, Österreichische Nationalbibliothek).

### PER SAPERNE DI PIÙ

### Struttura e contenuto degli Atti

Gli Atti degli apostoli sono divisi in due grandi parti.
- Nella prima sezione (capp. 1-15) si racconta dell'evento della **Pentecoste** e della prima predicazione di Pietro a Gerusalemme; ben presto, tuttavia, la scena si allarga a tutta la Giudea e alla Samaria. Emerge quindi la figura di Saulo-Paolo, il persecutore convertito. Pietro, con l'annuncio di Cristo al centurione romano Cornelio, e Paolo, con l'evangelizzazione dei pagani di Antiochia, fanno conoscere la "buona notizia" di Gesù al mondo.
- Nella seconda sezione (capp. 16-28) il protagonista è Paolo con i suoi tre viaggi missionari, che lo portano in Asia Minore e in Grecia. Arrestato presso Gerusalemme, Paolo si appella, in quanto cittadino romano, al tribunale imperiale e raggiunge Roma. Qui, pur costretto agli arresti domiciliari, può continuare ad annunciare il Vangelo a quanti si recano da lui.

## LE LETTERE PAOLINE E CATTOLICHE

Le Lettere scritte **da Paolo** alle comunità da lui fondate **completano le notizie degli Atti** relativamente alla comunità primitiva e permettono di collocare cronologicamente alcuni episodi raccontati nel testo lucano. Esse costituiscono, nel loro insieme, un'importante **sistematizzazione teologica del pensiero cristiano**. Tra tutte le lettere attribuite a Paolo, quella agli Ebrei è anomala per lingua e stile: la Chiesa cattolica ritiene quindi che sia di un altro autore, la cui identificazione però è controversa. Le cosiddette "Lettere cattoliche" sono state scritte **da apostoli diversi** e non sono indirizzate a comunità particolari, bensì sono **destinate all'intera Chiesa** diffusa per il mondo. Più che lettere in senso stretto, questi testi sembrano **omelie**, cioè interpretazioni di passi delle Sacre Scritture o **catechesi** destinate a varie comunità cristiane, soprattutto di origine giudaica.

### LESSICO

**Pentecoste**
In greco vuol dire "cinquantesimo (giorno)". È il nome di un'antica festa ebraica, celebrata sette settimane dopo la Pasqua, che ricorda la consegna della Legge a Mosè e la conclusione dell'alleanza sul monte Sinai.

**Catechesi**
Dal greco *katéchesis*, che significa "istruzione a viva voce". Si tratta dell'insegnamento sistematico del primo annuncio del Vangelo, avente come obiettivo quello di far conoscere i fondamenti della fede.

▶ **Paolo di Tarso**
Paolo è rappresentato con la spada, strumento del suo martirio e le Lettere che egli scrisse. (Lucas Cranach, *San Paolo*, XVI secolo, Parigi, Musée du Louvre).

# 2 Soli ma non abbandonati

**Ascensione**
Paolo Veronese, 1585 ca. (Roma, Pinacoteca Capitolina).

## UNA SPERANZA CHE RINASCE

La **morte** di Gesù aveva gettato gli apostoli in uno stato di scoraggiamento e paura: tutte le speranze che avevano riposto nel Maestro erano finite su quella croce insieme a Lui.
Ma **l'annuncio della risurrezione**, sebbene in un primo momento li avesse lasciati increduli, aveva poi fatto rinascere in loro la **gioia**. Anche perché non avevano solo udito l'annuncio, ma l'avevano proprio visto, gli avevano parlato, avevano mangiato con Lui, avevano visto le sue piaghe.
Probabilmente gli apostoli avevano creduto che tutto sarebbe tornato come prima; anzi, meglio di prima: adesso Lui si sarebbe preso la **rivincita** sui suoi nemici, su coloro che lo avevano messo a morte; finalmente avrebbe potuto essere instaurato il suo Regno.

## GESÙ ASCENDE AL CIELO

Ma le cose non vanno esattamente come gli apostoli avevano pensato. Gesù appare loro; spiega loro le profezie che lo riguardavano contenute nella Legge, nei Profeti e nei Salmi; poi li invita a essere suoi testimoni e a predicare a tutte le genti la conversione e il perdono dei peccati; infine, rinnova la promessa dello Spirito Santo, che li rivestirà di potenza dall'alto.
A questo punto, però, alzate le mani, li benedice e, mentre li benedice, si stacca da loro e viene **portato verso**

### fonti e documenti

**L'ascensione nel racconto degli Atti**

Quelli dunque che erano con lui gli domandavano: "Signore, è questo il tempo nel quale ricostituirai il regno per Israele?".
Ma Egli rispose: "Non spetta a voi conoscere tempi o momenti che il Padre ha riservato al suo potere, ma riceverete la forza dallo Spirito Santo che scenderà su di voi, e di me sarete testimoni a Gerusalemme, in tutta la Giudea e la Samaria e fino ai confini della terra".

**il cielo.** Il fatto viene raccontato, con qualche sfumatura diversa, nelle ultime righe del Vangelo di Luca e poi nella sua continuazione, cioè nel primo capitolo del libro degli Atti degli apostoli.

## LA PRIMA COMUNITÀ

Gli Atti raccontano che gli apostoli, dopo l'ascensione di Gesù al cielo, se ne tornarono a Gerusalemme. Nella casa dove abitavano, stavano tutti insieme: gli Undici, alcune donne, Maria la madre di Gesù e i suoi fratelli. Agli apostoli si aggiunse Mattia, cosicché essi ritornarono a essere dodici. Essi «*erano perseveranti e concordi nella preghiera*» (Atti 1,14), nell'attesa del dono dello Spirito Santo che li avrebbe spinti a testimoniare il messaggio di Gesù «*fino ai confini della terra*». Questa prima comunità cristiana costituisce il segno che Gesù, pur lasciando la terra, non aveva abbandonato l'umanità. La **Chiesa** dunque è il **segno visibile dell'unione che lega gli uomini a Dio e gli uomini tra loro**, è il **"Corpo" di Cristo**, comprendente tutti i battezzati che vivono la vita cristiana e tutti i battezzati che già godono della visione beatifica di Dio.

◁ **L'incredulità di Tommaso**
Quando Gesù risorto compare agli apostoli, Tommaso, che in quell'occasione non c'era, non crede alla loro testimonianza. Otto giorni dopo Gesù ricompare e Tommaso è presente. Gesù lo invita a mettere la mano nella ferita del costato e l'apostolo lo riconosce come Dio. La vicenda è narrata da Giovanni (24-29). Il commento di Gesù all'episodio fu: «*Beati quelli che non hanno visto e hanno creduto!*» (Duccio di Buoninsegna, retro della *Maestà*, XIII secolo, Siena, Museo dell'Opera del Duomo).

## LESSICO

**Chiesa**
Questo termine deriva dal greco *ekklesía* e significa "assemblea". Con questa parola si indicano molteplici aspetti della medesima realtà:
● la comunità dei credenti, cioè di coloro che vivono, annunciano e testimoniano la fede in Gesù (**Chiesa universale**);
● la comunità dei fedeli appartenenti a un territorio delimitato (**Chiesa locale**);
● il luogo di culto dove i cristiani celebrano l'eucaristia (**edificio sacro**).

▲ **La Madre Chiesa**
Frammento del perduto mosaico absidale dell'antica Basilica di San Pietro in Vaticano, rappresentante l'*Ecclesia romana* (Roma, Museo di Roma).

▽ **Pietro e Andrea**
I due apostoli fratelli sono qui ritratti da Domenico Ghirlandaio, XV secolo (Città del Vaticano, Cappella Sistina).

Detto questo, mentre lo guardavano, fu elevato in alto e una nube lo sottrasse ai loro occhi.
Essi stavano fissando il cielo mentre Egli se ne andava, quand'ecco due uomini in bianche vesti si presentarono a loro e dissero: "Uomini di Galilea, perché state a guardare il cielo? Questo Gesù, che di mezzo a voi è stato assunto in cielo, verrà allo stesso modo in cui l'avete visto andare in cielo".

(Atti 1,6-11)

## 3 La Pentecoste e l'annuncio del Vangelo

### LA DISCESA DELLO SPIRITO SANTO

Mentre si celebrava a Gerusalemme la festa ebraica di Pentecoste, cinquanta giorni dopo la morte di Gesù, gli **apostoli**, insieme con **Maria**, sua madre, furono protagonisti di un avvenimento straordinario: mentre si trovavano nella sala in cui avevano cenato per l'ultima volta con il Maestro, assistettero a una teofania, cioè a una manifestazione di Dio. Preceduto dal fragore di un vento impetuoso, infatti, scese su di loro lo Spirito Santo sotto forma di lingue di fuoco. Tale effusione dello Spirito divino ebbe una conseguenza immediata: gli apostoli cominciarono a **parlare in altre lingue**. Da questo momento, dunque, diventava possibile portare la buona notizia del Vangelo agli uomini di ogni nazione. Era l'**inizio della Chiesa missionaria** voluta da Cristo: il Vangelo doveva essere portato in ogni punto della terra e a tutti gli uomini.

**LESSICO**

**Teofania**
Dal greco *theós*, dio, e *phaínomai*, mi mostro. È la manifestazione della divinità.

### *fonti e documenti*

**Vento e fuoco**

Mentre stava compiendosi il giorno della Pentecoste, si trovavano tutti insieme nello stesso luogo. Venne all'improvviso dal cielo un fragore, quasi un vento che si abbatte impetuoso, e riempì tutta la casa dove stavano. Apparvero loro lingue come di fuoco, che si dividevano, e si posarono su ciascuno di loro, e tutti furono colmati di Spirito Santo e cominciarono a parlare in altre lingue, nel modo in cui lo Spirito dava loro il potere di esprimersi. Abitavano allora a Gerusalemme Giudei osservanti, di ogni nazione che è sotto il cielo. A quel rumore, la folla si radunò e rimase turbata, perché ciascuno li udiva parlare nella propria lingua. Erano stupiti e, fuori di sé per la meraviglia, dicevano: "Tutti costoro che parlano non sono forse Galilei? E come mai ciascuno di noi sente parlare nella propria lingua nativa? [...]". Tutti erano stupefatti e perplessi, e si chiedevano l'un l'altro: "Che cosa significa questo?". Altri invece li deridevano e dicevano: "Si sono ubriacati di vino dolce".

(*Atti* 2,1-13)

### LA FORZA DELLO SPIRITO

Lo Spirito è realmente presente nella Chiesa, come Gesù fu presente in mezzo ai Dodici. La sua **efficacia** sarà presto manifesta:

- è lo Spirito di Cristo Risorto che rende capaci di annunciare la Parola con franchezza (come faranno Pietro e Giovanni davanti al Sinedrio; come farà Stefano, che coronò la sua predicazione con il martirio);
- è lo Spirito che dona prudenza e forza per superare le opposizioni dell'ambiente ebraico;
- è lo Spirito che dona la saggezza necessaria per organizzare la neonata comunità dei credenti.

▶ **La Pentecoste cristiana**
Vittore Crivelli, *La discesa dello Spirito Santo a Pentecoste*, XV secolo (Goirle, Olanda, Collezione Schalken).

## fonti e documenti

### Il battesimo nel nome di Gesù

E Pietro disse loro: "Convertitevi e ciascuno di voi si faccia battezzare nel nome di Gesù Cristo, per il perdono dei vostri peccati, e riceverete il dono dello Spirito Santo. [...]". Con molte altre parole rendeva testimonianza e li esortava: "Salvatevi da questa generazione perversa!". Allora coloro che accolsero la sua parola furono battezzati e quel giorno furono aggiunte circa tremila persone.

(*Atti* 2,38-41)

► **Il battesimo di salvezza**
Masaccio, *San Pietro battezza i neofiti*, 1425 ca., affresco (Firenze, Santa Maria del Carmine).

## L'ANNUNCIO E IL BATTESIMO CRISTIANO

Dopo l'effusione dello Spirito a Pentecoste, Pietro si rivolse alla folla riunita (Atti 2,14-38) dimostrando che quel **Gesù** che loro avevano messo in croce era in realtà **il Messia** atteso da secoli. Alle parole di Pietro, i presenti si pentirono della condanna di Gesù e chiesero all'apostolo che cosa dovessero fare. La risposta fu l'invito a farsi battezzare. Il battesimo dunque appare fin dagli inizi come il **rito di iniziazione**, cioè un rito che segna l'ingresso nella nuova comunità cristiana.

### PER SAPERNE DI PIÙ

## Battesimo di purificazione e battesimo di salvezza

- Il battesimo impartito dagli apostoli permette di entrare nella Chiesa: è lo stesso segno con cui ancora oggi si evidenzia l'adesione a Cristo ed è quindi un **battesimo di salvezza**.
- Invece quello praticato dal Battista nelle acque del Giordano (a cui Gesù stesso si sottopose) era un **battesimo di purificazione e penitenza**.

## Il discorso di Pietro

Il discorso di Pietro alla folla (riportato in Atti 2,14-38) comprendeva molte **citazioni dell'Antico Testamento**, che avevano lo scopo di mettere in luce la coerenza tra l'annuncio profetico, riguardante la venuta di un Messia, e gli avvenimenti della morte e della risurrezione di Gesù. Tale **discorso** è detto **kerigmatico** (l'aggettivo deriva dal greco *kérygma*, che significa "annuncio"), in quanto proclama solennemente il valore di salvezza della venuta di Gesù.

## 1 La prima comunità cristiana

# Riti di iniziazione

*L'inserto*

Il rito segue un preciso ordine di **gesti** e **atti convenzionali**, che vengono ripetuti all'interno di un tempo ciclico. **Momenti cruciali dell'esistenza** umana sono in tutte le culture sottolineati dalla celebrazione di riti particolari. L'antropologia (cioè lo studio delle usanze e delle abitudini culturali degli uomini) distingue tra:

- **riti di passaggio**, cioè quelli che **coincidono con il cambiamento da parte di un individuo o di un gruppo di individui da una condizione a una diversa**. È il caso di nascita, morte, matrimonio, ecc., che sono tappe dell'esistenza celebrate con cerimonie o sottoponendo l'individuo a prove diverse. Un rito di passaggio ha un ruolo molto importante nella definizione della relazione tra l'individuo e il gruppo a cui esso appartiene;

- **riti di iniziazione**, cioè particolari riti di passaggio che regolano la vita di una società: sono proprio quelli che permettono di **segnalare l'ingresso dell'individuo all'interno di un gruppo**. Il termine "iniziazione" deriva dal latino *initium* che significa l'avvio di una particolare azione o evento. Le origini dei riti di iniziazione sono antichissime e legate ai riti religiosi. L'aspirante iniziato deve superare prove particolari per dimostrare di essere capace di entrare a far parte del gruppo e per fare in modo che il gruppo lo accetti;

- **riti misterici**, sono tipi particolari di riti di iniziazione attraverso i quali coloro che possiedono un particolare *status* o un particolare potere, rivelano gradualmente segreti – che sono solitamente a loro riservati – a coloro che desiderano o sono ritenuti degni di entrare a far parte di un gruppo ammantato di mistero e segretezza. In genere, in ambito religioso, il fascino di questi riti misterici consiste in un maggior coinvolgimento emotivo e nel rapporto più intenso, personale e diretto con la divinità, nonché in una speranza di salvezza che riscatti dalle miserie della vita terrena. Particolarmente famosi nel mondo antico erano i riti misterici che si celebravano nel santuario di Demetra a Eleusi, in Grecia. Essi si diffusero poi in tutta la Grecia e a Roma per celebrare il ciclo delle stagioni: infatti a **Demetra** e **Persefone** era legato il mito che spiegava l'alternarsi di primavera e autunno. Molti riti misterici derivarono dall'incontro con la religiosità orientale, per esempio cerimonie segrete venivano tributate alla dea egizia **Iside** e al dio persiano **Mitra**. Famosi a Roma erano anche i **baccanali**, riti misterici in onore del dio Bacco, durante i quali, accanto a cerimonie segrete, si svolgevano danze propiziatorie.

**Iside**
Statua dall'Iseo di Pompei, il tempio a lei dedicato (Napoli, Museo Archeologico Nazionale).

**Persefone**
Bassorilievo proveniente da Locri che rappresenta Persefone, una delle dee legate ai misteri eleusini.

**Mitra**
Il dio Mitra mentre uccide il toro. Il culto di Mitra giunse a Roma dall'Oriente, in particolare dalla Persia e dalle regioni indiane.

**Baccanali**
Affresco dalla Villa dei Misteri di Pompei che rappresenta un rito in onore di Bacco.

# e di passaggio

### ▶ Un rito di confermazione
Nel **cristianesimo** vengono considerati **riti di iniziazione** il **battesimo**, l'**eucaristia** e la **cresima** (vedi pp. 182-183), che permettono l'ingresso nella comunità ecclesiale. L'unzione con il crisma è il gesto principale, insieme all'imposizione delle mani, della confermazione.

### ▲ Un rito di purificazione
Il celebrante versa l'acqua sul capo del bambino durante il rito del battesimo.

### ▶ Un rito di iniziazione
Ragazzi aborigeni partecipano a un rito di circoncisione nell'Australia settentrionale.

### ◀ Ragazze africane
Adornate con perline per l'ultima fase del rito di passaggio con il quale diventeranno ufficialmente donne.

### ▲ L'istituzione dell'eucaristia
Fu Gesù durante l'Ultima Cena a istituire il memoriale della sua morte e risurrezione attraverso il gesto dell'eucaristia. (Giusto di Gand, *Comunione degli apostoli*, 1473-1475).

### ◀ Diventare adulti nella fede
Anche l'ebraismo ha dei riti di passaggio. Qui vediamo la celebrazione del *Bar-mitzvah*, rito con cui i tredicenni maschi vengono ammessi nella comunità religiosa.

# 4 L'organizzazione della comunità

## APOSTOLI, EPISCOPI E DIACONI

Dal momento che il numero di coloro che entrava nella comunità cristiana andava aumentando sempre più per via delle conversioni, effetto dell'annuncio, sorse ben presto un problema di organizzazione.
Dai testi neotestamentari emerge una struttura tripartita delle prime comunità:

- agli **apostoli** era riservato il compito primario di predicare il messaggio di Gesù, testimoniando ciò che avevano visto con i loro occhi e udito con le loro orecchie. La loro presenza nelle comunità, tuttavia, era temporanea, in quanto l'attività di predicazione li portava a spostarsi in altri luoghi;
- gli **episcopi** (o vescovi), consacrati dagli apostoli attraverso l'imposizione delle mani, erano i responsabili che dovevano guidare la comunità in loro assenza. Essi convocavano i credenti per la preghiera, celebravano l'**eucaristia** e dovevano assicurarsi che la testimonianza di fede e la moralità dei credenti fossero corrette;
- i **diaconi** avevano la funzione di aiutare nell'organizzazione materiale della società, nell'assistenza ai bisognosi e nella predicazione della Parola di Dio, con un ruolo subordinato a quello degli apostoli.

◀ **Il primo miracolo di Pietro**
Simone Cantarini, *San Pietro risana lo storpio*, 1645 (Fano, Chiesa di San Pietro in Valle).

## LESSICO

**Apostoli**
Dal greco *apostéllo* che significa annunciare.

**Episcopi**
In greco significa "sorveglianti".

**Eucaristia**
Dal greco *eu*, bene e *karís*, grazie. Significa quindi "ringraziamento".
Nel cristianesimo il termine indica il rito inaugurato da Gesù nell'Ultima Cena, memoriale della sua Pasqua.

**Diaconi**
In greco significa "servitori" della comunità.

4 L'organizzazione della comunità    13

**L'imposizione delle mani**

L'imposizione delle mani è un gesto antichissimo. Attraverso tale gesto avviene il trasferimento su un'altra persona dell'autorità e del potere di chi impone le mani. (Vittore Carpaccio, *San Pietro consacra i sette diaconi*, 1511, Berlino, Staatliche Museen).

PER SAPERNE DI PIÙ

# IL PRIMATO DI PIETRO

Dagli scritti del Nuovo Testamento emerge che a **Pietro**, fin dal primo costituirsi del gruppo degli apostoli è conferito da Gesù stesso un **ruolo di rilievo**, di guida, di conferma della fede dei fratelli. Nella espressa volontà di Gesù affonda le sue radici l'incarico di Pietro nei confronti della comunità dei credenti: «*Tu sei Pietro e su questa pietra edificherò la mia Chiesa*» (Matteo 16,18).

- Pietro fu il primo a riconoscere e a **proclamare la messianicità di Gesù**: «*Tu sei il Cristo, il Figlio del Dio vivente*» (Matteo 16,16) e spesso fu portavoce dei Dodici. A lui Gesù affida un compito unico, sulla sua fede fonda la fede della Chiesa (Matteo 16,18-19).

- A Pietro è attribuito il **primo miracolo** (la guarigione di uno storpio) fatto nel nome di Gesù (Atti 3,1-26) e lui **dà inizio**, dopo la Pentecoste, **all'annuncio missionario**. Egli rivolgerà la sua predicazione **soprattutto agli Ebrei**, nella prospettiva di integrarli in un ebraismo rinnovato dalla fede in Gesù come Messia.

- Malgrado le sue debolezze (rinnegò il Maestro al momento dell'arresto), Pietro appare dunque come il **modello del discepolo, del credente, del testimone** e **del martire** (secondo la tradizione, infatti, subì il martirio a Roma), ma anche come il modello dei pastori della Chiesa.

## I responsabili della comunità cristiana oggi

La Chiesa cattolica oggi presenta le figure analoghe a quelle presenti nelle prime comunità cristiane:

- anche oggi i **vescovi**, in quanto successori degli apostoli, sono i responsabili e le guide spirituali delle comunità cristiane locali (chiamate diocesi). Essi sono rappresentati nelle singole comunità (che dal punto di vista amministrativo vengono chiamate parrocchie) dai **presbiteri** (o sacerdoti o preti), i quali svolgono la loro missione in sintonia e in comunione con il vescovo della diocesi di appartenenza;

- il ruolo dei **diaconi** è quello di essere al servizio dei poveri, in comunione con il servizio episcopale;

- il successore di Pietro è il **papa** che ha, come Pietro, il compito di presiedere il collegio dei vescovi per essere segno e fondamento dell'unità della fede e della comunione dei vescovi tra loro e di tutta la Chiesa. Egli è il "Servo dei Servi", il "Padre dei Padri" (da quest'ultimo appellativo deriva il titolo "papa").

# 5 La vita della comunità

## UN NUOVO STILE DI VITA

Luca nel racconto degli Atti ci fornisce una testimonianza della vita condotta dalla prima comunità cristiana. Pubblicamente, i credenti si comportavano come ebrei osservanti, partecipando alle preghiere quotidiane nel Tempio e seguendo i riti festivi della religione ebraica; in privato, invece, si riunivano per **ascoltare l'insegnamento degli apostoli**, per **recitare preghiere comunitarie** e per il **rito della frazione del pane**, gesti che li caratterizzavano come **seguaci di Gesù**. C'era inoltre una tale **solidarietà** tra i membri della comunità che essi mettevano i loro averi in comune e venivano in soccorso dei membri bisognosi (Atti 4,32-37).

▶ **Punito per la sua avidità**
Masaccio, *San Pietro distribuisce i beni alla comunità e morte di Anania*, affresco, 1425-1426 (Firenze, Santa Maria del Carmine, Cappella Brancacci).

▼ **Il banchetto eucaristico**
Nell'arte paleocristiana è frequente la rappresentazione del banchetto fraterno in cui si spezzava il pane e si beveva il vino come memoriale dell'Ultima Cena (Roma, Catacombe di San Callisto, Cappella del Sacramento).

▲ **La comunione degli apostoli**
Affresco catacombale del XIII secolo.

### PER SAPERNE DI PIÙ

## La frazione del pane

Lo spezzare del pane è il gesto che Gesù compie nell'Ultima Cena, quando invita i suoi discepoli a ripeterlo facendo memoria di Lui (Luca 22,19).
Si tratta anche del gesto grazie al quale i discepoli di Emmaus riconoscono Gesù nel personaggio misterioso che li aveva accompagnati nel cammino (Luca 24,30-31).
La comunità cristiana spezza il pane (oggi, l'ostia) e lo distribuisce ai fedeli perché in esso accolgano il corpo di Cristo e se ne nutrano per vivificare la vita di fede.

5 La vita della comunità 15

## fonti e documenti

### La comunione fraterna

Erano perseveranti nell'insegnamento degli apostoli e nella comunione, nello spezzare il pane e nelle preghiere. Un senso di timore era in tutti, e prodigi e segni avvenivano per opera degli apostoli. Tutti i credenti stavano insieme e avevano ogni cosa in comune.

(*Atti* 2,42-47)

La moltitudine di coloro che erano diventati credenti aveva un cuore solo e un'anima sola e nessuno considerava sua proprietà quello che gli apparteneva, ma fra loro tutto era comune.

(*Atti* 4,32)

## UNA COMUNITÀ NON SOLO DI SANTI

Gli studiosi ritengono che il racconto degli Atti tratteggi della comunità cristiana un quadro ideale, richiamando soprattutto valori che la Chiesa ha il compito di promuovere nel suo cammino, in ogni tempo, seppure tra innumerevoli difficoltà.
Al contrario lo stesso Luca ci riporta alcuni episodi che rivelano come difficoltà ed esempi negativi fossero presenti nella stessa comunità. In particolare:

- **Anania** e **Saffira** consegnarono solo una parte della somma ottenuta dalla vendita di un podere: volevano apparire solidali senza però esserlo autenticamente. Il peccato, che è punito con la morte fisica (rivelatrice della morte spirituale dei due coniugi), viene presentato come un attentato contro la comunità cristiana (Atti 5,1-11);
- nel momento in cui Pietro e Giovanni giunsero da Gerusalemme per conferire lo Spirito Santo tramite l'imposizione delle mani, un certo **Simon Mago** chiese di poter acquisire lo stesso potere in cambio di denaro (Atti 8,9-24) (dal suo nome deriva il termine **simonia**, che indica il commercio di beni spirituali).

▼ **Simone discute con gli apostoli**
Filippino Lippi, *La disputa di Simon Mago*, 1484-1485 (Firenze, Santa Maria del Carmine, Cappella Brancacci).

# 6 Il distacco dall'ebraismo

## IL PRIMO MARTIRE

La comunità di Gerusalemme fu chiamata molto presto a **dare testimonianza a Gesù il Cristo** a prezzo anche della vita. **Stefano** è infatti il primo martire della storia della Chiesa. Egli era il primo dei sette diaconi incaricati di occuparsi della distribuzione quotidiana dei viveri e dei beni per i poveri. Venne trascinato dinanzi al Sinedrio con l'accusa di avere pronunciato parole blasfeme contro Mosè e contro Dio, ma egli dimostrò, Scritture alla mano, come gli Ebrei erano sordi allo Spirito Santo e alla chiamata di Dio: egli si sforzò in particolar modo di dimostrare che nella persona di Gesù si era concretamente realizzata l'attesa del popolo di Israele, che Gesù era veramente il Messia atteso. Venne allora condotto fuori di città e lapidato (Atti 6,8-7,60). Pagando con la vita la sua testimonianza del Vangelo, divenne modello per **molti altri martiri**, che sapranno vivere con coerenza la propria scelta di fede fino alla morte.

▲ **Rivolto a Dio**
Prima del martirio, Stefano pronunciò un discorso ricco di citazioni dalle Scritture. (Vittore Carpaccio, *Lapidazione di Santo Stefano*, 1520 ca., Stoccarda, Staatsgalerie).

### LESSICO

**Martire**
Dal greco *mártys*, che significa "testimone". Nel contesto cristiano indica il fedele, il quale, piuttosto di rinnegare la propria fede, sceglie di affrontare persecuzioni e processi che si concludono con una morte cruenta.

## L'ATTRITO CON LE AUTORITÀ EBRAICHE

Stefano faceva parte di un gruppo particolare esistente all'interno della primitiva comunità cristiana: quello degli **ellenisti**. Al ritualismo ebraico essi opponevano un'**interpretazione morale della Legge**, prendendo le distanze dal Tempio e interpretando in modo non rigido i divieti alimentari e le norme di purità. Le loro posizioni suscitarono l'**irritazione delle autorità ebraiche**, che accusarono Stefano di violare le antiche tradizioni dei padri, dunque di essere contro la Legge di Mosè. Tutto questo culminò nella condanna a morte di Stefano, da parte del Sinedrio, che lo fece lapidare.

### La tua esperienza

- La comunità cristiana delle origini viveva intensamente i valori cristiani. Ti pare, in base alla tua esperienza, che questo avvenga o sia proponibile nello stesso modo, nelle comunità cristiane attuali?

## PER SAPERNE DI PIÙ

### Gli ellenisti

Gli Ebrei che vivevano fuori dalla Palestina (i cosiddetti Ebrei della diaspora, cioè "della dispersione"), pur mantenendo la loro fede in JHWH, avevano assimilato la lingua e la cultura dei Greci, al punto che avevano sentito **la necessità di tradurre in greco la Bibbia ebraica** (questa versione è detta "dei Settanta"). Inoltre non erano più legati fortemente al Tempio di Gerusalemme (pregavano abitualmente nelle **sinagoghe**), così come ad altre tradizioni ebraiche, come invece i Giudei della Palestina. Per questo motivo costoro li consideravano Ebrei di secondo rango. Accadde che anche tra i cristiani vennero trasposte queste divisioni: quelli che provenivano dall'ebraismo giudaico mal consideravano i cristiani ellenisti. Gli Atti ci dicono che si verificarono anche delle discriminazioni vere e proprie: le vedove di questo gruppo venivano trascurate nella distribuzione quotidiana di cibo e beni. Per ovviare a ciò, gli apostoli affidarono l'incarico del servizio ai diaconi (che furono scelti proprio tra gli ellenisti, dal momento che costoro hanno tutti nomi greci).

▲ **Due interpretazioni dell'annuncio cristiano**
Pietro (sulla sinistra assiso in trono) e Paolo (inginocchiato mentre riceve la luce divina nell'atto della conversione) rappresentano le due modalità della primitiva missione cristiana: destinata ai soli giudei – Pietro – o aperta ai genti i – Paolo. (*La conversione di San Paolo*, 1335-1350, Kosovo, Monastero di Decani).

## LA MISSIONE AI NON EBREI

Il martirio di Stefano segnò **una svolta** fondamentale **nella diffusione del messaggio cristiano**. Per gli ellenisti la vita a Gerusalemme divenne impossibile: si diressero così lungo la costa fenicia e raggiunsero Cipro e Antiochia sull'Oronte. Era la prima volta che il cristianesimo usciva dallo spazio originario dell'ebraismo. Ad Antiochia, secondo Luca (Atti 11,26), per la prima volta i seguaci di Gesù vennero chiamati "**cristiani**" (da Cristo), venendo riconosciuti come **gruppo religioso autonomo**.

▶ **Il sommo sacerdote**
Presiedeva il Sinedrio, cioè l'organismo che aveva il compito di amministrare la vita religiosa, giuridica ed economica degli Ebrei.

### *fonti e documenti*

#### Chiesa perseguitata e missionaria

In quel giorno [= il giorno del martirio di Stefano] scoppiò una violenta persecuzione contro la Chiesa di Gerusalemme; tutti, ad eccezione degli apostoli, si dispersero nelle regioni della Giudea e della Samaria. Uomini pii seppellirono Stefano e fecero un grande lutto per lui. Saulo intanto cercava di distruggere la Chiesa: entrava nelle case, prendeva uomini e donne e li faceva mettere in carcere. Quelli però che si erano dispersi andarono di luogo in luogo, annunciando la Parola.

(*Atti* 8,1-4)

# verifichiamo

**sosta di verifica**

## ❶ La scelta giusta

**1. Nel libro degli Atti degli apostoli:**
- ☐ una serie di eventi storici sono interpretati in chiave teologica
- ☐ una serie di fatti inventati sono narrati in chiave teologica
- ☐ vengono narrati tutti i fatti che riguardano gli apostoli
- ☐ vengono narrate una serie di azioni compiute da Gesù

**2. Le Lettere paoline e quelle cattoliche:**
- ☐ sostituiscono il libro degli Atti degli apostoli
- ☐ sono molto simili nel contenuto al libro degli Atti degli apostoli
- ☐ completano le informazioni contenute nel libro degli Atti sulla prima comunità cristiana
- ☐ contengono informazioni contraddittorie rispetto al contenuto del libro degli Atti degli apostoli

**3. Dopo la risurrezione Gesù:**
- ☐ appare ai Dodici e rimane con loro
- ☐ appare ai Dodici e ascende al cielo
- ☐ non è mai apparso
- ☐ si allontana dagli apostoli

**4. Il giorno di Pentecoste:**
- ☐ Gesù risorge
- ☐ Maria ascende al cielo
- ☐ lo Spirito Santo scende sugli apostoli
- ☐ Gesù ascende al cielo

**5. Il primato di Pietro indica che:**
- ☐ fin dall'inizio a Pietro viene attribuito un compito di guida della prima comunità cristiana
- ☐ Pietro era l'apostolo prediletto di Gesù
- ☐ Pietro è stato il primo martire cristiano
- ☐ fin dall'inizio Pietro si arroga il diritto di comandare

**6. La vita della prima comunità era caratterizzata:**
- ☐ dall'ascolto della Parola, dalla preghiera e dalla frazione comunitaria del pane
- ☐ dalla frequenza assidua del Tempio
- ☐ da frequenti momenti collettivi di preghiera
- ☐ dal fatto che tutti si conoscevano molto bene

**7. I cristiani ellenisti si spostarono:**
- ☐ da Antiochia a Gerusalemme
- ☐ da Antiochia a Roma
- ☐ da Gerusalemme ad Antiochia
- ☐ da Roma a Gerusalemme

## ❷ Vero o falso?

**8. Indica con una crocetta le affermazioni vere (V) e quelle false (F).**

- Gli Atti degli apostoli parlano della vita della prima comunità cristiana · V F
- Il libro degli Atti degli apostoli è composto di 26 capitoli · V F
- Lo Spirito Santo dona agli apostoli la forza per testimoniare il Vangelo · V F
- I diaconi svolgono nella prima comunità un ruolo subordinato agli apostoli · V F
- Gli appartenenti alla prima comunità cristiana continuano a frequentare il Tempio · V F
- Tutti gli appartenenti alla comunità cristiana delle origini erano ottimi cristiani · V F
- Stefano fu il primo martire cristiano · V F
- Anania e Saffira furono due martiri cristiani · V F

**Sosta di verifica** | **19**

# giochiamo

## ❶ Trova la parola

Risolvi le definizioni orizzontali relative alla prima comunità cristiana. Nella colonna verticale colorata ti comparirà il nome di coloro che alle origini della Chiesa erano rimasti solo in Undici.

1. La salita di Gesù in cielo.
2. È santo quello che scende sugli apostoli.
3. Segna l'ingresso nella comunità cristiana.
4. È l'insegnamento sistematico dei fondamenti della fede cristiana.
5. Lo è per primo Stefano.
6. È il nome di un certo ... mago.
7. È un valore presente nella prima comunità cristiana.
8. Sono consacrati dagli apostoli con l'imposizione delle mani.

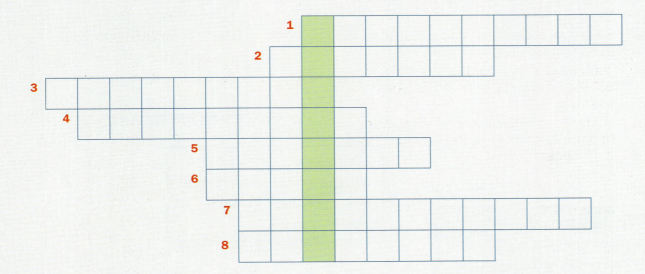

## ❷ Il rebus

Le diede Gesù a Pietro. (6 + 3 + 5)

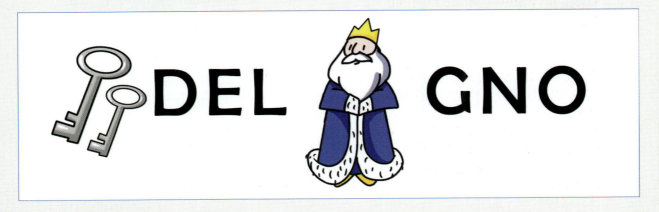

# mappa concettuale

**1 La prima comunità cristiana**

**attività finali**

**on line**
- Riassunto dell'unità
- Verifica finale
- Guida alla lettura di: *Il mago di Oz*
- Guida alla visione di: *Gesù di Nazareth*

**Gli Atti degli apostoli e le Lettere di Paolo ci consentono di conoscere la vita dei primi cristiani.**

- **La prima comunità.** Con la risurrezione gli apostoli riacquistano speranza e gioia e vivono tutti insieme a Gerusalemme.

- **L'Ascensione.** Gesù appare agli apostoli, li invita a essere suoi testimoni e poi ascende al cielo.

- **La Pentecoste.** 50 giorni dopo la morte di Gesù, gli apostoli ricevono lo Spirito Santo. Presto se ne vedono gli effetti.

- Gli apostoli cominciano a parlare tutte le lingue per poter portare il Vangelo a tutte le genti.

- **Struttura tripartita delle prime comunità dopo la Pentecoste:** agli apostoli è affidato il compito di predicare, gli episcopi devono guidare la comunità in assenza degli apostoli e celebrano l'eucaristia, i diaconi aiutano nell'organizzazione della società, nell'assistenza ai bisognosi e nella predicazione.

- Pietro dimostra la messianicità di Gesù, impartisce il battesimo e compie i primi miracoli. Come annunciato da Gesù, è evidente il suo primato.

- Alcuni testimoniano Gesù a prezzo della stessa vita. Il primo dei martiri è Stefano e con lui la prima Chiesa si stacca dall'ebraismo.

Attività finali **21**

# concludiamo la riflessione

## L'immagine

Sei in grado di tirare le fila di quanto hai studiato in questo capitolo? Quale significato hanno, dopo il tuo studio, il testo e l'immagine che sono alle pp. 2-3?

La "Navicella" simboleggia la comunità cristiana che, nella sua navigazione, si accinge ad affrontare le insidie del mondo; malgrado i pericoli i naviganti non dovranno mai vacillare nella fede (Mt 14,31).

Al timone della barca, che, simbolicamente, trasporta i primi cristiani a predicare la Parola del Signore nel mondo, si trova san Pietro, scelto da Gesù stesso come fondatore e guida della Sua Chiesa.

Tutti gli occupanti dell'imbarcazione (tranne un piccolo gruppo in preghiera sulla destra) si adoperano attivamente per issare le vele e compiere tutte le operazioni necessarie alla navigazione.

Il personaggio raffigurato nell'atto di pescare allude a diversi passi dei Vangeli nei quali Gesù promette a Pietro e a suo fratello Andrea di fare di loro dei *«pescatori di uomini»* (Mc 1,17; Mt 4,19).

## L'ombra della luce

Riprendi il testo della canzone di Franco Battiato a p. 2. Esso allude a un contesto religioso non cristiano, ma buddhista. Tuttavia vi sono degli elementi di analogia con il cristianesimo.

▶ Che cosa rappresenta la luce?

▶ Conosci altri ambiti in cui la luce ha un valore simbolico?

# Da Gerusalemme all'Impero romano 2

## Cominciamo a riflettere

### L'uccellatore e la gabbia

Al calar della notte un vecchio uccellatore chiuse la bottega, si caricò sulla schiena due gabbie con dentro i suoi uccelli e si avviò verso casa. Le gabbie ballavano a ogni passo. Stanco, l'uomo avanzava molto lentamente, aiutandosi con un bastone. Un derviscio [mistico musulmano] vide l'uccellatore e lo affiancò. Sentì l'uomo dire a voce bassa come se parlasse ai suoi uccelli: «No, no, non potete lamentarvi... perché io vi porto avanti e indietro... mi occupo di tutto, fin dal mattino. Vi nutro di zucchero e bado che l'acqua che bevete sia sempre fresca. Vi pulisco il becco, vi liscio le penne, vi tengo in ordine la gabbia, la profumo, la ridipingo una volta all'anno, la sistemo vicino a un fuoco quando fa freddo. D'estate la metto all'ombra. Ah, se qualcuno potesse portarmi sulle spalle in una gabbia come la vostra! Ah, se qualcuno potesse ogni giorno della mia vita darmi da mangiare e da bere!». A quel punto il derviscio credette di udire una voce molto flebile che rispondeva all'uccellatore. Si avvicinò, tese l'orecchio e capì che uno degli uccelli parlava al vecchio: «Dimentica tutto questo, chiudi la mente, perché è arrivata la notte. L'uccello che ti sta parlando sei tu, è il tuo pensiero. E tu sei la gabbia. Tu credi che questa gabbia esista, ma ti sbagli. Il tuo pensiero si è munito di solide sbarre, che tanto fatichi a togliere e che non riesci nemmeno a vedere. Torna a casa, deponi a terra quelle che tu credi siano gabbie, smettila di pensare, mangia e dormi. Quando sarai addormentato, allora tutte le gabbie del mondo si apriranno e potremo riprendere questa conversazione. Nell'attesa, buonanotte».

da J.-C. Carrière, *Il segreto del mondo*, Garzanti, Milano

Domenico Morelli, *Corpi dei martiri cristiani portati dagli angeli in cielo*, 1855 (Napoli, Gallerie Nazionali di Capodimonte).

# La Bibbia - Il linguaggio religioso

## OBIETTIVI DI APPRENDIMENTO

▶ Riconoscere la vicenda della morte e risurrezione di Cristo nella prospettiva dell'evento pasquale.

▶ Riconoscere in Lui il Figlio di Dio, Salvatore del mondo, fondatore della Chiesa.

▶ Saper adoperare i Vangeli come documento storico culturale.

▶ Conoscere l'evoluzione storica e l'azione missionaria della Chiesa, realtà voluta da Dio, in cui agisce lo Spirito Santo.

## COMPETENZE

▶ L'alunno individua nella fondazione della Chiesa una tappa della storia della salvezza.

▶ L'alunno sa riconoscere alcuni aspetti dei linguaggi espressivi della fede.

# 1 La missione di Pietro

## UNA DUPLICE VOCAZIONE

Pietro aveva accompagnato Gesù fin dagli inizi della sua missione: il Maestro lo aveva chiamato insieme a suo fratello Andrea mentre pescavano con le reti. Il **destino missionario** di Pietro era già tutto in quell'incontro: «*Venite dietro a me, vi farò pescatori di uomini*» (Matteo 4,19). Così come affonda le sue radici nella espressa volontà di Gesù l'incarico di Pietro nei confronti della comunità dei credenti: «*Tu sei Pietro e su questa pietra edificherò la mia Chiesa*» (Matteo 16,18). Dopo l'ascensione di Gesù al cielo e la discesa dello Spirito a Pentecoste, Pietro realizza appieno le due vocazioni: assume il **primato all'interno della comunità** primitiva e dà inizio alla missione della Chiesa.

### fonti e documenti

**Il mandato di Pietro**

E io a te dico: tu sei Pietro e su questa pietra edificherò la mia Chiesa e le porte degli inferi non prevarranno su di essa. A te darò le chiavi del Regno dei Cieli: tutto ciò che legherai sulla terra sarà legato nei cieli, e tutto ciò che scioglierai sulla terra sarà sciolto nei cieli.

(*Matteo* 16,18-19)

▲ **Il fondatore della Chiesa di Cristo**
Jean Auguste Dominique Ingres, *Gesù consegna le chiavi del Paradiso a Pietro*, 1820 (Montauban, Musée Ingres).

## LA MISSIONE AGLI EBREI

Secondo il racconto degli Atti degli apostoli, subito dopo la Pentecoste, Pietro si rivolge agli uomini di Giudea e agli Ebrei presenti in quel momento a Gerusalemme in un **discorso** che vuol dimostrare come l'attesa messianica si sia compiuta nella vicenda di Gesù di Nazaret, morto e risorto. Qualche giorno più tardi, dopo la **guarigione dello storpio** presso il Tempio, Pietro nuovamente parla agli uomini d'Israele pieni di stupore e meraviglia per quello che era accaduto. Il suo discorso questa volta ha lo scopo di dimostrare che autore del miracolo è stato quel Gesù che loro avevano consegnato alle autorità, accusato di fronte a Pilato e dunque fatto mettere a morte. In entrambi i casi lo scopo di Pietro è quello di **illuminare i suoi fratelli ebrei sui fatti accaduti e sulla persona di Gesù, il Cristo promesso**, così da indurli al pentimento, alla conversione e al battesimo. Questa prima missione di Pietro riscuote un notevole successo: molti di quelli che hanno ascoltato la sua predicazione si fanno **battezzare** e si uniscono alla comunità dei credenti, che raggiunge il numero di cinquemila persone, suscitando la preoccupazione delle autorità.

## LA MISSIONE AI PAGANI

Pietro è anche colui che dà inizio alla missione ai **pagani**. Gli Atti attribuiscono proprio a lui, infatti, il merito della **conversione del centurione romano Cornelio**. Questi, uomo religioso e generoso, aveva avuto una visione: l'angelo di Dio lo invitava a far venire presso di sé Pietro per ascoltare la sua parola. Anche Pietro aveva avuto una visione, mentre lo Spirito lo spingeva ad accettare l'invito di Cornelio.
Così Pietro, al quale come ebreo non era consentito entrare in casa di gente non circoncisa, si recò in casa di Cornelio, e a lui e alla gente che lì si era radunata, raccontò la vicenda di Gesù di Nazaret, proclamandolo come salvatore. Mentre Pietro stava ancora parlando, lo **Spirito Santo** venne su tutti quelli che lo ascoltavano, ebrei o pagani. Visto ciò, Pietro convenne che anche ai pagani non si poteva negare il dono del battesimo.
La decisione di Pietro aveva così conferito alla missione della prima comunità cristiana una svolta che sarebbe stata irreversibile.

### LESSICO

**Pagani**
Erano gli abitanti dei villaggi (dal latino *pagus*, villaggio), che praticavano ancora il culto delle divinità locali ed erano contrapposti agli "urbani", che abitavano nelle città ed erano convertiti al cristianesimo.

## SULLE ORME DI PIETRO

La missione di Pietro certamente continuò, anche se le notizie che possediamo sono frammentarie. Pietro si mosse verso la zona costiera del Mediterraneo, poi si diresse in Siria, raggiungendo **Antiochia**, dove si formò una comunità importante (Prima lettera ai Corinti 9,5). L'influenza dell'apostolo è attestata anche a **Corinto** (Prima lettera ai Corinti 1,12). Secondo la tradizione alla fine Pietro si stabilì a **Roma**, dove morì martire intorno al 64 d.C.: fu crocifisso come Gesù, ma a testa in giù, perché si riteneva indegno di morire come il suo Maestro.

▶ **Un supplizio terribile**
Pietro morì crocifisso come il suo Cristo, ma scelse che la crocifissione avvenisse a testa in giù per punirsi del fatto di aver rinnegato il Signore. Si ritiene che, nel luogo della crocifissione, sia nata la Basilica a lui dedicata. (Michelangelo, *Crocifissione di san Pietro*, 1499, Città del Vaticano, Musei Vaticani).

### *fonti e documenti*

**Pietro e i pagani**

Pietro allora prese la parola e disse: "In verità sto rendendomi conto che Dio non fa preferenza di persone, ma accoglie chi lo teme e pratica la giustizia, a qualunque nazione appartenga".

(*Atti* 10,34-35)

# 2 La missione di Paolo

## UN INIZIO DA PERSECUTORE

Il missionario più celebre della Chiesa cristiana primitiva fu **Saulo**, il quale in seguito mutò il nome in **Paolo** che in latino significa "piccolo". Nacque a Tarso, in Cilicia, cittadina di cultura greca, intorno al 4 d.C. da una famiglia benestante. Fariseo, frequentò la celebre scuola rabbinica di Gamaliele a Gerusalemme ed esercitò, per tutta la vita, il mestiere di tessitore di tende. Come lui stesso raccontò, ebbe un ruolo nella **lapidazione di Stefano** e più tardi collaborò attivamente con il Sinedrio di Gerusalemme per far arrestare coloro che credevano in Cristo.

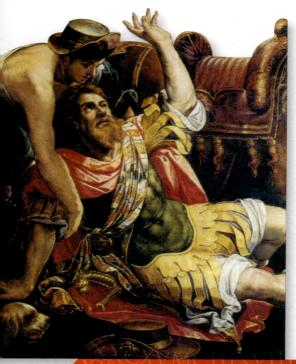

**Folgorato da Cristo**
Alessandro Ardente, *Caduta di san Paolo da cavallo*, 1580 ca. (Torino, Oratorio della Compagnia di san Paolo).

## LA CONVERSIONE E LA MISSIONE

Durante una delle missioni contro i cristiani, Saulo fu inviato a **Damasco**. Lungo la strada, tuttavia, gli apparve Cristo risorto (Atti 9,1-8; 22,5-11; 26,12-18). La sua vita fu sconvolta da questo avvenimento: raggiunse Damasco non più da persecutore ma per essere catechizzato da Anania, il quale lo guarì dalla temporanea cecità che lo aveva colpito con l'apparizione di Gesù.
Poco dopo il battesimo, ancora a Damasco, Saulo iniziò a **predicare** Gesù nelle sinagoghe, proclamandolo Figlio di Dio e Messia. Poiché tuttavia gli Ebrei della città avevano fatto un complotto per ucciderlo, dovette fuggire a **Gerusalemme**.
Qui Saulo cercava di unirsi ai discepoli di Gesù, ma questi erano alquanto sospettosi nei suoi confronti. Alla fine Barnaba lo condusse dagli apostoli, raccontando loro la vicenda della sua conversione: da quel momento Saulo venne accolto nella comunità di Gerusalemme. Anche qui subito egli si diede da fare per annunciare Cristo: parlava e discuteva anche con gli Ebrei di lingua greca, i quali però cercarono di ucciderlo. Ancora una volta Saulo fu costretto a partire: prima per **Cesarea**, poi per **Tarso**, poi per **Antiochia**. Gli vengono attribuiti tre viaggi missionari; inoltre, un viaggio a **Roma**, durante il quale fu imprigionato e processato. Liberato, fu in seguito di nuovo catturato e decapitato intorno al 67 d.C.

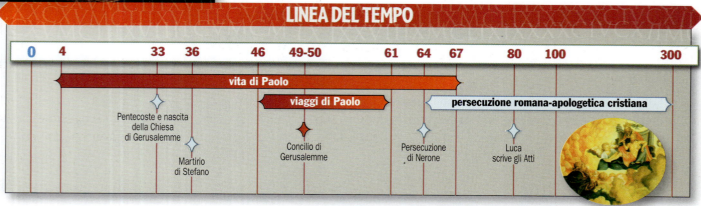

**LINEA DEL TEMPO**

0 — 4 — 33 — 36 — 46 — 49-50 — 61 — 64 — 67 — 80 — 100 — 300

- vita di Paolo
- viaggi di Paolo
- persecuzione romana-apologetica cristiana
- Pentecoste e nascita della Chiesa di Gerusalemme
- Martirio di Stefano
- Concilio di Gerusalemme
- Persecuzione di Nerone
- Luca scrive gli Atti

## 2 La missione di Paolo 27

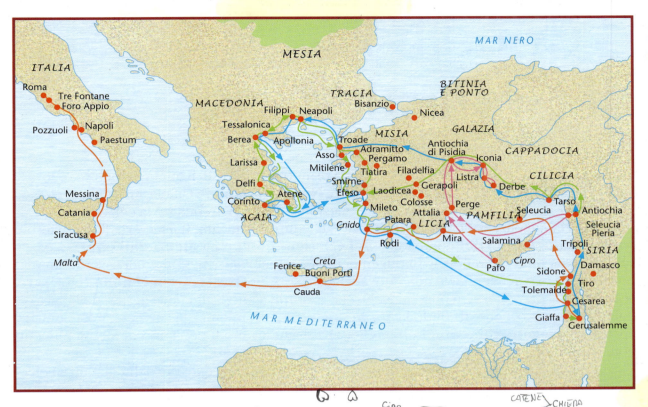

**I viaggi di Paolo**
→ Primo viaggio (con Barnaba da Cipro; 46-49 d.C.).
→ Secondo viaggio (incontro con il mondo greco-romano; 50-53 d.C.).
→ Terzo viaggio (visita alle comunità fondate; arresto a Gerusalemme; 54-58 d.C.).
→ Viaggio a Roma (60-61).
Territori dell'Impero romano.

# L'EVANGELIZZAZIONE FUORI DALLA PALESTINA

Ebbe così inizio la missione pastorale di Paolo, che portò, in meno di vent'anni (dal 40 al 58) il Vangelo in Siria, in Tracia, in Macedonia e in Grecia. Tre furono i **viaggi missionari** che egli compì. Paolo si recava intenzionalmente nei centri urbani dove vi era un'ampia concentrazione di popolazione, fatta di residenti e stranieri, liberi e schiavi: qui cominciava ad annunciare Gesù nella sinagoga, agli **ebrei**; poi l'annuncio era esteso ai **pagani**.

**Il Vangelo alle genti**
Eustache le Sueur, *La predicazione di san Paolo a Efeso*, 1649 (Parigi, Musée du Louvre).

## fonti e documenti

### «Saulo, Saulo, perché mi perseguiti?»

E avvenne che, mentre era in viaggio e stava per avvicinarsi a Damasco, all'improvviso lo avvolse una luce dal cielo e, cadendo a terra, udì una voce che gli diceva: "Saulo, Saulo, perché mi perseguiti?".
Rispose: "Chi sei, o Signore?".
Ed egli: "Io sono Gesù, che tu perseguiti! Ma tu alzati ed entra nella città e ti sarà detto ciò che devi fare".
Gli uomini che facevano il cammino con lui si erano fermati ammutoliti, sentendo la voce, ma non vedendo nessuno. Saulo allora si alzò da terra ma, aperti gli occhi, non vedeva nulla.

(Atti 9,3-8)

# 3 Il Concilio di Gerusalemme

## DUE POSIZIONI DIVERSE

L'opera di evangelizzazione di Paolo rischiò di venire compromessa a causa di un diverbio nato sulla **questione della salvezza dei cristiani non provenienti dall'ebraismo**.
I rigidi osservanti delle norme di purità ebraiche ritenevano che fosse necessario, per chi non era ebreo e si aggregava alla nuova Chiesa, sottoporsi alla **circoncisione** (cioè la rescissione del prepuzio ai neonati maschi, che costituiva un "segno nella carne" dell'ingresso nel popolo eletto), che secondo la *Torah* era indispensabile per la salvezza, così come rispettare le **regole alimentari ebraiche**, che escludevano il consumo di alcuni alimenti considerati impuri.
Viceversa Paolo non era di questa opinione: egli era ben consapevole della distanza psicologica tra mondo greco e mondo giudaico e di quanto queste disposizioni fossero inattuabili per chi proveniva da un mondo diverso da quello ebraico.
Si ricorse dunque al **parere della Chiesa madre**: Paolo e Barnaba si recarono a Gerusalemme e con tutti gli altri apostoli affrontarono, analizzarono e discussero apertamente il problema. L'assemblea degli apostoli così riunita al termine della discussione emanò una **lettera pastorale** (Gesù aveva infatti affidato agli apostoli il compito di essere "pastori di anime") che fu considerata come il messaggio del primo **Concilio** della Chiesa (Atti 15). Era il 49-50 d.C.

◀ **La circoncisione**
Anche Gesù fu circonciso come ogni Ebreo. (Michael Pacher, *Circoncisione di Cristo*, Sankt Wolfgang, Chiesa parrocchiale).

## *fonti e documenti*

### Il Concilio di Gerusalemme

Ora alcuni, venuti dalla Giudea, insegnavano ai fratelli: "Se non vi fate circoncidere secondo l'usanza di Mosè, non potete essere salvati". Poiché Paolo e Barnaba dissentivano e discutevano animatamente contro costoro, fu stabilito che Paolo e Barnaba e alcuni altri di loro salissero a Gerusalemme dagli apostoli e dagli anziani per tale questione. [...] Giunti poi a Gerusalemme, furono ricevuti dalla Chiesa, dagli apostoli e dagli anziani, e riferirono quali grandi cose Dio aveva compiuto per mezzo loro. Ma si alzarono alcuni della setta dei farisei, che erano diventati credenti, affermando: "È necessario circonciderli e ordinare loro di os-

## LE DECISIONI DEL CONCILIO

Durante il **Concilio** di Gerusalemme, dopo una lunga discussione, intervenne **Pietro**, che si dichiarò contrario a imporre ai cristiani provenienti dal paganesimo il peso delle prescrizioni ebraiche.
Prevalse alla fine la **posizione mediatrice di Giacomo**:

- chi si convertiva dal paganesimo poteva non sottoporsi alla circoncisione ed era esonerato dalle restrizioni alimentari;
- doveva però rispettare il divieto ebraico di non mangiare la carne di animali sacrificati agli idoli o morti per soffocamento, così come doveva astenersi dai disordini sessuali.

Emerse dunque chiaramente dal Concilio che la fede rendeva puri sia i cristiani provenienti dal paganesimo sia quelli provenienti dall'ebraismo e che **la salvezza era legata al credere in Gesù Cristo e non all'osservanza della Legge**.

## GLI EFFETTI DEL CONCILIO

La Chiesa di Gerusalemme uscì dal Concilio come il punto di riferimento di tutte le Chiese fondate dagli apostoli: la comunità dei Dodici esercitò infatti, su tutti gli altri gruppi cristiani che sorsero nel bacino del Mediterraneo e nei territori dell'Impero romano, un'**indiscussa autorità**, legata alla loro esperienza di fede e al loro mandato.
Dopo Gerusalemme, infine, a Pietro fu affidata l'evangelizzazione degli Ebrei e a Paolo quella dei pagani.

> **LESSICO**
>
> **Concilio**
> Dal latino *concilium*, che significa "adunanza". Nella Chiesa cattolica è l'assemblea dei vescovi. È detto ecumenico il Concilio convocato dal papa, cui prendono parte i vescovi di tutto il mondo per discutere e deliberare su questioni dottrinali, morali e disciplinari che riguardano l'intera comunità dei fedeli.

▲ **Due figure fondamentali della Chiesa primitiva**
Rico da Candia, *I santi Pietro e Paolo*, XVI secolo (Firenze, Galleria dell'Accademia).

◄ **Il battesimo**
Renier de Huy, *Il battesimo del centurione romano Cornelio*, XII secolo (Liegi, Chiesa di San Bartolomeo).

servare la legge di Mosè". Allora si riunirono gli apostoli e gli anziani per esaminare questo problema. Sorta una grande discussione, Pietro si alzò e disse loro: "Fratelli, voi sapete che, già da molto tempo, Dio in mezzo a voi ha scelto che per bocca mia le nazioni ascoltino la parola del Vangelo e vengano alla fede. E Dio [...] non ha fatto alcuna distinzione tra noi e loro [...]".
Giacomo prese la parola e disse: "[...] io ritengo che non si debbano importunare quelli che dalle nazioni si convertono a Dio, ma solo che si ordini loro di astenersi dalla contaminazione con gli idoli, dalle unioni illegittime, dagli animali soffocati e dal sangue".

(Atti 15,1-20)

## 4 Gli scritti e il messaggio di Paolo

**on line**
- Un inno teologico
- L'inno alla carità

### LE LETTERE

La prima e più antica testimonianza scritta del cristianesimo è una lettera di Paolo, la lettera alla comunità di Tessalonica (in Macedonia).

Si tratta di una delle diverse lettere che l'apostolo scrisse a varie chiese in risposta a questioni precise da loro poste o in occasione di problemi di natura **teologica** e **morale** riguardo ai quali egli sentiva di dover fornire dei **chiarimenti** o delle **puntualizzazioni**; altre volte si tratta di **incoraggiamenti** o anche solo semplici **indicazioni di tipo pastorale**.

Le lettere riconosciute come paoline sono tredici:

- una ai Romani;
- due ai Corinti;
- una ai Galati;
- una agli Efesini;
- una ai Filippesi;
- una ai Colossesi;
- due ai Tessalonicesi;
- due a Timoteo;
- una a Tito;
- una a Filemone.

Di queste, tuttavia, si nutrono dei dubbi anche relativamente alle lettere agli Efesini, ai Colossesi e alla seconda lettera ai Tessalonicesi: probabilmente sono da attribuire a discepoli dell'apostolo, che sovente nello scrivere si serviva di un segretario.
Sicuramente non è di Paolo la lettera agli Ebrei, un tempo a lui attribuita.

▲ **Paolo, missionario e uomo di lettere**
Rembrandt van Rijn, *San Paolo*, 1627-1629 (Parigi, Musée du Louvre)

▶ **Cristo, colui che ha sconfitto il peccato**
Particolare da *Il risorto strappa dalla morte i progenitori* (Gerusalemme, Basilica del Santo Sepolcro).

▼ **Resti di Efeso**

### LESSICO

**Teologica**
Dal greco *theós* (che significa "dio") e *lógos* (che significa "discorso"). Dal momento che la teologia ha per oggetto lo studio di Dio, un problema di natura teologica significa una questione inerente alla natura di Dio e alle sue caratteristiche.

**Morale**
Dal latino *mos*, che significa "costume".
Un problema di natura morale riguarda un modo di agire retto.

## UN CONTRIBUTO ENORME

Dalle lettere di Paolo emerge tutta la sua preparazione culturale. Giovane e brillante intellettuale, infatti, egli aveva messo a servizio della missione cristiana il proprio sapere: quello appreso alla scuola di Gamaliele, che lo aveva abituato all'**esegesi** della *Torah*, e quello retorico e filosofico, appreso nell'ambiente ellenistico greco-romano. Questa sua preparazione culturale gli permetteva dunque di entrare in dialogo sia con gli Ebrei sia con i Greci; ma non solo: grazie a essa Paolo fu capace di **riformulare il messaggio di Gesù secondo la cultura greca** e questo diede un enorme impulso alla **diffusione della Parola di Cristo fuori dall'ambiente ebraico**.

> **LESSICO**
> **Esegesi**
> Si tratta dell'interpretazione critica di un testo, finalizzata a trovarne il senso autentico.

▼ **L'amore di Cristo è carità**
Lorenzo Bartolini, *La carità educatrice*, 1824 (Firenze, Palazzo Pitti).

## CRISTO AL CENTRO

Il fulcro del messaggio paolino è costituito dalla salvezza attuata da Gesù: **Gesù Cristo è salvezza e vita dell'uomo Signore della storia**. In particolare:

- **Gesù Cristo è colui che è venuto a portare all'uomo il dono-grazia della giustizia, della salvezza e della vita**: Egli è morto per sconfiggere il peccato e permettere all'umanità la vita secondo lo Spirito.
- **Gesù muore e risorge**, risuscitato dal Padre e dalla potenza del suo Spirito. Il gesto pasquale di Cristo, atto di amore ubbidiente verso il Padre, è **segno e fonte di perdono per i peccati dell'uomo**.
- Dal momento che il peccato è fonte di divisione oltre che con Dio, anche dell'uomo con l'uomo, **Gesù Cristo consente all'uomo di ritrovare se stesso, gli altri, il mondo**.

### PER SAPERNE DI PIÙ

#### L'uomo e Cristo

L'uomo per Paolo è in un giusto rapporto con Dio solo se accoglie Gesù Cristo morto e risorto come suo Salvatore e Signore e solo se accetta se stesso e la propria esistenza nella luce di Cristo, come esistenza dipendente, giudicata e salvata dalla morte e risurrezione di Cristo e dal suo Spirito. È dunque necessario che Dio dall'alto stenda la mano della sua **grazia** e che l'essere umano l'accolga con la **fede**: solo così egli sarà "giustificato" (cioè diverrà giusto) e salvato. Tutto questo si attua attraverso l'esperienza del **battesimo** che coinvolge tutta la vita della persona e la unisce a Cristo.

Sulla base della fede si sviluppa la vocazione del credente in Cristo: abbandonare ogni forma di egoismo e le passioni contrarie alla carità per vivere sempre di più a **carità di Cristo** nell'esistenza di ogni giorno.

Il credente in Cristo è membro di una comunità, la **Chiesa** che è il **popolo di Dio**, anzi **Corpo del Cristo**. Per mezzo della Chiesa il Risorto espande la sua vita a tutto affinché tutto sia ripieno dello Spirito di verità e giustizia del Cristo. Compito della Chiesa è annunciare il Vangelo.

## verifichiamo

### 1 La scelta giusta

**1. Con la conversione di Cornelio:**
- ☐ a Pietro appare chiaro che è lo Spirito di Dio a condurre alla salvezza
- ☐ Pietro si convince che i pagani sono esclusi dalla salvezza
- ☐ a Pietro appare chiaro che ha sbagliato ad andare da Cornelio
- ☐ Pietro non capisce cosa sta succedendo

**2. La conversione di Paolo è:**
- ☐ un evento abituale
- ☐ un evento straordinario
- ☐ un evento casuale
- ☐ un evento legato a particolari circostanze

**3. Paolo predicava:**
- ☐ prima ai pagani e poi nella sinagoga agli ebrei
- ☐ prima agli ebrei nella sinagoga e poi ai pagani
- ☐ camminando lungo le strade romane
- ☐ di casa in casa privilegiando le famiglie ebree

**4. Nel Concilio di Gerusalemme viene deciso che:**
- ☐ per diventare cristiani prima bisogna farsi circoncidere
- ☐ pur essendo cristiani occorre rispettare il ritualismo ebraico
- ☐ per diventare cristiani non occorre passare attraverso le prescrizioni ebraiche
- ☐ essendo cristiani non ci sono più regole da rispettare

**5. Nel Concilio di Gerusalemme viene presa una decisione molto importante:**
- ☐ il messaggio cristiano è rivolto solo a chi è di origine romana
- ☐ il messaggio cristiano è rivolto solo a chi è di origine ebraica
- ☐ il messaggio cristiano è rivolto a tutti coloro che sono disponibili ad ascoltarlo
- ☐ il messaggio cristiano è rivolto solo a coloro che sono stati scelti dagli apostoli

**6. Paolo nelle sue lettere:**
- ☐ tratta temi legati all'ebraismo
- ☐ approfondisce il messaggio del Vangelo e affronta problemi di tipo teologico e morale
- ☐ invia brevi messaggi
- ☐ si occupa della vita sociale della prima comunità

### 2 Vero o falso?

**7. Indica con una crocetta le affermazioni vere (V) e quelle false (F).**

- Pietro morì crocifisso a testa in giù come Gesù a Gerusalemme  V F
- La conversione di Cornelio dà inizio alla conversione di pagani  V F
- Paolo intraprese quattro viaggi missionari  V F
- Paolo fu molto attento all'evangelizzazione dei pagani  V F
- L'apostolo Giacomo non partecipò al Concilio di Gerusalemme  V F
- Le lettere di Paolo permettono di interpretare in modo più profondo il Vangelo  V F

### 3 Pensaci su

**8. Nella Lettera ai Romani (8,2) Paolo scrive:** «*La legge dello Spirito, che dà vita in Cristo Gesù, ti ha liberato dalla legge del peccato e della morte*».

- Alla luce di quanto hai studiato, spiega con parole tue questa frase.

Sosta di verifica  33

# giochiamo

## 1 Quiz a chiave

Ricostruisci l'esortazione di Paolo contenuta nella lettera agli Efesini. Otterrai la parola chiave completando il versetto qui di seguito:

"Paolo, mentre li attendeva ad Atene, fremeva al vedere la città piena di | 1 | 2 | 3 | 4 | 1 |" (Atti 17,16).

Esortazione:

## 2 Trova la parola

Paolo diceva che i cristiani non devono camminare «*secondo la carne*», ma secondo... La risposta comparirà nelle caselle verdi.

1. È la condizione in cui Dio ci ha creato.
2. Con la sua morte Cristo ha redento l'uomo dal...
3. Da festa ebraica divenne festa cristiana, dopo la risurrezione di Cristo.
4. Morendo Gesù non abbandona i suoi discepoli perché lascia con loro lo...
5. È il "segno nella carne" che identifica l'appartenenza all'ebraismo.
6. È uno dei valori fondamentali della vita cristiana.
7. Lo si impartisce per "segnare" l'ingresso nella comunità cristiana.
8. Possono essere di iniziazione o di passaggio.
9. Vi nacque Paolo.

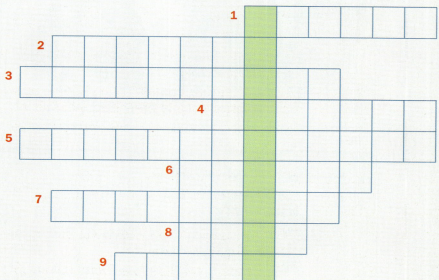

# 5 Cristianesimo e Impero romano

...ESPANSIONE digitale

## LE PERSECUZIONI

Le comunità cristiane non erano ancora completamente organizzate in modo stabile quando, a partire da Nerone (64 d.C.), cominciarono una serie di persecuzioni nei loro confronti, alternate a periodi di tolleranza e di pace. L'esistenza riservata dei cristiani e il mistero riguardo ai loro culti, celebrati prima nei cenacoli e poi successivamente nelle *domus ecclesiae* (edifici destinati unicamente alle cerimonie religiose), alimentarono storie macabre sui loro riti: lentamente i seguaci di Cristo divennero il **capro espiatorio** dei mali di tutto l'Impero.

▼ **La testimonianza cristiana**
Guido Reni, *Martirio di Sant'Apollonia*, 1603-1604, particolare (Madrid, Museo del Prado).

### fonti e documenti

#### I cristiani, anima del mondo

I cristiani non si distinguono dagli altri uomini, né per territorio, né per lingua né per modo di vivere. Abitano la loro patria, ma come pellegrini; prendono parte a tutto come cittadini e si sottomettono a tutto come stranieri. Ogni terra straniera è la loro patria e ogni patria è, per loro, terra straniera. [...] Sono nella carne, ma non vivono secondo la carne. Dimorano sulla terra, ma sono cittadini del cielo. Obbediscono alle leggi stabilite, ma con il loro tenore di vita vanno molto al di là. Amano tutti e da tutti vengono perseguitati. [...] Quando fanno del bene, sono puniti come dei malfattori; e anche allora godono, quasi si dia loro vita. I giudei li combattono come gente straniera, e i greci li perseguitano; ma chi li odia non sa dire il perché. In breve, i cristiani sono nel mondo ciò che l'anima è nel corpo. [...] L'anima abita nel corpo ma non è del corpo: anche i cristiani abitano nel mondo, ma non sono del mondo.

(dalla *Lettera a Diogneto* – 190-200 d.C.)

## LINEA DEL TEMPO

| 64 | 311 | 313 | 325 | 380 | 381 | 431 | 451 |

persecuzione romana-apologetica cristiana

- 311 Editto di Sardica
- 313 Editto di Milano
- 325 Concilio di Nicea
- 380 Editto di Tessalonica
- 381 Concilio di Costantinopoli
- 431 Concilio di Efeso
- 451 Concilio di Calcedonia

# I MOTIVI DELL'OSTILITÀ

A Roma la religione tradizionale aveva cominciato a essere soppiantata da divinità e da culti stranieri provenienti dall'Oriente, accanto a pratiche di tipo magico.
Il cristianesimo, da parte sua, offriva un'alternativa a concezioni di vita condizionate da fattori di tipo magico-astrale, proponendosi come una religione rivolta a tutti gli uomini considerati, indipendentemente dalle origini, come figli di Dio. Tuttavia mai i cristiani tentarono di opporsi o contrastare l'autorità civile. Come mai allora le persecuzioni nei loro confronti? L'ostilità nei confronti dei cristiani derivò probabilmente dal loro **disinteresse per la vita civile e politica** (per esempio i cristiani si rifiutavano di svolgere il servizio militare), che erano centrali, invece, per i cittadini romani.

## PER SAPERNE DI PIÙ

### Cronologia delle persecuzioni contro i cristiani

- 64 – Persecuzione in Roma sotto l'imperatore **Nerone** (54-68): i cristiani sono incolpati e condannati a causa dell'incendio scoppiato nella capitale. Martirio degli apostoli Pietro e Paolo.
- Verso il 90 – Trentennio di pace sotto Vespasiano e Tito. Sotto **Domiziano**, però, i cristiani vengono accusati di ateismo, duramente perseguitati e i loro beni confiscati.
- 112 – Sotto **Traiano** nelle province ci sono denunce contro i cristiani. L'imperatore impedisce che essi vengano ricercati d'ufficio ma, se qualcuno li denuncia (purché non nell'anonimato), ordina di catturarli e condannarli. Nel caso un accusato neghi di essere cristiano, deve darne prova.
- 249/250 – Con la presa di potere di **Decio** inizia un periodo di persecuzione durissima, in cui l'imperatore ordina che tutti i sudditi dell'Impero dimostrino la loro fedeltà alla religione dello Stato compiendo un sacrificio agli dèi in presenza di una commissione. A chi sacrificava veniva dato un libello: una sorta di certificato di buona condotta religiosa. Per tutti coloro che si rifiutavano c'era la pena di morte.
- 257/258 – **Valeriano** attacca qualche decennio più tardi l'organizzazione cristiana, colpendo i vescovi e confiscandone le proprietà.
- 303 – Editto di persecuzione dell'imperatore **Diocleziano**: non comporta la pena capitale, ma prevede la confisca dei beni, il divieto di riunione e l'espulsione dei cristiani da qualsiasi carica pubblica. Gli editti successivi si rivelano ancora più terribili: si prevede la morte per chi non ha sacrificato agli dèi.

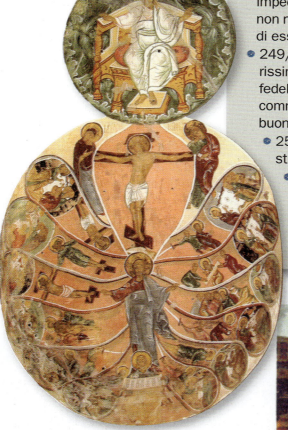

▲ **Come pecore in mezzo ai lupi**
*Predicazione e passione degli apostoli*, 1601, affresco (Sol'vyčegodsk, Cattedrale dell'Annunciazione).

◄ **Il coraggio della fede**
Jean-Léon Gérôme, *Ultime preghiere dei martiri cristiani*, 1875-1885 (Baltimora, Walter Art Gallery).

# 6 I martiri cristiani

## MARTIRI E *LAPSI*

I cristiani che affrontarono il martirio testimoniarono una profonda coerenza di vita: conformandosi al modello di Cristo il credente, ricolmo di fede, diventava capace di soffrire e resistere fino al fondo nell'amore del Signore. Perfino tra i pagani, l'esempio dei **martiri** suscitava stupore e ammirazione.

Tuttavia qualcuno non resse alle torture e abiurò la fede in Gesù: erano i *lapsi* ("coloro che erano caduti" in latino). Questi, una volta scampato il pericolo, chiesero di essere riaggregati alla Chiesa, suscitando reazioni controverse in coloro che le erano rimasti fedeli.

## LE CATACOMBE

Le catacombe realizzate dai cristiani per molto tempo furono credute zone di riunione e rifugio per i cristiani perseguitati; in realtà si tratta di **cimiteri** scavati nel tufo, dove i credenti in Gesù seppellivano i loro morti, specialmente i martiri, decorandone i sepolcri con affreschi, marmi e immagini su vetro dorato. I fedeli vi andavano a compiere i riti di omaggio al defunto, specie nel giorno di anniversario della loro scomparsa. Molti cimiteri sotterranei nacquero come comunitari, legati a donazioni private per i fedeli bisognosi, che necessitavano di una sepoltura dignitosa. Spesso si sviluppavano su più piani, raggiungendo anche 20 metri di profondità.

◀ **Papa Callisto**
Egli organizzò i cimiteri dei primi cristiani, il maggiore dei quali porta ancora il suo nome. Vetro dorato, IV secolo (Parigi, Bibliothèque Nationale).

### PER SAPERNE DI PIÙ

## I cimiteri dei cristiani

All'interno delle gallerie, illuminate fiocamente da piccole lucerne disposte su mense all'esterno delle tombe, vi erano i loculi, collocati orizzontalmente sulle pareti in diversi ordini sovrapposti e chiusi con lastre di marmo o con materiali poveri sigillati con calce. In rosso era dipinta l'iscrizione funeraria oppure venivano fissati dai parenti sulle tombe dei defunti oggetti di vario tipo come segno di riconoscimento (quali vetri dorati, giocattoli, statuine d'osso e d'avorio). I corpi, prima cosparsi con unguenti e profumi, venivano poi deposti in semplici lenzuoli. Gruppi familiari potevano disporre di camere sepolcrali semplici o doppie, con volte e pareti perlopiù dipinte. Il maggiore complesso di catacombe è quello di **Roma**, che conta 54 necropoli: tra le più importanti si ricordano quella di San Sebastiano, la cui memoria si collega a Pietro e Paolo, la catacomba di San Callisto, dove fu sepolta santa Cecilia, e quella di Sant'Agnese. Altre importanti catacombe si trovano a **Napoli**, sotto la collina di Capodimonte, alle quali si aggiungono quelle scoperte in altre località italiane (come Siracusa, Sutri, Anagni) e straniere (in **Francia**, **Spagna** e **Germania**).

## 6 I martiri cristiani

▲ **Affreschi murari**
Gli affreschi della catacomba della via Latina a Roma, IV secolo.

> **PER SAPERNE DI PIÙ**
>
> ## L'apologetica
>
> Si chiama "apologetica" (dal greco *apologhésthai*, che significa "difendere") la letteratura cristiana tesa ad affermare e a giustificare la fede. Le prime apologie si presentavano spesso sotto forma di dialogo, di appello diretto a un imperatore, di manifesto di propaganda o di esortazione ai non credenti.
> Il contenuto era vario: dalla polemica contro i denigratori, alla critica al paganesimo; dalla descrizione del modo di vivere in Cristo, all'esposizione articolata della fede cristiana. Tra i testi più noti dei primi tempi vi sono le *Apologie* di Giustino, la *Lettera a Diogneto*, l'*Apologeticum* di Tertulliano.
>
> ▶ **Tertulliano**
> Incisione tratta da un'edizione parigina dell'*Opera omnia* dell'Apologeta.

## LA REAZIONE DEI CRISTIANI

Accusati e in grave difficoltà, colpiti dalle persecuzioni, i cristiani cominciarono a reagire e a replicare all'opinione pubblica pagana, alle autorità governative e agli intellettuali pagani. Nacque così una **letteratura difensiva, detta "apologetica"**, prima in greco e poi in latino.

▶ **Cerimonia di sepoltura**
Il dipinto raffigura la sepoltura dei martiri nelle catacombe.

◀ **Catacomba di san Sebastiano**
Sono visibili vari loculi in cui venivano deposti i cadaveri.

# L'anfiteatro Flavio

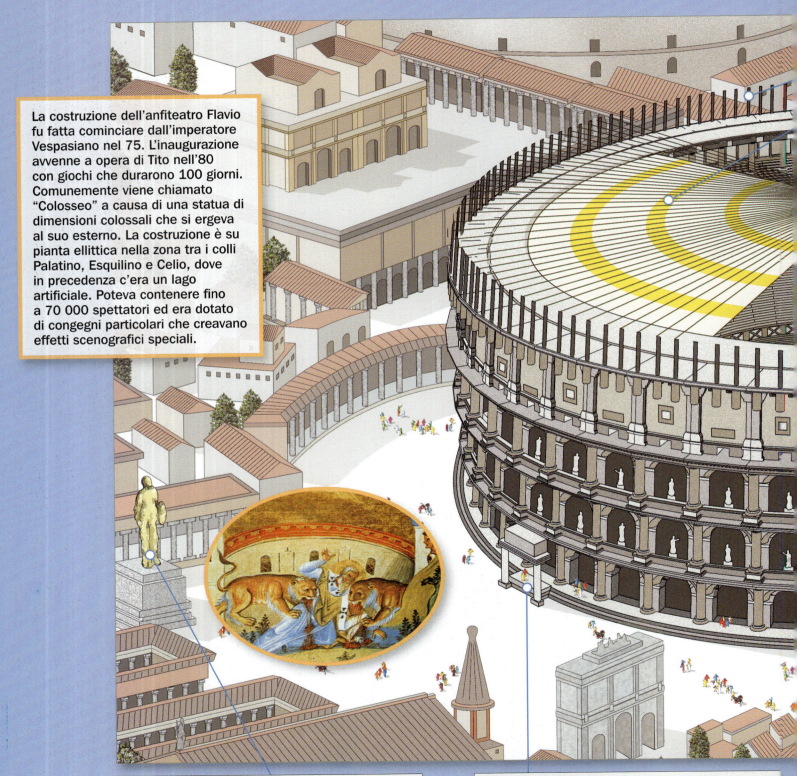

La costruzione dell'anfiteatro Flavio fu fatta cominciare dall'imperatore Vespasiano nel 75. L'inaugurazione avvenne a opera di Tito nell'80 con giochi che durarono 100 giorni. Comunemente viene chiamato "Colosseo" a causa di una statua di dimensioni colossali che si ergeva al suo esterno. La costruzione è su pianta ellittica nella zona tra i colli Palatino, Esquilino e Celio, dove in precedenza c'era un lago artificiale. Poteva contenere fino a 70 000 spettatori ed era dotato di congegni particolari che creavano effetti scenografici speciali.

### Il Colosso
Si trattava di una statua di Nerone con le sembianze del dio Sole Elio, alta circa 36 m. Da essa nel Medioevo derivò il nome tradizionale di "Colosseo".

### Gli ingressi
Erano 76. Era possibile entrare gratuitamente anche se occorreva un biglietto numerato su cui era scritto attraverso quale ingresso entrare.

6 | I martiri cristiani | **39**

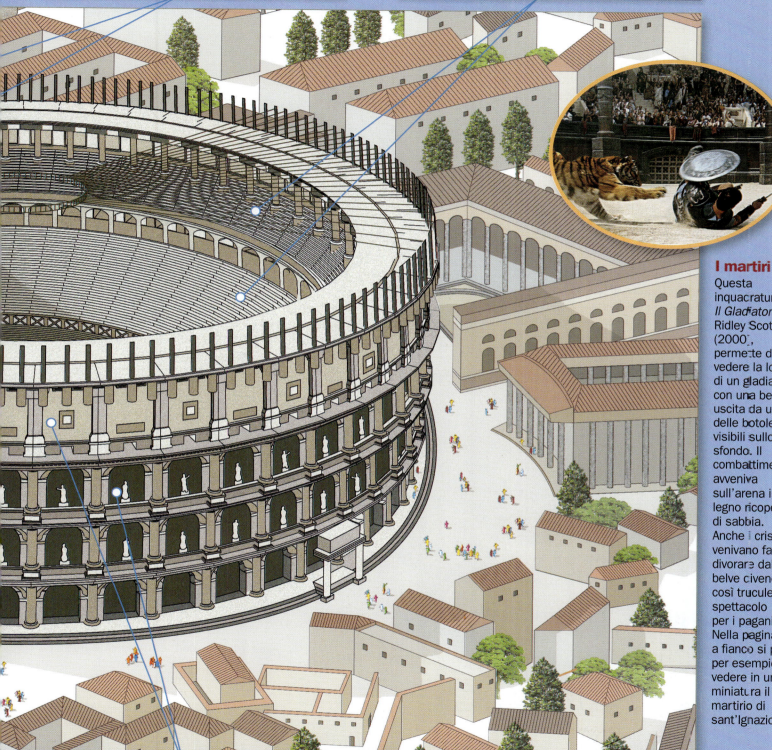

**Le travi e il velario**
Erano utilizzate per sostenere il velario, una enorme tenda di seta che proteggeva il pubblico dal sole e che veniva issata da mille marinai.

**I posti a sedere**
Erano suddivisi su cinque piani, ciascuno riservato a una diversa categoria sociale (dal basso: i senatori, ufficiali e funzionari, semplici cittadini, poveri e schiavi, donne).

**I martiri**
Questa inquacratura de *Il Gladiatore* di Ridley Scott (2000), permette di vedere la lotta di un gladiatore con una belva, uscita da una delle botole visibili sullo sfondo. Il combattimento avveniva sull'arena in legno ricoperta di sabbia. Anche i cristiani venivano fatti divorare dalle belve divenendo così truculento spettacolo per i pagani. Nella pagina a fianco si può, per esempio, vedere in una miniatura il martirio di sant'Ignazio.

**L'edificio**
L'esterno era ricoperto di travertino e costituito da quattro piani sovrapposti, tre ad arcate e l'ultimo ad attico con finestre rettangolari.

**I sotterranei**
Sotto l'arena, passaggi sotterranei portavano alle botole e alle scale attraverso cui facevano la loro comparsa le belve e i gladiatori.

# I simboli usati dai

I simboli vennero molto usati nell'arte cristiana delle origini a causa della loro straordinaria capacità di collegare le immagini visibili al mondo dell'invisibile e di rendere chiari in modo essenziale i concetti fondamentali della nuova religione. Se ne fece largo uso nelle pitture cimiteriali accanto a soggetti puramente decorativi. Molte immagini simboliche alludono al Cristo sin dall'epoca più antica.

### ▶ L'ancora
Il simbolo cristiano della fedeltà. Sulle lapidi, spesso compare l'ancora che allude alla salvezza e in alcuni casi è caratterizzata da una forma crociata.

### ▲ Il pesce
L'*ichthús*, il pesce simbolo di Cristo, il pesce che richiama il Salvatore: in molte iscrizioni ricorre il termine greco *ichthús*, "pesce", che è in realtà un acronimo, cioè una parola formata con le iniziali di altre parole, in questo caso "Gesù Cristo Figlio di Dio Salvatore". Questo simbolo appare anche in un dipinto della catacomba di Callisto dei primi decenni del III secolo accanto a un cesto di pani e a una coppa di vino, assumendo un significato sia cristologico sia eucaristico. (*Il pesce*, dall'affresco di Giona, metà del II secolo, Roma, Catacombe di San Callisto, via Appia Antica).

### ▲ La vite e i tralci

La vite, i cui tralci carichi di pampini adornano gli ambienti cimiteriali, ha più significati: può riferirsi al Cristo, alla Chiesa o al sangue di Cristo. (*Il simbolo dell'uva*, dalla decorazione del presbiterio, mosaico, VI secolo, Ravenna, Basilica di San Vitale).

### ▶ Il monogramma
Il nome di Cristo è reso con un monogramma formato dalle due lettere greche C (*chi*) e R (*ro*) intrecciate, oppure con una croce, ottenuta con le medesime iniziali disposte in modo differente. Ai lati vengono poste in alcuni casi le lettere alfa e omega (la prima e l'ultima lettera dell'alfabeto greco, per indicare Cristo come inizio e fine di ogni cosa). (*Monogramma costantiniano*, dalla porzione centrale della fronte di un sarcofago, marmo bianco, fine IV-inizio V secolo, Città del Vaticano, Musei Vaticani, Museo Pio Cristiano).

# primi cristiani

### ▶ Il buon pastore
Il simbolo cristologico per eccellenza è il buon pastore, che porta sulle spalle un agnello o una pecora e spesso è collocato al centro della volta dei cubicoli. In alcuni dipinti Cristo è presentato sotto forma di agnello, l'*Agnus Dei* che si sacrifica per l'umanità. *Il pastore crioforo* (che porta l'agnello), marmo, inizi del IV secolo (Città del Vaticano, Musei Vaticani, Museo Pio Cristiano).

### ▶ L'orante e la colomba
All'anima alludono altri due simboli molto diffusi nelle catacombe, l'orante e la colomba. L'orante appare nel gesto antico della preghiera, con le braccia aperte, ma in realtà si riferisce allo stato di grazia, di salvezza già raggiunto in Paradiso. La colomba può essere genericamente allusiva dell'anima, o immagine dello Spirito Santo nell'episodio del battesimo di Gesù, o della salvezza operata da Dio nei confronti di Noè. In alto: *Le colombe*, mosaico, V secolo (Ravenna, Mausoleo di Galla Placidia). In basso, *L'orante*, pittura murale, III secolo (Roma, Catacomba di Procolo).

### ▶ Il pavone
Il pavone viene raffigurato per indicare l'immortalità, poiché nel mondo antico, a motivo della sua bellezza, la sua carne era ritenuta incorruttibile. (*Il pavone*, decorazione del presbiterio, mosaico, VI secolo, Ravenna, Basilica di San Vitale).

### ◀ Simboli cristologici
Questa natura morta è ricca di simboli: il pesce, a cui, oltre l'acronimo, è legata la simbologia della pesca riccamente usata dai Vangeli; il pane e il vino che sono il corpo e il sangue di Cristo; il cervo volante, simbolo del male che si contrappone a Cristo. (Georg Flegel, *Natura morta con cervo volante*, 1635, Colonia, Wallraf-Richartz-Museum).

# 7 Il cristianesimo religione dell'Impero

## DA GALERIO A TEODOSIO

Dopo un lungo periodo in cui si alternarono periodi di persecuzioni e altri di tranquillità, l'imperatore **Galerio**, ordinò di mettere fine alle torture con l'**editto di Sardica** (**311**), riconoscendo l'inutilità delle vessazioni contro i cristiani e accordando loro piena libertà di culto e di riunione.

Nel **313**, con l'**editto di Milano**, **Costantino** diede ai cristiani piena libertà di culto e di predicazione, restituendo alle Chiese i beni che erano stati loro confiscati. Egli, nel corso del suo Impero, passò da una politica di tolleranza a una di appoggio sempre più marcato alla Chiesa e ai cristiani. La sua religiosità personale fu, in un certo qual modo, collegata alla politica imperiale.

L'attività di Costantino fu proseguita dai suoi successori e, alla fine del IV secolo, l'imperatore **Teodosio** promulgò una serie di editti con cui ordinò ai popoli dell'Impero di seguire la religione cristiana, che divenne così la **religione ufficiale dello Stato**.

▲ **Il papa e l'imperatore**
Papa Silvestro I entra a Roma accolto da Costantino. Fu questo papa a battezzare l'imperatore.

◄ **Effigie di Teodosio**
Medaglione del IV secolo d.C.

### *fonti e documenti*

#### La religione dell'Impero

Vogliamo che tutti i popoli retti dalla moderazione della nostra clemenza pratichino la religione che il divino Pietro apostolo ha trasmesso ai Romani..., seguita dal papa Damaso e Pietro vescovo di Alessandria, uomo di apostolica santità, affinché crediamo, secondo l'insegnamento degli apostoli e la dottrina del Vangelo, all'unica divinità del Padre, del Figlio e dello Spirito Santo in una stessa maestà ed una venerata Trinità. Ordiniamo che tutti coloro che seguono questa legge siano chiamati cristiani cattolici, mentre gli altri, dissennati e folli, siano considerati eretici.

(*Codice di Teodosio*, XVI, 1, 2-28 febbraio 380)

# L'ORGANIZZAZIONE DELLE CHIESE

Dopo il riconoscimento del cristianesimo come religione dell'Impero, si stabilì una sorta di graduatoria gerarchica fra le Chiese.
In ogni provincia dell'Impero, il vescovo della città capoluogo ebbe funzioni di sorveglianza e di controllo sulle Chiese delle città minori, diventando **metropolita** della sua provincia.
Emersero per prestigio i **patriarchi** delle seguenti sedi:

- **Roma**, sede del patriarcato d'Occidente;
- **Alessandria**, sede del patriarcato d'Egitto;
- **Gerusalemme**;
- **Antiochia**, sede del patriarcato di Oriente;
- **Costantinopoli** (più tardi).

Le sedi patriarcali coincidevano con le città capoluogo che avevano accolto la missione evangelizzatrice di un apostolo o di un evangelista: Pietro e Paolo a Roma; Pietro ad Antiochia; Marco ad Alessandria d'Egitto; Andrea a Costantinopoli.

◂ **Costantino e il cristianesimo**
L'imperatore regge la croce, simbolo del cristianesimo, IV secolo (Spalato, Museo Archeologico).

## fonti e documenti

### L'Editto di Costantino e il riposo domenicale

Tutti i giudici, gli abitanti delle città e gli artigiani riposeranno nel venerando giorno del Signore. Tuttavia, gli abitanti delle campagne potranno liberamente attendere ai lavori dei campi, perché avviene spesso che la domenica sia il giorno più adatto per seminare il grano o piantare le viti, affinché non si perda l'opportunità offerta dalla Provvidenza Divina; la buona stagione, infatti, è breve. 7 marzo 321.

(Editto di Costantino, *Codice di Giustiniano*, III, XII, 3)

▾ **Le sedi patriarcali e i movimenti dei popoli barbari**
● Sedi dei patriarchi
→ Franchi;
→ Vandali;
→ Ostrogoti;
→ Svevi; → Unni;
→ Visigoti.

## LESSICO

**Metropolita**
Responsabile della diocesi principale di una provincia ecclesiastica.

**Patriarca**
Termine composto derivato dal greco *patrís* (che significa "stirpe") e *árchein* (che significa "essere a capo"). Indica la persona più autorevole di un gruppo.

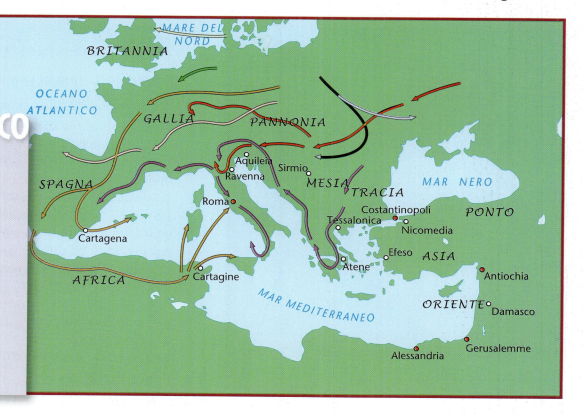

# 8 La definizione della fede

## L'ORTODOSSIA E LE ERESIE

Fra il IV e il V secolo la Chiesa, finalmente libera di proclamare la propria fede, si pose il problema di definire con chiarezza il **contenuto del proprio messaggio**. Il contatto con nuovi modelli culturali rischiava però di far perdere l'omogeneità del messaggio evangelico e divenne prioritario un **approfondimento teologico** dei contenuti della fede cristiana.
Alcuni degli argomenti di dibattito, che riguardavano per esempio modi diversi di intendere **la persona di Gesù e la sua natura**, comportarono alcuni travisamenti e interpretazioni scorrette, dette **eresie**.
Alle eresie si opposero i sostenitori dell'**ortodossia**, che si attenevano alla tradizione e definirono il giusto modo di credere. Per definire le posizioni ortodosse i vescovi si riunirono in alcuni importanti **Concili**, aventi lo scopo di salvaguardare il messaggio evangelico contro le posizioni eretiche.

---

### PER SAPERNE DI PIÙ

### I primi Concili

- **Nicea** (325). Tema principale: la divinità del Figlio.
- **Costantinopoli** (381). Tema principale: la divinità dello Spirito Santo.
- **Efeso** (431). Tema principale: la divina maternità di Maria.
- **Calcedonia** (451). Tema principale: le due nature nella persona del Cristo. Affermazione del primato del vescovo di Roma, in quanto successore di Pietro, su tutti gli altri vescovi.

---

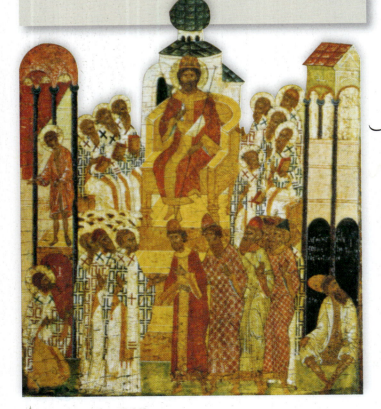

▲ **Il Concilio di Nicea**
XV secolo (Vicenza, Gallerie di Palazzo Leoni Montanari).

---

## fonti e documenti

### Il Credo secondo la versione del Messale Romano

Credo in un solo Dio, padre onnipotente,
creatore del cielo e della terra,
di tutte le cose visibili e invisibili.
Credo in un solo Signore, Gesù Cristo,
unigenito Figlio di Dio,
nato dal Padre prima di tutti i secoli:
Dio da Dio, luce da luce, Dio vero da Dio vero,
generato, non creato, della stessa sostanza del Padre;
per mezzo di lui tutte le cose sono state create.
Per noi uomini e per la nostra salvezza
discese dal cielo,
e per opera dello Spirito Santo si è incarnato
nel seno della vergine Maria
e si è fatto uomo.
Fu crocifisso per noi sotto Ponzio Pilato,
morì e fu sepolto.

## I SIMBOLI DI FEDE

Come reazione alle principali eresie, la fede venne concretizzata in "simboli", una specie di **sintesi delle verità essenziali** del cristianesimo.

- Il più noto di essi è il cosiddetto **simbolo degli apostoli**.
- Il simbolo universale è invece quello promulgato dal Concilio di Nicea, che verrà poi approfondito, per quanto concerne lo Spirito Santo, dal Concilio di Costantinopoli nel 381 (per cui è conosciuto come **simbolo niceno-costantinopolitano**). Esso costituisce la professione di fede della Chiesa cattolica ed è **recitato durante la Messa**.

◀ **Cristo: due nature, una sola persona**
Stele in cui si sosteneva il contrario: il culto di un'unica natura, V secolo (Aleppo, Nationale Museum).

### LESSICO

**Eresia**
Dottrina che si oppone alla verità rivelata da Dio e proposta come autentica, in quanto tale, dalla Chiesa.

**Ortodossia**
Dal greco *orthodoxía*, che significa "retta opinione".

### fonti e documenti

**Simbolo Apostolico**

Credo in Dio, Padre onnipotente,
e in Gesù Cristo, suo unico Figlio, nostro Signore,
che nacque dallo Spirito Santo e dalla Vergine Maria,
fu crocifisso sotto Ponzio Pilato e fu sepolto;
il terzo giorno risuscitò dai morti,
salì al cielo
e siede alla destra del Padre;
di là verrà a giudicare i vivi e i morti.
Credo nello Spirito Santo,
la santa Chiesa,
la remissione dei peccati,
la risurrezione della carne,
la vita eterna.

Il terzo giorno è risuscitato, secondo le Scritture,
è salito al cielo, siede alla destra del Padre.
E di nuovo verrà, nella gloria,
per giudicare i vivi e i morti,
e il suo regno non avrà fine.
Credo nello Spirito Santo,
che è Signore e dà la vita,
e procede dal Padre e dal Figlio.
Con il Padre e con il Figlio
è adorato e glorificato
e ha parlato per mezzo dei profeti.
Credo la Chiesa,
una santa cattolica e apostolica.
Professo un solo battesimo
per il perdono dei peccati.
Aspetto la risurrezione dai morti
e la vita del mondo che verrà. Amen.

▲ **Il pentimento dopo l'eresia**
Un eretico riconosce il suo errore di fronte all'imperatore Costantino e al vescovo.

## L'inserto

# La *basilica cristiana*

La basilica originariamente indicava l'edificio in cui l'imperatore radunava il popolo. Per anni le basiliche erano state usate come tribunali, poi quest'edificio costituì il modello ideale per la sede della Chiesa cristiana. Al suo interno poteva trovar posto un grande numero di fedeli. La forma e la suddivisione dell'ambiente interno della basilica furono determinate dalle funzioni cultuali che vennero considerate come un nuovo ed essenziale elemento architettonico. I cinque elementi caratteristici della basilica cristiana sono: la **cattedra**, l'**ambone**, la **mensa**, il **fonte battesimale** e l'**aula**.

◀ **L'ipotetica ricostruzione della Basilica di Massenzio a Roma**

◀ **L'ambone**
Il pulpito (ambone) serviva per la lettura delle Sacre Scritture e per il canto dei salmi. (*Ambone del vescovo Agnello*, Ravenna, Museo arcivescovile).

▶ **L'aula**
Una grande aula rettangolare è destinata al culto di tutta la comunità e disegnata su un unico asse. Interno della chiesa verso est dell'abbazia benedettina di Sant'Angelo in Formis, presso Capua. La chiesa è interamente rivestita di affreschi risalenti al 1072-1087.

### ▶ La mensa

Sulla mensa, o altare, il sacerdote celebra l'eucaristia; mentre inizialmente la tomba del martire si trovava nella parete laterale o anche accanto all'abside, in seguito la tomba del martire e l'altare vennero riuniti. (Altare in marmo, decorato con pietre dure, tessere di pasta vitrea e d'oro, XII-XIII secolo, Roma, San Pietro).

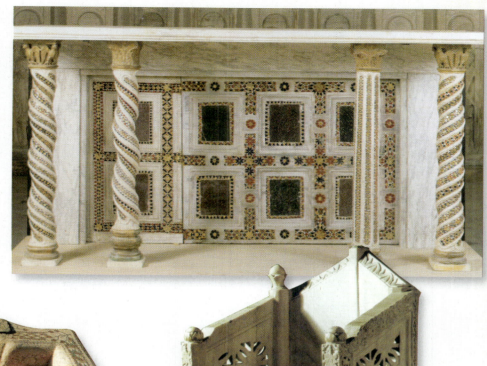

### ▼ Il fonte battesimale

Il fonte battesimale veniva collocato fuori dall'aula cultuale. Un mosaico copre sia il pavimento sia il fonte; i gradini servono per entrare e uscire dal fonte (Tunisia, II-III secolo).

### ▲ La cattedra

La suddivisione gerarchica è realizzata innalzando il trono episcopale (cattedra) su un podio al centro dell'abside; a questo si uniscono sui due lati dell'asse i seggi fissi di solito in legno. (*La cattedra del vescovo Elia*, XI-XII secolo, Bari, Cattedrale di San Nicola).

## verifichiamo

**sosta di verifica**

### ❶ La scelta giusta

**1. I cristiani vennero perseguitati dai Romani perché:**
- ☐ si opponevano all'autorità civile
- ☐ si opponevano alla religione romana
- ☐ si disinteressavano della vita civile e politica
- ☐ non accettavano le leggi dell'Impero romano

**2. Nei primi tre secoli le persecuzioni da parte dei Romani nei confronti dei cristiani furono:**
- ☐ sistematiche
- ☐ continue
- ☐ alternate a periodi di tolleranza
- ☐ sporadiche

**3. All'interno delle catacombe i corpi venivano deposti nei loculi:**
- ☐ con corredo funerario
- ☐ avvolti in semplici lenzuoli
- ☐ con molti oggetti personali
- ☐ dopo essere stati imbalsamati

**4. Con l'imperatore Costantino cominciò per i cristiani:**
- ☐ un periodo di tolleranza e di pace
- ☐ un periodo di persecuzione durissima
- ☐ un periodo di incertezza
- ☐ un periodo di oppressione

**5. I simboli di fede sono:**
- ☐ formulari magici
- ☐ gesti simbolici
- ☐ sintesi delle verità fondamentali della fede cristiana
- ☐ segni di fede

**6. Nei primi 4 Concili vengono definite:**
- ☐ verità di fede
- ☐ regole organizzative
- ☐ strategie politiche della Chiesa
- ☐ regole morali

### ❷ L'abbinamento corretto

**7. Abbina ciascun termine con il suo significato.**

1. Apologetica
2. Ortodossia
3. Esegesi
4. Eresia
5. Teologia

a. Disciplina che ha per oggetto lo studio di Dio
b. Dottrina che si oppone a una verità rivelata e proposta come tale dalla Chiesa
c. Interpretazione critica di un testo
d. Il giusto modo di credere conforme alla verità di fede
e. Letteratura scritta per difendere e giustificare la fede cristiana

### ❸ Vero o falso?

**8. Indica con una crocetta le affermazioni vere (V) e quelle false (F).**

- Pietro ha ricevuto da Gesù il mandato di guidare la Chiesa  V F
- La prima comunità cristiana si sviluppa a Damasco  V F
- Paolo prima di diventare cristiano si chiamava Saulo  V F
- Per Paolo Gesù Cristo è Signore della storia  V F
- La prima persecuzione contro i cristiani fu quella di Teodosio  V F
- A Roma è tutt'oggi visitabile un ampio complesso di catacombe  V F
- Costantino emanò l'Editto di tolleranza nei confronti dei cristiani  V F
- Le persecuzioni dispersero i cristiani in tutto il mondo  V F

## giochiamo

### Trova la parola

Erano così chiamati i primi edifici utilizzati per le cerimonie religiose cristiane. Risolvi le definizioni in orizzontale e nelle caselle colorate in verticale comparirà la parola esatta.

1. Di "retta fede".
2. Le subirono i cristiani dei primi secoli.
3. Lo furono i viaggi di Paolo.
4. Il primo nome di Paolo.
5. Cambia la vita di Paolo.
6. Responsabile della diocesi principale di una provincia ecclesiastica.
7. Assemblea dei vescovi.
8. Il nome dei seguaci di Cristo.
9. Coloro che abiurarono Gesù e poi chiesero di essere riammessi fra i cristiani.
10. Una delle lettere di Paolo.
11. Lo è Cristo della storia.
12. Ha il primato.
13. Scritti in difesa dei cristiani.
14. Colui che accetta di morire pur di non rinnegare Gesù.

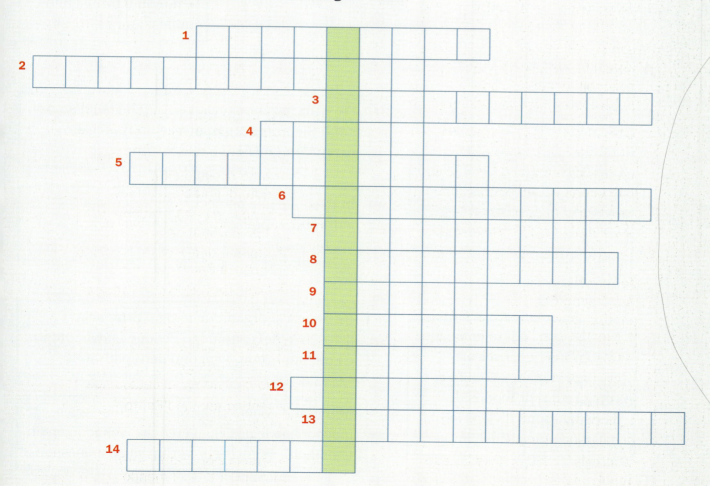

# mappa concettuale

**on line**
- Riassunto dell'unità
- Verifica finale
- Guida alla lettura di: *I viaggi di Gulliver*
- Guida alla visione di: *Quo vadis?*

**Nel Concilio di Gerusalemme (50 d.C.) emerge che la salvezza è legata alla fede in Gesù e non all'osservanza della Legge.**

→ A Pietro, il cui primato era già stato indicato da Gesù, viene affidata l'evangelizzazione degli Ebrei. → Pietro compie il primo miracolo e converte il primo pagano. La sua missione continua ad Antiochia, Corinto e Roma, dove muore crocifisso nel 64 d.C.

→ A Paolo, fariseo convertito sulla via di Damasco, viene affidata l'evangelizzazione dei pagani. → Paolo compie tre viaggi di missione e muore decapitato a Roma nel 67 d.C. Scrive 13 Lettere che rispondono a questioni teologiche e morali e forniscono indicazioni pastorali.

**Con Nerone (64 d.C.) iniziano le persecuzioni ai cristiani.**

→ I martiri pagano con la vita la fedeltà all'amore per il Signore; i *lapsi*, invece, lo rinnegano perché non resistono alle torture.

→ In reazione alle persecuzioni nasce una letteratura apologetica (difensiva) del cristianesimo.

**Nel 313, con l'editto di Milano, Costantino riconosce ai cristiani la libertà di culto e, con gli editti di Teodosio, il cristianesimo diviene la religione ufficiale dell'Impero.**

→ La Chiesa si organizza: in ogni provincia il vescovo del capoluogo diviene metropolita e i più importanti vengono detti patriarchi.

→ Importanti concili chiariscono l'ortodossia e individuano le posizioni eretiche. Vengono creati i "simboli", sintesi delle verità del cristianesimo.

Attività finali 51

# concludiamo la riflessione

## L'immagine

Sei in grado di tirare le fila di quanto hai studiato in questo capitolo? Quale significato hanno, dopo il tuo studio, il testo e l'immagine che sono alle pp. 22-23?

Il volto del martire rimanda alla tradizionale iconografia di Cristo, in particolare la postura del corpo allude all'iconografia della deposizione dalla croce. Il martire si trasforma con il sacrificio in Cristo stesso.

La figura femminile è legata per mezzo di una catena al compagno di martirio. L'equiparazione dei due rimanda alla considerazione costantemente manifestata da Gesù per la figura femminile.

Entrambi i martiri appaiono investiti da una luce proveniente dall'alto, metafora di Cristo "luce del mondo": «Io sono la luce del mondo; chi segue me, non camminerà nelle tenebre, ma avrà la luce della vita» (Giovanni 8,12).

Si ha la sensazione che gli angeli stiano letteralmente "sollevando" dalle tenebre – che incombono nella parte inferiore del dipinto – i corpi dei martiri per condurli verso l'abbagliante luminosità del cielo.

## L'uccellatore e la gabbia

Rileggi il racconto a p. 22 che appartiene alla tradizione araba.

▶ Per quale motivo, secondo te, è l'uccellatore e non l'uccello a essere in gabbia?

▶ In che modo potresti collegare l'invito a rompere le sbarre del pensiero con la missione affidata da Gesù ai suoi discepoli?

# Il Vangelo in Europa 3

## Cominciamo a riflettere

### Gli spaccapietre

Un viaggiatore, nel Medioevo, mentre compiva un lungo cammino recandosi a piedi in pellegrinaggio a Chartres, incontrò un uomo per strada che faceva uno dei mestieri più duri che esistano: quello dello spaccapietre.
Tutto sudato e coperto di polvere costui gli rivolse la parola:
«Che vita da cani», gli disse. «Esposto alla pioggia, al vento, alla grandine, al sole, faccio un lavoro ingrato e faticosissimo per pochi soldi.
La mia vita non vale niente: è meno che zero. Non merita neppure di chiamarsi vita».
Proseguendo nel cammino, un po' più lontano, il viandante incontrò un secondo uomo che faceva, anch'egli, lo spaccapietre ed era palesemente stravolto dalla fatica, sudato e impolverato.
Tuttavia il suo atteggiamento era completamente diverso da quello dell'uomo incontrato prima.
«È vero, si tratta di un lavoro duro», gli disse, «ma è pur sempre un lavoro. Mi permette di dar da mangiare a mia moglie e ai miei figli. Inoltre sono all'aria aperta, vedo passare molta gente e non mi lamento.
Ci sono infatti molte situazioni ben peggiori della mia».
Proseguendo nel suo cammino, il viandante si imbatté in un terzo uomo.
Anche costui faceva lo spaccapietre e faticava duramente nel suo lavoro.
Rivolgendogli la parola il viandante si aspettava qualche lamentela.
Invece, quegli, guardandolo negli occhi gli disse: «Io costruisco una cattedrale».

da J.-C. Carrière, *Il segreto del mondo*, Garzanti, Milano

*San Paolo predica ai Galati*, miniatura francese, XV secolo (Parigi, Bibliothèque Nationale).

# Dio e l'uomo - Il linguaggio religioso

## OBIETTIVI DI APPRENDIMENTO

▶ Riconoscere la vicenda della morte e risurrezione di Cristo nella prospettiva dell'evento pasquale.

▶ Riconoscere in Lui il Figlio di Dio, Salvatore del mondo, fondatore della Chiesa.

▶ Conoscere l'evoluzione storica e l'azione missionaria e di unificazione religiosa e culturale della Chiesa, realtà voluta da Dio, in cui agisce lo Spirito Santo.

## COMPETENZE

▶ L'alunno sa ricostruire gli elementi fondamentali della storia della Chiesa e confrontarli con le vicende della storia civile elaborando criteri per un'interpretazione consapevole.

# 1 Dopo la caduta dell'Impero d'Occidente

## LA CRISI DELL'IMPERO

Negli stessi secoli in cui si andava affermando il cristianesimo, l'Impero romano visse una forte **crisi di tipo economico e politico**. Essa ne minò gradualmente la struttura e lo rese preda dei popoli **barbari** che si affacciavano all'Europa e che cominciavano a travolgerla e a impossessarsene.

**Teodosio** I fu l'ultimo imperatore romano a governare un regno unificato: alla sua morte (395), infatti, l'Impero fu spartito fra i suoi due figli. La parte occidentale divenne un organismo statale a sé, ma incapace di fermare le incursioni e le scorrerie: nel 410 e poi ancora nel 455, tra lo sconcerto generale, Roma, l'antica capitale del glorioso Impero romano, venne saccheggiata prima dai Visigoti e poi dai Vandali.

**Un pastorale vescovile**
Il bastone ricurvo rappresentava la funzione di pastore del vescovo. (XII secolo, Parigi, Musée des Thermes et de l'Hôtel de Cluny).

▶ **I santi Agostino e Ambrogio**
Filippo Lippi, 1440 ca. (Torino, Accademia Albertina).

## PER SAPERNE DI PIÙ

### Vescovi illustri

Del periodo tardoantico, conosciamo le figure di alcuni vescovi illustri:

- sant'**Ambrogio** (333 ca.-397 d.C.), vescovo di Milano, Dottore e Padre della Chiesa, nonché scrittore. Ambrogio rappresentava il tipo ideale del vescovo patrizio dotato di per sé di reputazione sociale, cui si aggiungeva quella morale derivante dalla sua vita di uomo santo. Venne acclamato vescovo dal popolo nel 374, benché non fosse ancora stato battezzato. Fu il primo a trasferire sull'amministrazione ecclesiastica la grande esperienza amministrativa dei più alti ranghi dell'Impero;
- sant'**Agostino** (354-430), vescovo di Ippona (in Africa), Dottore e Padre della Chiesa, filosofo e teologo. Dopo una giovinezza smodata e inquieta, aderì al cristianesimo a 33 anni, trovando finalmente la pace del cuore. Ricevette il battesimo a Milano da Ambrogio e tornò nella nativa Africa, da cui era partito come maestro di retorica. Fu consacrato sacerdote e poi eletto vescovo d'Ippona, ma a differenza di Ambrogio, che era implicato in questioni politiche e sociali, egli si sentiva più portato per la speculazione filosofica. Da vescovo, quindi, con fatica armonizzò i suoi doveri pastorali con le esigenze spirituali che lo spingevano a una vita austera e di penitenza. La sede pastorale di Ippona, infatti, divenne simile a un monastero dove si viveva in religiosa povertà e molti di coloro che vivevano in quella comunità fondarono monasteri. Il suo libro più conosciuto sono *Le confessioni*, una sorta di autobiografia in cui narra la propria tormentata conversione;
- sant'**Eusebio** (283-371), vescovo di Vercelli che si distinse per le lotte contro le eresie;

## UN NUOVO RUOLO PER LA CHIESA

Nessun imperatore era in grado di fermare l'avanzata dei barbari. Soltanto il **papa Leone I** riuscì a mitigarne gli effetti: nel 452, incontrando personalmente Attila, re degli Unni, riuscì a convincerlo a ripiegare, abbandonando l'idea di una marcia su Roma; nel 455, ottenne da Genserico che la capitale seppure saccheggiata, non venisse bruciata. Nel vuoto creato dalla scomparsa delle strutture civili e dei presidi imperiali romani, intere regioni dell'Europa rimasero in balia di se stesse, esposte alla violenza degli invasori e devastate da epidemie e carestie. Anche in questo caso **a colmare il vuoto intervenne la Chiesa**: i **vescovi**, al di là delle funzioni propriamente religiose, apparivano come capi carismatici, ai quali tutta la comunità cominciò a fare riferimento.

> **LESSICO**
>
> **Cattedrale**
> Chiesa chiamata così in quanto vi è posta la cattedra, cioè il piccolo trono su cui siede il vescovo.
>
> **Clero**
> Comprende tutti gli appartenenti all'ordine sacerdotale, cioè coloro che hanno ricevuto il sacramento dell'ordine. Essi hanno funzione di guide spirituali e di amministratori dei sacramenti.

## IL RUOLO DEI VESCOVI

L'autorità del vescovo si estendeva sulla città in cui risiedeva e sul territorio dove esercitava la sua amministrazione: la diocesi. Egli celebrava le funzioni liturgiche nella cattedrale, la chiesa principale. In alcuni casi veniva eletto dai fedeli, in altri dal clero, ma poteva esercitare la propria autorità solo dopo che la nomina veniva approvata da uno o più vescovi delle regioni vicine. Oltre a farsi carico di compiti pastorali e dottrinali, egli **amministrava** i beni della collettività: era responsabile della raccolta fiscale, degli approvvigionamenti e delle distribuzioni alimentari. **Rappresentante** e **interprete** nei confronti del potere politico, soprattutto in occasione di difficoltà e pericolo, il vescovo, in caso di guerra, si preoccupava anche di organizzare la difesa della città: infatti, in questo momento difficilissimo, la Chiesa rappresentava il **punto di riferimento** per la comunità allo sbando.

▼ **L'investitura di un vescovo conte**
Ottone I consacra un vescovo con la consegra del pastorale. (Reliquiario di San Tiberto, XII secolo).

- san **Paolino** (355-431), vescovo di Nola. Convertitosi al cristianesimo e fattosi battezzare nel 389, dal suo matrimonio nacque un figlio morto otto giorni dopo la nascita. Questo evento lo segnò al punto da rifugiarsi completamente nella fede. È autore di un ricco epistolario con i più noti religiosi del tempo. Racconta papa Gregorio Magno che, poco dopo il sacco di Roma di Alarico, i Visigoti giunsero a Nola, in Campania, e la saccheggiarono, prendendo come prigionieri i suoi abitanti. Il vescovo della città, Paolino, per riscattarli vendette tutti i propri averi, anche la croce episcopale. Non avendo più niente, per riscattare l'unico figlio di una vedova offrì se stesso. Venduto in Africa come schiavo, finì per fare il giardiniere. Molto tempo dopo, poiché aveva profetizzato al re la sua imminente fine e avendo rivelato la propria identità di vescovo, fu liberato con i suoi concittadini e poté così far ritorno a Nola.

# 2 Il Vangelo si diffonde in Europa

...ESPANSIONE digitale

**on line** – La musica sacra

## UNA NUOVA STAGIONE MISSIONARIA

Anche dopo che il cristianesimo venne riconosciuto come religione di Stato, la Chiesa continuò a svolgere il compito che Gesù le aveva affidato: **predicare il Vangelo** a tutte le genti e battezzarle (Matteo 28,19-20).
Tuttavia, poiché l'Impero d'Occidente era ormai preda dei barbari, questa volta essa si trovò a dover portare il messaggio di Cristo a popolazioni di **cultura germanica**.

## L'UNIFICAZIONE CULTURALE

Mentre si formavano i regni romano-barbarici, che nascevano dalla fusione, seppur lenta, delle due culture – latina e germanica –, il cristianesimo, nella forma cattolica, penetrava tra gli invasori: prima si convertirono i Franchi e i Visigoti, poi i Longobardi, quindi gli Angli e i Sassoni, infine i Normanni. L'evangelizzazione di nuovi territori fu la premessa per la costruzione di un'**identità europea**, da un punto di vista **religioso**, **politico** e **culturale**.

## GREGORIO MAGNO

Una figura determinante nel processo di unificazione culturale e religiosa fu quella di Gregorio Magno, papa tra il **590** e il **604**: a lui si devono, in particolare, la conversione dei Britanni, quella degli Angli e quella dei Longobardi. Personalità profondamente spirituale, Gregorio riorganizzò la liturgia, promuovendo quel **canto** che dal suo nome si chiama "**gregoriano**". Fu tuttavia anche uomo energico e di grandi doti politiche: con vigore affermò la **preminenza papale**. Gregorio infatti fu il vero protagonista dell'**ascesa della Chiesa di Roma**, che nel VI secolo divenne l'unico punto di riferimento religioso, politico, sociale e culturale.

◀ **Un grande riformatore**
Antonello da Messina, *San Gregorio Magno*, 1470-1475 ca. (Palermo, Galleria Regionale della Sicilia di Palazzo Abatellis).

## LINEA DEL TEMPO

| 333 | 354 355 | 397 | 430 431 | 480 | 534 540 547 | 604 | 861 |

- vita di Ambrogio
- vita di Agostino
- Patrizio in Irlanda
- Regola benedettina
- cristianizzazione dell'Europa
- vita di Paolino
- vita di Benedetto
- vita di Gregorio I
- Cirillo e Metodio cominciano a evangelizzare gli Slavi

## 2 Il Vangelo si diffonde in Europa

**La diffusione del Vangelo in Europa**

**Un nuovo alfabeto**
Cirillo e Metodio tradussero il Vangelo in slavo, inventando un nuovo alfabeto (icona bulgara del XIX secolo).

## GRANDI MISSIONARI

L'evangelizzazione di nuovi territori e delle nuove popolazioni fu dovuta anche alla personalità di grandi missionari, tra il V e l'VIII secolo. In particolare ricordiamo:

- per i Franchi, san **Remigio**;
- per l'Inghilterra **sant'Agostino di Canterbury** (inviato da Gregorio Magno);
- per l'Irlanda san **Patrizio**;
- per le popolazioni germaniche, san **Bonifacio**;
- per i Galli san **Colombano**.

Successivamente, tra il IX e il X secolo, si colloca l'evangelizzazione delle popolazioni del nord Europa:

- **Anscario** portò la buona novella in Svezia e Danimarca;
- **Cirillo** e **Metodio** convertirono gli Slavi;
- il duca **Venceslao** favorì l'evangelizzazione della Boemia;
- il re **Vladimiro** con la sua conversione favorì la diffusione del cristianesimo nelle città e nelle campagne russe.

### PER SAPERNE DI PIÙ

### Cirillo e Metodio

Nell'**861** Ratislav, principe della Moravia (un paese che comprendeva diverse popolazioni slave dell'Europa centrale), chiese all'imperatore di Costantinopoli, Michele III, di inviargli qualcuno che fosse in grado di spiegare alle popolazioni del suo regno il contenuto della fede cristiana in lingua slava. Furono così scelti due fratelli, Cirillo e Metodio, che dedicarono tutta la loro vita a questa missione di evangelizzazione, realizzata in accordo sia con la Chiesa di Costantinopoli sia con quella di Roma. Essi, inoltre, tradussero per la prima volta in slavo i testi sacri e liturgici, inventando l'alfabeto, noto appunto come "**cirillico**". Le traduzioni conferirono dignità culturale alla lingua liturgica paleoslava, che divenne per lunghi secoli non solo la lingua ecclesiastica (tutt'oggi è la lingua usata nella liturgia bizantina), ma anche quella ufficiale e letteraria.
Nel 1980 Giovanni Paolo II ha proclamato i santi Cirillo e Metodio **co-patroni d'Europa**, insieme a san Benedetto, riconoscendone il fondamentale contributo alla nascita dell'Europa.

# 3 La nascita del monachesimo

## L'ESPERIENZA EREMITICA

Ancor prima della venuta di Cristo si era sviluppata una tradizione di individui che preferivano coltivare il loro rapporto con Dio al di fuori della comunità (basti ricordare san Giovanni Battista). Essi conducevano una vita solitaria, segnata dalla **preghiera** e dall'estrema **frugalità di costumi** (assoluta mancanza di comodità di vita, scarsissima assunzione di cibo), viste come strumenti per giungere all'*ascesi*, cioè alla salita verso Dio.

Fin dalle origini del cristianesimo si ebbero esperienze di *vita monastica*, ma il monachesimo cristiano propriamente detto nacque **a partire dal III secolo**, in Egitto e in altre regioni del Mediterraneo orientale. Lì alcuni cristiani scelsero di ritirarsi in luoghi deserti e isolati, consacrando integralmente a Dio la loro esistenza. La loro giornata trascorreva in **solitudine**, tra **preghiera**, **contemplazione** e **penitenza**, nel tentativo di mettere in pratica la povertà consigliata dal Vangelo e una profonda unione spirituale con Dio. Questo monachesimo è detto *eremitismo* o *anacoretismo*.

◀ **Antonio Magno**
Vissuto tra il III e il IV secolo, è considerato l'iniziatore della vita eremitica in Egitto. La sua biografia, scritta dal discepolo Atanasio, descrive tutte le prove cui fu sottoposto Antonio nella solitudine del deserto. Questo testo costituì anche la guida spirituale per molti monaci.

## LESSICO

### Ascesi
In greco significa "esercizio". L'ascetismo consiste in tecniche particolari (per esempio la meditazione, il digiuno, il dominio degli istinti...) per raggiungere l'estasi, cioè uno stato in cui si esce dalla condizione umana e ci si unisce alla divinità.

### Vita monastica
È la vita di colui che vive in solitudine (*mónos*, solo in greco): il monaco è colui che vive in solitudine condividendo con i fratelli solo alcuni momenti della giornata dedicati alla preghiera.

### Eremitismo o anacoretismo
Dal greco *éremos*, deserto, solitario e dal greco *anachoreín*, ritirarsi in disparte.

### Monachesimo cenobitico
È un tipo di monachesimo in cui è prevista la vita in comune. Dal greco *koinós*, comune e *bíos*, vita.

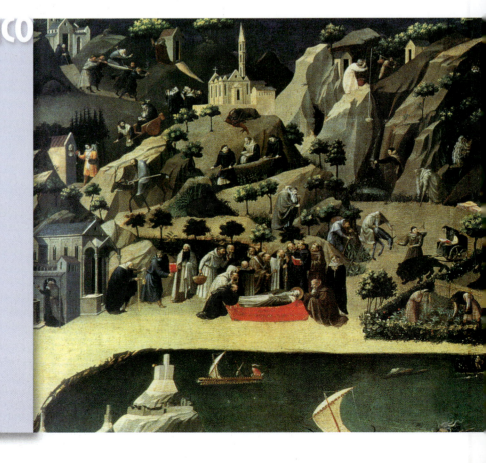

## L'ESPERIENZA CENOBITICA

L'esperienza monastica si espresse anche in forme di vita associata. Sostenitore di tale modello fu **Pacomio** (morto nel 346). Questo monachesimo, detto cenobitico, si diffuse progressivamente sia in Oriente sia in varie nazioni dell'Occidente.

In questa esperienza monastica le esigenze del singolo e quelle della comunità erano sviluppate in modo **sapiente** ed **equilibrato**: i monaci, infatti, avevano momenti di **vita solitaria** (dedicati soprattutto alla preghiera e alla contemplazione) e altri di **vita comune** (oltre a pregare insieme, insieme anche lavoravano per il proprio sostentamento e per poter offrire un aiuto ai poveri).

## IL MONACHESIMO IN OCCIDENTE

I monaci offrivano un modello di vita esemplare sia per i pagani sia per la Chiesa stessa. Grazie al fenomeno delle donazioni di territori, di cui veniva beneficiata dai laici in cambio di protezione religiosa e politica, infatti, la Chiesa era venuta nel corso del tempo in possesso di un cospicuo patrimonio, divenendo sempre più **potente**, non solo dal punto di vista politico, ma anche economico. In Occidente, dunque, il ruolo fondamentale del monachesimo fu quello di riportare la Chiesa alla **purezza degli ideali evangelici delle origini**.

### PER SAPERNE DI PIÙ

#### Esperienze monastiche tra IV e V secolo

Tra il IV e il V secolo esperienze di monachesimo si ebbero in particolare:

- in **Italia**: a Roma (grazie a san Gerolamo), in Piemonte (per iniziativa del vescovo di Vercelli sant'Eusebio), in Lombardia (grazie all'opera di sant'Ambrogio, vescovo di Milano), in Campania (a opera del vescovo di Nola san Paolino), in Calabria (dove l'ex ministro di Teodorico, Cassiodoro, fondò il monastero di Vivario), nel Lazio (grazie all'opera di san Benedetto);
- in **Africa** (grazie a sant'Agostino);
- in **Francia** (a opera di san Martino, a Tours, e di san Cassiano, a Marsiglia);
- in **Irlanda** (grazie all'opera evangelizzatrice di san Patrizio).

◀ **La Tebaide**
Si tratta della regione dell'Egitto in cui il monachesimo nacque, qui ritratta da Gherardo Starnina, 1410 ca. (Firenze, Galleria degli Uffizi).

### PER SAPERNE DI PIÙ

#### Forme di eremitismo

Generalmente l'anacoreta viveva in una grotta o in una capanna. Una forma particolare di anacoretismo, però, fu quella attuata dagli **stiliti**, che vivevano vicino all'abitato sopra una colonna e dedicavano il loro tempo alla preghiera e alla predicazione.

▶ **San Simeone Stilita**

# 4 Il monachesimo benedettino

La Regola benedettina

## LA SVOLTA DEL VI SECOLO

Fino a san Benedetto, il monachesimo occidentale era piuttosto **variegato**. In ogni monastero, per esempio, le diverse attività erano disciplinate da una regola, ma ogni abate sceglieva quella che a lui appariva la più idonea per i propri confratelli. Nel VI secolo, tuttavia, la straordinaria figura di **san Benedetto** diede una svolta alla organizzazione della vita monastica destinata a protrarsi per secoli.

## LA REGOLA BENEDETTINA

Nel **534** san Benedetto dettò la propria Regola per il monastero di Montecassino, articolata in un prologo e 73 capitoli. Essa prevedeva una vita comunitaria suddivisa egualmente tra lavoro e preghiera; celebre è il motto che riassume lo spirito della Regola:

- *Ora et labora*, cioè "Prega e lavora";
- la preghiera poteva realizzarsi sia come lettura (ma anche studio) della Scrittura sia come contemplazione personale sia come partecipazione alle funzioni liturgiche comunitarie;
- il lavoro poteva essere un'attività manuale (dissodare terreni incolti o bonificare le paludi ma anche trascrivere manoscritti) oppure lo studio stesso.

La **rivalutazione del lavoro manuale** rappresentò una novità assoluta: presentato come mezzo di avvicinamento a Dio, gli veniva attribuita la stessa importanza della vita contemplativa. Molti apprezzarono l'equilibrio e la saggezza della Regola di san Benedetto: cominciarono così ad adottarla anche nei loro monasteri. Con il tempo dunque essa diventò **la Regola per eccellenza**, mentre molte abbazie si trasformarono in benedettine.

▶ **Benedetto e la Regola**
Il santo mostra la Regola che reggerà tutta l'Europa monastica. (Magister Conxolus, affresco del XVI secolo).

### Benedetto da Norcia

Nato da una famiglia agiata di Norcia (Perugia) intorno al **480**, studiò a Roma dove abitò fino ai vent'anni. Poi si ritirò ad Affile (Roma) insieme ad alcuni asceti e successivamente a Subiaco (Roma). Visse per tre anni una dura esperienza eremitica e venne poi chiamato a sostituire il capo di una comunità di monaci. Troppo rigido e severo nel rispetto della vita monastica, scampò a un tentativo di avvelenamento e riprese l'esperienza eremitica. Intorno a lui si radunarono altri monaci per condividere la sua esperienza di vita, ponendosi sotto la sua guida. Nacque così la comunità di Montecassino. Insieme a Cirillo e Metodio è **patrono d'Europa**. Morì nel **547**.

◀ **Il monaco amanuense**
Nello *scriptorium* dei monasteri i monaci scrivevano a mano sui codici i testi che sono giunti fino a noi (miniatura dell'XI secolo, Monastero di Esternach).

## PER SAPERNE DI PIÙ

### L'evoluzione del monachesimo benedettino

A partire dai secoli VIII e IX, i monasteri, arricchiti da donazioni di terre da parte dei fedeli, assunsero pian piano la fisionomia di **importanti aziende agricole**.
In genere la proprietà era costituita da una parte centrale gestita dai religiosi e il resto era ripartito in aziende, date in affitto a coloni che, periodicamente, dovevano prestare la loro manodopera gratuitamente sul terreno gestito dai monaci.
Intorno ai monasteri sorgevano centri abitati legati economicamente e spiritualmente al monastero.
Re e privati gareggiavano nel fondare e ingrandire i luoghi sacri, dove si sarebbe pregato per la stabilità del regno e per la salvezza delle loro anime.

◄ **Pregare e lavorare**
Un monaco intento alla costruzione del monastero di Subiaco si ferma a pregare. Particolare di un dipinto di Giovanni Antonio Bazzi detto il Sodoma, XVI secolo (Asciano, Chiostro de monastero di Monte Oliveto Maggiore).

▼ **Il lavoro nei campi**
La Regola imponeva il lavoro manuale accanto allo studio e alla preghiera. (Miniatura medievale, Firenze, Biblioteca Laurenziana).

## UNA FUNZIONE SOCIALE E CULTURALE

I monasteri benedettini, grazie al lavoro dei monaci, furono centri importantissimi di **produzione agricola e artigianale**.
Essi svolgevano tuttavia anche una **funzione sociale**: soccorrevano i poveri, ospitavano i viandanti, curavano i malati.
Le comunità benedettine, infine, furono **i principali centri culturali** del Medioevo, svolgendo un ruolo fondamentale nella salvaguardia della cultura classica: nello *scriptorium* (sala di studio e di scrittura), infatti, i **monaci amanuensi** ricopiavano i codici della Bibbia e i testi sacri, nonché gli antichi testi greci e latini, molti dei quali sono giunti fino a noi proprio grazie a questo paziente lavoro di trascrizione.

### LESSICO

**Abbazia**
Dal latino *abbatia*, che a sua volta deriva dall'aramaico *abbà*, che significa "padre". Indica il complesso edilizio nel quale vive una comunità di religiosi diretta da un abate (o da una badessa, se si tratta di una comunità femminile).

## IL CONSOLIDAMENTO DELL'EVANGELIZZAZIONE

Il monachesimo contribuì in maniera notevole al consolidamento dell'evangelizzazione: grazie all'opera di eremiti, anacoreti e monaci, infatti, il cristianesimo poté diffondersi **capillarmente** in Europa.
E come le cattedrali divennero il punto di riferimento degli abitanti delle città, così nelle campagne il punto di riferimento fu costituito dalle **abbazie** e dai monasteri, luoghi di spiritualità ma anche di sviluppo economico e di assistenza.

# L'abbazia benedettina

L'abbazia benedettina era costruita spesso in posizioni elevate, facili da difendere in caso di scorrerie e di guerre. Infatti era completamente circondata da mura. I monaci coltivavano, a volte con l'aiuto di braccianti, la terra producendo ciò che serviva per la sopravvivenza, e lo conservavano in appositi magazzini. Alle stalle era annesso il caseificio per la lavorazione del latte. Perciò l'abbazia era una comunità autosufficiente.

### La foresteria
In essa si accoglievano i viandanti, i pellegrini e i personaggi di riguardo. Con l'ospitalità, l'abbazia svolgeva un'importante funzione sociale e culturale.

### Il refettorio e la Sala capitolare
I monaci mangiavano in comune e in assoluto silenzio, ascoltando passi della Bibbia. Nella Sala meditavano sulla Regola e discutevano i problemi della comunità.

## 4 Il monachesimo benedettino 63

**I dormitori**
In essi erano ospitate le celle dei monaci, nelle quali ciascuno di essi riposava, pregava e, a volte, continuava il lavoro di copiatura dei libri.

**Il chiostro**
Gli edifici principali erano riuniti intorno al chiostro, un cortile interno, circondato da portici, sotto i quali i monaci passeggiavano in preghiera o in meditazione.

**La biblioteca e lo *scriptorium***
Nella biblioteca erano custoditi vari libri che venivano trascritti a mano in varie copie dai monaci amanuensi e successivamente miniati.

**La Chiesa abbaziale**
Era il centro della vita religiosa dell'abbazia. Spesso il portone era ornato da battenti che riproducevano scene bibliche ed era preceduto da un portico.

# 5 La vita nel monastero

## LA FIGURA DELL'ABATE

Sintetizzando, si può dire che i monaci di un monastero benedettino costituiscono una famiglia spirituale che cerca Dio stabilmente nella preghiera e nel lavoro, seguendo la Regola di Benedetto e la guida dell'abate.

Costui si comporta nei confronti della comunità come un padre di famiglia: è la **guida spirituale** ma anche l'**amministratore dei beni materiali**; è colui che assegna i compiti ai diversi membri; può punire, benedire e allontanare dalla comunità. All'abate i monaci devono **piena obbedienza**, dal momento che egli nel monastero rappresenta Cristo stesso.

### PER SAPERNE DI PIÙ

#### Tre principi

Benedetto delineò un modo nuovo di vivere il monachesimo, basato su tre principi fondamentali:

- la **stabilità del luogo**: chi sceglie di entrare nella comunità monastica dovrà viverci stabilmente nel lavoro e nella vita fraterna;
- l'**orario**: il tempo come dono di Dio non va sprecato e pertanto ogni momento del giorno e della notte è scandito da mansioni precise;
- l'**assoluta uguaglianza** dei monaci, nei diritti e nei doveri, in un clima di concordia e di rispetto.

▶ **Una badessa**
Santa Brigida (V-VI secolo), qui rappresentata con abito da badessa, si occupava anche dei lavori manuali del monastero da lei presieduto. (Lorenzo Lotto, *Santa Brigida benedice l'acqua che si trasforma in birra*, particolare, 1524, Trescore Balneario, Oratorio Suardi).

◀ **Abbazia di sant'Eutizio**
Molte abbazie benedettine sono tutt'oggi vitali. Quella qui rappresentata si trova sui monti Sibillini a Preci.

5 La vita nel monastero 65

◀ **Il pasto nel refettorio**
All'inizio della vita monastica Benedetto rischiò di essere ucciso. Qui affida al corvo che lo nutriva nel deserto, il pane avvelenato, perché lo porti lontano. (Giovanni Consalvo, *Storie di san Benedetto: miracolo del pane avvelenato*, 1436-1439, Firenze, Badia Fiorendina).

## LA GIORNATA MONASTICA

- La giornata dei monaci comincia molto presto, verso le 5.30, quando ancora non c'è il sole: essi pregano nell'attesa del vero sole che è Cristo.
- Seguono la lettura delle Scritture e le lodi mattutine (la preghiera di lode al Signore per il nuovo giorno).
- Dopo colazione, dalle 8 alle 12, i monaci si dedicano al lavoro manuale.
- Prima di pranzo, il vero nutrimento è costituito dalla celebrazione eucaristica.
- Dopo pranzo, la preghiera all'ora nona (circa le 14), che ricorda il momento della morte di Gesù.
- Dalle 15 alle 18 ancora lavoro manuale.
- La preghiera dei vespri e l'ascolto della Scrittura precedono la cena.
- Alle 21 si chiude la giornata con la preghiera della compieta.

### PER SAPERNE DI PIÙ

## Il monachesimo femminile

Negli ordini monastici femminili vigeva sempre la regola della stabilità del luogo. Fondamentale era la figura della badessa il cui comportamento doveva rispecchiare la funzione di "madre spirituale", insegnando attraverso l'esempio e richiedendo alle sue discepole obbedienza e umiltà.

▶ **San Benedetto consegna la Regola alla badessa Aelika**
Frontespizio di un manoscritto contenente la Regola, Abbazia di Ringelheim, 1025 ca. (Berlino, Staatsbibliothek).

# verifichiamo

## ❶ La scelta giusta

**1. Durante le invasioni barbariche nell'Impero d'Occidente i vescovi:**
- ☐ scapparono e si rifugiarono nell'Impero d'Oriente
- ☐ vennero tutti uccisi dagli invasori
- ☐ divennero punto di riferimento delle comunità e mediarono con gli invasori
- ☐ vennero destituiti

**2. Paolino fu un importante vescovo di:**
- ☐ Torino
- ☐ Milano
- ☐ Roma
- ☐ Nola

**3. I primi popoli barbari a convertirsi al cristianesimo furono:**
- ☐ Celti e Sassoni
- ☐ Angli e Normanni
- ☐ Franchi e Visigoti
- ☐ Longobardi e Visigoti

**4. La diffusione del Vangelo in Europa ebbe come conseguenza:**
- ☐ l'eliminazione di ogni elemento di religiosità pagana
- ☐ l'assorbimento di tutte le forme di religiosità pagana
- ☐ una cristianizzazione con all'interno aspetti della religiosità pagana rinnovati nel significato
- ☐ una cristianizzazione mescolata a elementi della religiosità pagana

**5. Cirillo e Metodio:**
- ☐ diffusero il Vangelo presso i popoli slavi e inventarono l'alfabeto morse
- ☐ diffusero il Vangelo presso i popoli slavi e inventarono l'alfabeto cirillico
- ☐ diffusero il Vangelo presso i franchi e inventarono l'alfabeto cirillico
- ☐ evangelizzarono Inghilterra e Irlanda insieme a san Patrizio

**6. Il monachesimo cenobitico:**
- ☐ si sviluppa anteriormente rispetto a quello benedettino
- ☐ si sviluppa contemporaneamente a quello benedettino
- ☐ si sviluppa posteriormente rispetto a quello benedettino
- ☐ sono due forme di monachesimo completamente differenti

**7. L'esperienza monastica benedettina si è presto diffusa:**
- ☐ in tutta Italia
- ☐ in tutta Europa
- ☐ solo nel Lazio
- ☐ solo in Oriente

**8. Nei monasteri benedettini:**
- ☐ la preghiera è alternata al lavoro
- ☐ la preghiera sostituisce il lavoro
- ☐ non è previsto alcun momento di preghiera
- ☐ è severamente vietato lavorare

## ❷ Vero o falso?

**9. Indica con una crocetta le affermazioni vere (V) e quelle false (F).**

- I vescovi durante le invasioni barbariche dovettero svolgere anche funzioni politiche  V F
- Il canto gregoriano deve il suo nome a papa Gregorio Magno  V F
- San Remigio evangelizzò le popolazioni dell'Irlanda  V F
- La Regola benedettina ebbe ampia diffusione in Oriente  V F
- San Benedetto scrisse la Regola per il monastero di Montecassino  V F
- I monaci benedettini svolgevano anche i lavori agricoli  V F
- La struttura monastica benedettina si chiama cattedrale  V F

# giochiamo

## 1 L'anagramma

Anagrammando le seguenti lettere ti compariranno i nomi dei tre santi co-patroni d'Europa:

ROILLIC
TEMIODO
TODENEBET

## 2 Trova la parola

Nella parte in verde comparirà il nome di colui che conduce una vita solitaria, ma molto scomoda.

1. Ne è co-patrono san Benedetto.
2. Benedetto ne scrisse una.
3. La deve ogni monaco all'abate.
4. È "solo".
5. Vige sempre nell'abbazia.
6. La sala di studio e di scrittura dei monaci.
7. Complesso edilizio benedettino.

## 3 Cerca la parola

La santa che vedi ritratta qui sotto era la sorella di Benedetto (al suo fianco) fondatrice dell'ordine delle monache benedettine. Cerca il suo nome nello schema. Ricorda che può essere scritto da sinistra a destra o viceversa o dall'alto in basso o viceversa.

| T | A | S | A | I | Y | I | L | I | A |
|---|---|---|---|---|---|---|---|---|---|
| A | N | I | C | V | A | O | N | I | Q |
| H | P | D | I | E | N | U | D | E | V |
| E | S | I | T | A | R | C | O | T | E |
| E | O | O | S | V | I | O | I | P | O |
| T | U | M | A | A | C | N | T | L | N |
| E | O | I | L | T | E | I | F | D | E |
| M | P | I | O | N | S | A | S | N | S |
| E | I | C | C | I | P | V | I | O | F |
| S | O | S | S | A | I | W | T | Z | A |

# mappa concettuale

**on line**
- Riassunto dell'unità
- Verifica finale
- Guida alla **lettura** di: *Quando l'Europa è diventata cristiana*
- Guida alla **visione** di: *Il grande silenzio*

**Dal IV secolo l'Impero romano entra in una forte crisi e le invasioni barbariche creano in Europa un vuoto istituzionale.**

→ A colmare questo vuoto interviene la Chiesa con i vescovi che si pongono come capi cui fare riferimento oltre che come guide spirituali.

→ La Chiesa evangelizza i popoli di cultura germanica: è la premessa per la costruzione di un'identità europea.

→ Figura determinante di questo processo di unificazione è papa Gregorio Magno.

**Dal III secolo nasce il monachesimo.**

→ Inizialmente si tratta di anacoreti e eremiti che trascorrono la loro vita in solitudine e preghiera.

→ Grazie a Pacomio si diffondono esperienze di vita associata, cenobitica.

→ Nel 534 san Benedetto detta la regola benedettina, che diviene la Regola per eccellenza e si riassume nel motto *"ora et labora"*, prega e lavora.

# concludiamo la riflessione

## L'immagine

Sei in grado di tirare le fila di quanto hai studiato in questo capitolo? Quale significato hanno, dopo il tuo studio, il testo e l'immagine che sono alle pp. 52-53?

Nel quadro san Paolo, il capostipite dei missionari cristiani che portarono la Parola di Cristo al di fuori della Palestina, istruisce alcuni membri di una comunità da lui fondata.

Come Paolo fu "l'apostolo delle genti", altrettanto si può dire di tutti i santi che nel Medioevo viaggiarono per tutta l'Europa predicando il Vangelo e fondando abbazie e comunità.

Alle spalle del santo si scorge una chiesetta: è un'allusione alle molte Chiese, intese come comunità di fedeli, che i missionari fondarono nel corso dei loro lunghi viaggi attraverso l'Europa.

I personaggi seduti di fronte al predicatore indossano abiti e copricapi di fogge disparate che alludono ai molti Paesi dell'Europa dove si svolse l'azione evangelizzatrice.

## Gli spaccapietre

Rileggi il racconto a p. 52.

▶ Chi rappresenta il viandante, secondo te?

▶ In che modo spiegheresti la differente reazione dei tre uomini incontrati dal viandante?

▶ Se tu dovessi trarre una morale da questo apologo, come ti esprimeresti?

# Il Medioevo della Chiesa

**4**

Giotto, *San Francesco regge la Basilica del Laterano*, particolare, da *Storie di San Francesco, Il sogno di Innocenzo III*, 1290-1295 (Assisi, Basilica superiore).

## Cominciamo a riflettere

### La scodella del mendicante

Un giorno, durante la sua passeggiata mattutina, un re incontrò un mendicante e, visto che era di buon umore, gli disse: «Chiedimi quello che vuoi e io te lo darò!».
Il mendicante sorrise: «Pensaci due volte prima di fare una proposta simile. Chi ti dice che puoi esaudire i desideri di un uomo?».
Offeso il re ribatté: «Sono il sovrano di questo regno, che cosa potresti chiedermi che io non sia in grado di darti?».
«Semplice: riempi la mia scodella!». Subito il re chiamò i suoi servitori e ordinò loro di riempire la scodella del mendicante con monete d'oro. Ma, con grande stupore di tutti, mano a mano che versavano le monete, queste scomparivano dal fondo della scodella.
La notizia si diffuse come sabbia al vento: il re non riusciva nemmeno a riempire la scodella di un mendicante! Allora il sovrano fece chiamare i suoi visir [consiglieri]. «Dovessi perdere tutta la mia fortuna non posso accettare di essere messo in ridicolo da un mendicante!». Così misero nella scodella tutto ciò che trovarono: denaro, perle, zaffiri, diamanti, smeraldi...
Ma quando venne la sera, la scodella era di nuovo vuota e una gran folla silenziosa si era raccolta intorno al mendicante. Allora il re svuotò il suo cuore da ogni pretesa di potere e si inchinò davanti all'uomo scalzo: «Hai vinto» gli disse, «ma spiegami almeno di che cosa è fatta questa scodella magica».
«È un teschio umano» gli rispose il mendicante. «È fatta di tutti i desideri dell'uomo, sempre insoddisfatto e insaziabile. Ecco perché è sempre vuota!».

da M. Piquemal, *Storie per apprendisti saggi*, Edizioni EL, Milano

# Dio e l'uomo - Il linguaggio religioso

## OBIETTIVI DI APPRENDIMENTO

▶ Riconoscere la vicenda della morte e risurrezione di Cristo nella prospettiva dell'evento pasquale.

▶ Riconoscere in Lui il Figlio di Dio, Salvatore del mondo, fondatore della Chiesa.

▶ Conoscere l'evoluzione storica e l'azione missionaria e di unificazione religiosa e culturale della Chiesa, realtà voluta da Dio, in cui agisce lo Spirito Santo.

## COMPETENZE

▶ L'alunno sa ricostruire gli elementi fondamentali della storia della Chiesa e confrontarli con le vicende della storia civile elaborando criteri per un'interpretazione consapevole.

# 1 Papato e Impero

## ISTITUZIONE CELESTE, REALTÀ TERRENA

La Chiesa nel Medioevo attraversa uno dei periodi più contraddittori della propria storia: potente e nello stesso tempo degradata; ricca e contemporaneamente assetata di povertà; travagliata al proprio interno e nello stesso tempo protesa in tutta l'Europa.

### PER SAPERNE DI PIÙ

#### Scuole e monasteri

Sebbene Carlo Magno fosse semianalfabeta, seppe rinnovare la tradizione educativa impostata dalla Chiesa nei secoli precedenti. Grazie ai suggerimenti di Alcuino di York (735-804), organizzò vere e proprie scuole con diversi ordini e gradi di istruzione, fondando:

- le scuole **monastiche**, per i ragazzi destinati dai genitori ai monasteri;
- quelle **presbiterali**, per giovani chierici e laici;
- quelle **episcopali**, per formare diaconi e preti sotto la direzione dei vescovi.

Il sovrano fondò l'**Accademia palatina**, che divenne un vivace centro culturale. Grazie alla sua opera, sorsero **scuole presso le cattedrali e i monasteri** che, fornite di ricche biblioteche, continuarono a coltivare la cultura classica.

▶ **L'incoronazione di Carlo Magno**
Jean Fouquet, miniatura dalle *Grandes Chroniques de France*, 1444-1446 (Parigi, Bibliothèque Nationale).

## UN DIFFICILE RAPPORTO

Massima espressione politica dell'unificazione spirituale e culturale dell'Europa fu l'**Impero carolingio**, proclamato con l'incoronazione di Carlo Magno, avvenuta nella notte di Natale dell'anno 800. A incoronare l'imperatore era stato papa Leone III, che dunque ne aveva legittimato il potere: l'Impero, nelle intenzioni della Chiesa, infatti, doveva essere garanzia dell'**unità politica e spirituale dell'Occidente cristiano**. In realtà il **rapporto** tra la Chiesa e l'Impero fu **difficile** per tutto il Medioevo. Malgrado la Chiesa fosse rappresentante del **potere spirituale** e l'Impero di quello **temporale** (cioè quello che si riferisce alla vita terrena), entrambe le istituzioni cercarono di ampliare la propria sfera di influenza: l'Impero infatti moltiplicava le proprie ingerenze in campo spirituale, mentre la Chiesa assumeva le caratteristiche anche di una potenza politica e finanziaria.

---

**LINEA DEL TEMPO**

730 · 800 · 910 · 1054 · 1078 · 1090 · 1098 · 1130 · 1153 · 1170 · 1181 · 1193 · 1206 · 1221 · 1226 · 1253 · 1308 · 1347 · 1377 · 1380 · 1414

- Leone III ordina la distruzione delle icone
- Fondazione di Cluny
- Dictatus Papae
- Incoronazione di Carlo Magno
- Reciproca scomunica delle Chiese di Oriente e Occidente
- Fondazione di Citeaux
- vita di san Bernardo
- vita di Pietro Valdo
- vita di san Domenico
- vita di san Francesco
- vita di santa Chiara
- vita di santa Caterina
- cattività avignonese
- Fine dello scisma d'Occidente

# CRISI E DECADENZA

Dopo la morte di Carlo Magno (814) e la divisione dell'Impero, i poteri pubblici e le responsabilità civili affidati ai vescovi, portarono questi ultimi lontano dal loro ruolo di pastori, di evangelizzatori, di maestri della fede cristiana, favorendo **scandali e corruzione**. La Chiesa dunque, a causa di molti suoi membri ciechi ed egoisti, si configurò sempre più come un'**istituzione terrena**, e molti uomini di Chiesa vennero meno ai propri doveri spirituali e di governo e questo determinò una **situazione di crisi e di decadenza** sempre crescenti.

# LA RIFORMA GREGORIANA

La situazione divenne corrotta a tal punto da determinare una forte **esigenza di rinnovamento**, sia all'interno della Chiesa sia al di fuori di essa. Quest'esigenza si manifestò compiutamente nel X secolo con la riforma detta "gregoriana", dal nome del suo promotore, papa **Gregorio VII** (1020 ca.-1085). Questi, ritenendosi investito di una missione divina, si impegnò per sottrarre le investiture ecclesiastiche al potere temporale, cioè per sottrarre la Chiesa al controllo imperiale. Venne inoltre fortemente osteggiata la simonia, ovvero la compravendita di beni spirituali fra cui le cariche ecclesiastiche, che spesso aveva fatto sì che a esse accedessero individui inadatti e privi di motivazioni religiose. Gregorio VII emanò un decreto, il *Dictatus Papae* (1078), nel quale affermava alcuni importanti principi:

- solo il papa aveva il diritto di nominare o di destituire i vescovi;
- i vescovi o l'imperatore non potevano deporre il papa né giudicare le sue affermazioni;
- il papa poteva invece deporre l'imperatore e qualsiasi altro potere politico, poiché il suo potere, derivando direttamente da Dio, era superiore a quello dell'imperatore.

**Enrico IV** non poteva accettare una riforma che colpiva al cuore il suo sistema politico: di qui un conflitto destinato a protrarsi per parecchi anni.

### LESSICO

**Simonia**
Il termine deriva da Simon Mago, di cui parlano gli Atti degli apostoli (8,9-25).

▶ **Enrico IV chiede l'intercessione di Matilde di Canossa**
L'imperatore chiese l'intercessione di Matilde e di Ugo, abate di Cluny per riconciliarsi con il papa. (Miniatura del XII secolo, Roma, Biblioteca Apostolica Vaticana).

## PER SAPERNE DI PIÙ

### La lotta per le investiture

La controversia politico-religiosa che tra l'XI e il XII secolo contrappose il Papato e l'Impero prende il nome di "lotta per le investiture". Essa nasceva dal fatto che nel Medioevo il vescovo aveva anche compiti politici, oltre che religiosi (vescovo-conte). L'imperatore dunque si arrogava il diritto di scegliere i vescovi (in base ovviamente alla fedeltà alla corona piuttosto che basandosi sulle doti morali o sulla cultura religiosa), nominarli e conferire loro l'investitura (compresi l'anello e il pastorale, simboli dell'autorità spirituale, che avrebbero quindi dovuto essere consegnati dal papa).

# 2 La riforma monastica

## UN FORTE DESIDERIO DI RINNOVAMENTO

Fin dal X secolo, all'interno della Chiesa, emerse la consapevolezza che gli stretti rapporti politici che la legavano al potere civile rischiavano di soffocarla. Per questo venne promosso un **rinnovamento della vita cristiana** che passò attraverso la fondazione di nuovi ordini monastici.

## I CLUNIACENSI

Nel settembre 910, nella regione francese della Borgogna, veniva fondata l'abbazia di Cluny. Qui la regola seguita era quella benedettina, ma riformata: i monaci cluniacensi, infatti, privilegiavano **l'attività liturgica e la ricerca spirituale** (ma anche lo **studio**), **a scapito del lavoro manuale**, che era ridotto e lasciato in mano ai servi e ai contadini. Alla riforma di Cluny aderirono diversi monasteri, che vennero confederati ma in una posizione subordinata: i responsabili di tali monasteri (detti priori), infatti, erano dipendenti dall'abate di Cluny. Tale confederazione, inoltre, **dipendeva direttamente dalla Santa Sede**: in questo modo veniva sottratta alle influenze sia dei vescovi sia della nobiltà laica locale. Il gran numero di donazioni, il fatto che molti suoi monaci provenissero da famiglie ricche e potenti, e non ultimo il fatto che centinaia di monasteri **in tutta Europa** avessero aderito alla sua riforma, fecero sì che tra l'XI e il XII secolo Cluny acquisisse **prestigio** ma anche **potere**.

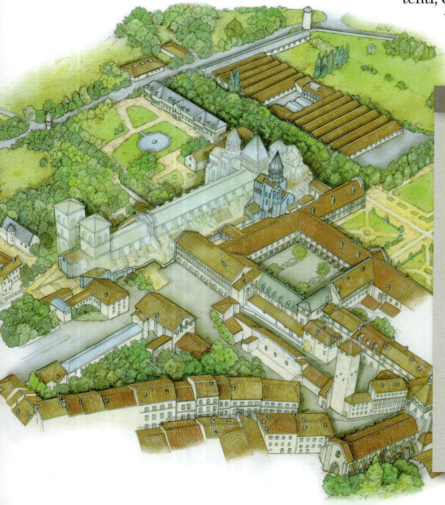

▼ Una ricostruzione dell'abbazia di Cluny

### PER SAPERNE DI PIÙ

## San Bernardo di Chiaravalle

Bernardo (**1090** ca.-**1153**), figlio di un nobile cavaliere, a ventidue anni, insieme a una trentina di parenti e compagni, entra nel monastero di Citeaux per offrire la propria vita al Signore. Tre anni dopo l'abate lo invia nella regione francese della Champagne, a Clairvaux (Chiaravalle), a fondare una nuova abbazia cistercense. Qui Bernardo vivrà e morirà, nonostante numerosi viaggi, dispute e la predicazione della seconda crociata. In poco tempo Chiaravalle diventerà centro di grande richiamo e da essa partiranno nuove fondazioni cistercensi in tutta Europa (diverse in Italia). Devotissimo alla Madonna e a Gesù Bambino, san Bernardo incarna lo spirito dei monaci e dei cavalieri medievali, fatto di preghiera e combattimento, ascetismo e disciplina, liturgia e duro lavoro.

**I certosini in refettorio**
Francisco de Zurbarán, 1625-1635 ca. (Siviglia, Museo de Bellas Artes).

## I CISTERCENSI

Proprio per reazione al rilassamento morale e religioso dei cluniacensi, e animato dal bisogno di un ritorno alla fedeltà al Vangelo e alla Regola benedettina, **Roberto di Molesmes** fondò, sempre in Borgogna, nel 1098, il monastero di Citeaux.
L'ordine cistercense voleva essere una testimonianza di **povertà** e di **operosità** secondo la stretta osservanza della Regola benedettina: il **vitto era assai frugale**, l'**abbigliamento povero**; non era ammessa alcuna proprietà privata; gli oggetti di culto, le chiese, la struttura stessa del monastero erano semplici e funzionali (non dovevano possedere decorazioni o abbellimenti che potessero distrarre dalla preghiera). A differenza dei cluniacensi e nello spirito dell'*Ora et labora* benedettino, in ambito cistercense il **lavoro manuale subiva una rivalutazione**: i monasteri infatti venivano fondati in luoghi paludosi o incolti e i monaci si dedicavano alla loro bonifica o al loro dissodamento (ai cistercensi si deve l'introduzione di nuove tecniche agricole).
Attraverso le filiazioni, l'ordine cistercense si diffuse in Francia, Italia, Germania, Inghilterra, Spagna e Portogallo, assumendo quindi una **portata europea**.

**San Romualdo**
L'abito bianco è quello dell'ordine dei benedettini cui aderì Romualdo. (Guercino, XVII secolo, Ravenna, Pinacoteca Comunale).

**L'abito dei cistercensi**
Carlo Crivelli, *San Bernardo*, 1488 ca. (Berlino, Gemäldegalerie).

## LA RINASCITA DEL MOVIMENTO EREMITICO

Attorno all'anno Mille, la crisi della Chiesa fece rinascere il **movimento eremitico**, che si espresse nella fondazione di nuovi ordini religiosi. In particolare ricordiamo:

- i **camaldolesi**, fondati tra il 1024 e il 1025 a opera di san Romualdo, che cercano di coniugare la dimensione comunitaria e quella individuale;
- i **certosini**, fondati nel 1084 da san Brunone, eremiti che vivono in una piccola comunità;
- i **vallombrosiani**, fondati da Giovanni Gualberto nel 1039.

## 4 Il Medioevo della Chiesa

# La cattedrale romanica

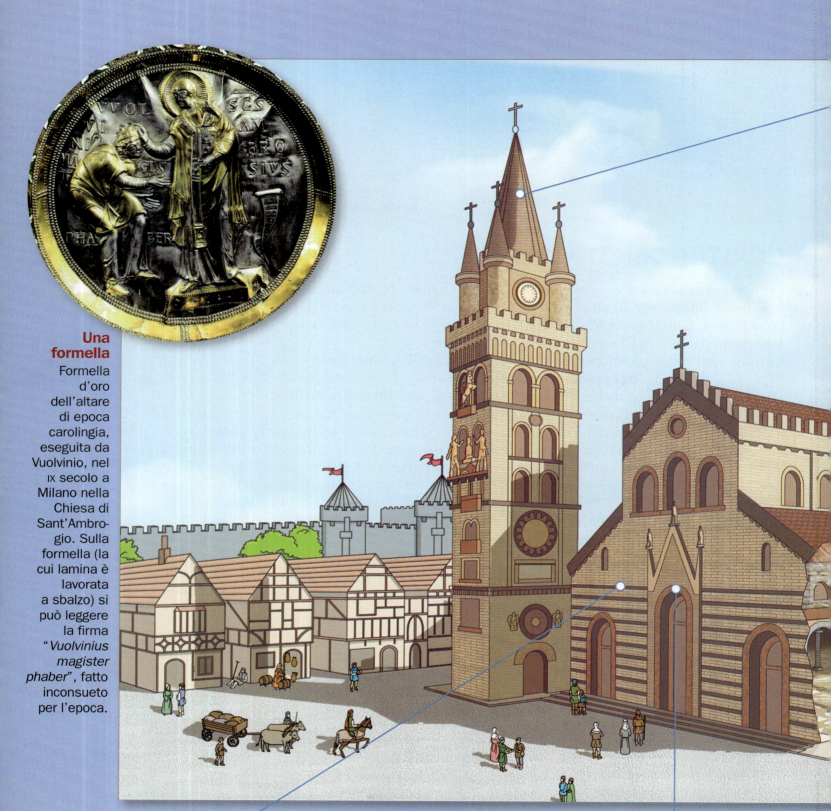

**Una formella**
Formella d'oro dell'altare di epoca carolingia, eseguita da Vuolvinio, nel IX secolo a Milano nella Chiesa di Sant'Ambrogio. Sulla formella (la cui lamina è lavorata a sbalzo) si può leggere la firma "*Vuolvinius magister phaber*", fatto inconsueto per l'epoca.

**La facciata**
All'esterno suggeriva la divisione interna in navate, per ognuna delle quali c'era un portale d'ingresso. Alla navata centrale corrispondeva il portale più grande.

**L'arco**
L'arco a tutto sesto, cioè semicircolare, era utilizzato per sostenere le campate e quindi il tetto della chiesa. A sua volta era sorretto da colonne.

## Il campanile
Nel Medioevo il campanile aveva una funzione sociale fondamentale: il suono delle campane serviva a chiamare a raccolta la comunità e scandiva il passare delle ore.

## Il tetto
In questo caso, l'altezza del tetto è diversa, formando la cosiddetta facciata a salienti, decorata con archi ciechi (cioè murati), che creano un ritmo di finte finestre.

L'arte romanica fa riferimento alla tradizione costruttiva romana che usava le volte in pietra. Questo tipo di arte si diffuse in Europa tra l'XI e il XII secolo. Si tratta di un'arte essenzialmente cristiana in quanto sviluppatasi lungo le vie di pellegrinaggio che conducevano a Roma e alle città di imbarco per la Terra Santa, oppure ai grandi santuari di Francia e Spagna. Ogni via di pellegrinaggio, era quindi segnata da una serie di tappe con altrettante chiese da visitare. Si creava, così, un intenso traffico sia di fedeli, sia di artisti di ogni provenienza, che viaggiavano da un cantiere di una chiesa all'altro, scambiandosi esperienze, e favorendo la nascita di un linguaggio artistico comune. La cattedrale era senz'altro il monumento più rappresentativo della città, non soltanto perché si trattava di una chiesa molto più grande delle altre, ma anche perché era il simbolo di una fede cristiana condivisa da tutti e l'orgoglio dell'intera cittadinanza che vi si riuniva per pregare e, in caso di pericolo, per essere protetta dal vescovo.

## Le navate
Divise dalle colonne, erano le zone in cui i fedeli si riunivano per partecipare alla celebrazione eucaristica. In genere vi era una navata centrale e due laterali.

## I matronei
Sulle navate laterali, erano spesso costruiti i matronei, cioè delle balconate riservate alle donne che si affacciavano con finestre sulla navata maggiore.

# 3 Lo scisma d'Oriente

**on line** – La liturgia ortodossa

## ORIENTE E OCCIDENTE

La frattura politica dell'Impero romano aveva avuto conseguenze pesanti:

- **si infranse** anche l'**unità linguistica**: il bilinguismo (greco e latino), che in precedenza era ampiamente diffuso tra le classi elevate, andò perdendosi: il latino continuò a essere parlato esclusivamente in Occidente, il greco in Oriente. In questo modo la comunicazione tra le due parti dell'Impero divenne sempre più difficile;
- **si infranse** anche l'**unità culturale**: in Occidente la cultura germanica, giunta in Europa attraverso le invasioni barbariche, si fuse con quella latina; in Oriente continuava la tradizione greco-ellenistica.

Diverso era anche il **rapporto tra potere politico e quello religioso**: mentre in **Occidente** il **papa** aveva energicamente rivendicato il proprio **primato**, in **Oriente** l'**imperatore** bizantino era considerato **capo assoluto** sia **politico** sia **religioso**, era ritenuto il rappresentante di Dio in terra, per cui il **patriarca di Costantinopoli**, capo della Chiesa greca, era **subordinato alla volontà dell'imperatore** (come si poté vedere nella questione relativa alla distruzione delle icone: vedi inserto).

## UNA CRISTIANITÀ DIVISA

▶ **La distruzione delle immagini di Cristo**
Miniatura dal Salterio di Chludov, IX secolo (Mosca, Museo storico).

Fino all'XI secolo la Chiesa di Cristo, almeno formalmente, era una sola. La Chiesa d'Oriente e quella d'Occidente, tuttavia, erano **profondamente diverse**:

- per lingua;
- per usi liturgici;
- per l'approccio alle dottrine religiose.

Tutto questo aveva determinato una situazione che portò poi allo **scisma**.

## LESSICO

**Icone**
Dal greco *eikón*, che significa "immagine". Sono così chiamate, nell'Oriente cristiano, le immagini sacre, dipinte in genere su legno.

**Scisma**
Dal greco *schízein*, dividere.

**Ortodossa**
Dal greco *orthodoxía*, che significa "retta opinione".

## 3 Lo scisma d'Oriente

## fonti e documenti

### La riconciliazione

Il papa Paolo VI e il patriarca Atenagora I nel suo Sinodo, certi di esprimere il sentimento comune di giustizia e il sentimento unanime di carità dei loro fedeli, e ricordando il comando del Signore: "Se dunque, tu nel fare la tua offerta all'altare, ti rammenti che il tuo fratello ha qualcosa contro di te, lascia lì la tua offerta davanti all'altare e va' prima a riconciliarti con tuo fratello" (Matteo 5,23s), dichiarano di comune accordo:

- di deplorare le parole offensive, i rimproveri senza fondamento e i gesti condannabili che, da una parte e dall'altra, hanno contrassegnato o accompagnato i tristi avvenimenti di quell'epoca;
- di deplorare anche, e di cancellare dalla memoria e dal seno della Chiesa le sentenze di scomunica che vi hanno fatto seguito, e il cui ricordo è stato fino ai giorni nostri come un ostacolo al riavvicinamento nella carità, e di condannarle all'oblio;
- di deplorare, infine, i dolorosi precedenti e gli avvenimenti ulteriori che, sotto l'influsso di svariati fattori, tra i quali l'incomprensione e la reciproca diffidenza, hanno alla fine condotto alla rottura effettiva della comunione ecclesiastica.

(*Dichiarazione comune del papa Paolo VI e del patriarca Atenagora I sulla reciproca abrogazione delle scomuniche, perduranti dal 1054,* 7 dicembre 1965)

▲ **Paolo VI e Atenagora I**

▲ **Vescovi ortodossi**
Fin dall'epoca medievale il clero ortodosso non rispetta, a differenza di quello cattolico, la norma del celibato: i sacerdoti possono infatti sposarsi.

Le difficoltà di comunicazione avevano creato incomprensioni, sospetti, diffidenze. Il papa di Roma, inoltre, rivendicava un primato sui patriarcati orientali (Costantinopoli, Alessandria, Antiochia, Gerusalemme) che questi non erano disposti a riconoscergli. La situazione precipitò in seguito alla nomina a patriarca di Costantinopoli di **Michele Cerulario**, che incominciò a contestare alcune disposizioni papali e l'inserimento, da parte della Chiesa di Roma, dell'espressione *Filioque* nella formulazione del *Credo*, per via delle sue implicazioni dottrinali e teologiche. **Leone IX**, dal canto suo, inviò a **Costantinopoli** alcuni legati pontifici con l'intenzione di risolvere la questione: essi tuttavia giungevano presso il patriarca con in mano una bolla di scomunica, nel caso Michele Cerulario non avesse accettato le direttive papali. La questione non venne chiarita e i due capi religiosi provvidero a **scomunicarsi reciprocamente**: era il **1054**. Da quel momento la Chiesa d'Oriente assunse il nome di ortodossa, volendo così lasciar intendere la propria fedeltà alle definizioni dottrinali della Chiesa antica, mentre la Chiesa di Roma si definì **cattolica**, cioè universale. La riconciliazione è avvenuta nel 1965 e ha avuto come protagonisti Paolo VI e il patriarca ecumenico di Costantinopoli Atenagora.

### PER SAPERNE DI PIÙ

## La questione del *Filioque*

In Occidente la formulazione niceno-costantinopolitana del simbolo apostolico, che recita: «*Credo nello Spirito Santo che è Signore e dà la vita e procede dal Padre attraverso il Figlio*» per contrastare l'eresia ariana (la quale affermava che Cristo non è della sostanza del Padre) era stata tradotta con: «*Procede dal Padre e dal Figlio*». In Oriente questa variante venne giudicata inaccettabile.

# 4 Una Chiesa in difficoltà

## UNO SCONTRO INEVITABILE

Nel XIII secolo sia l'Impero sia il Papato erano piuttosto indeboliti, mentre si rafforzavano le **monarchie nazionali**. Lo scontro, nel secolo successivo, fu tra il papa **Bonifacio VIII**, che intendeva affermare in modo energico la supremazia del potere spirituale su quello temporale, e **Filippo il Bello**, re di Francia, Stato monarchico in rapida ascesa. Nel 1302 Bonifacio scomunicò il re francese e questi reagì schiaffeggiandolo e facendolo arrestare ad Anagni. Il papa morì di lì a poco, prostrato dall'oltraggio subito. Successivamente, la Chiesa assunse nei confronti di Filippo il Bello un atteggiamento più conciliante. I cardinali elessero così un **papa francese**, **Clemente V**, il quale, prendendo atto anche della difficile situazione creatasi a Roma, preferì stabilire la propria residenza **ad Avignone**: è il cosiddetto periodo della **cattività avignonese** (**1308-1377**).

**L'umiliazione papale**
La cattura di Bonifacio VIII ad Anagni, miniatura tratta dalla "Nuova Cronica" di Giovanni Villani, XIV secolo.

### PER SAPERNE DI PIÙ

## L'esilio di Avignone

I papi rimasero nella città francese per quasi settant'anni, in un periodo che fu definito "cattività avignonese". Sette papi, tutti francesi, si succedettero nella sede di Avignone, riorganizzando l'apparato amministrativo e finanziario pontificio. L'immagine della Chiesa, tuttavia, ne uscì indebolita: la vicinanza ai sovrani di Francia faceva supporre una sua dipendenza dalla monarchia francese, mentre il reperimento di una gran quantità di fondi necessari alla corte pontificia, simile piuttosto alla corte di un sovrano politico che a quella di un capo spirituale, ne sminuiva l'autorità religiosa e morale.

**Il Palazzo dei Papi**
Veduta di Avignone con la cattedrale di Nôtre-Dame des Doms e il Palazzo dei Papi.

4  Una Chiesa in difficoltà   81

## PER SAPERNE DI PIÙ

### Santa Caterina da Siena

Un ruolo determinante nel ritorno del papa da Avignone a Roma, ebbe santa Caterina da Siena (nata nel **1347**). Ella ricordò a Gregorio il voto segreto che egli stesso aveva fatto il giorno della sua elezione, quello cioè di riportare la sede papale nella Città Eterna. In rapporto con grandi famiglie e con numerosi ecclesiastici, Caterina si dette dunque da fare per sanare lo scisma d'Occidente e si adoperò in ogni modo per riportare la Chiesa all'unità. Buona parte delle 381 lettere del suo epistolario danno testimonianza proprio di questo aspetto della sua grande opera.

Per rendere più incisiva la sua opera a favore della Chiesa, il successore di Gregorio XI, Urbano VI, la chiamò a Roma, dove Caterina trascorse gli ultimi due anni della sua vita (morì nel **1380**). Canonizzata nel 1461, papa Pio IX nel 1866 la dichiarò compatrona di Roma. Papa Pio XII nel 1939 la nominò **santa patrona d'Italia** assieme a **san Francesco d'Assisi** (vedi a p. 90) e nel 1943 santa protettrice delle infermiere. Papa Paolo VI la dichiarò Dottore della Chiesa Universale il 27 settembre 1970, seconda donna a essere insignita di tale titolo. Giovanni Paolo II con la Lettera Apostolica Motu Proprio "Spes Aedificandi" nell'ottobre 2001, dichiarò Caterina Santa **Patrona d'Europa** insieme a Santa **Brigida di Svezia**, che poco prima di Caterina aveva cercato di porre rimedio alla terribile situazione della Chiesa. Una terza donna è patrona d'Europa: **Edith Stein** (vedi a p. 151).

▲ **Santa Caterina ad Avignone**
Giovanni di Paolo, 1460 ca. (Madrid, Museo Thyssen-Bornemisza).

## LO SCISMA D'OCCIDENTE

Alla morte di **Gregorio XI** (1378), che **aveva riportato la sede papale a Roma**, la Chiesa visse un altro momento difficile e un nuovo **scisma** (vedi a p. 78). I cardinali che dovevano eleggere il nuovo pontefice, infatti, si divisero in due fazioni, eleggendo, di lì a poco, **due papi diversi**, uno dei quali stabilì la propria sede a Roma, l'altro nuovamente ad Avignone. Qualche anno dopo i papi eletti furono addirittura **tre**. L'**unità della Chiesa** fu ristabilita solo nel **1414**, con l'elezione di **papa Martino V**.

▶ **L'indizione del primo Giubileo**
Nel 1300 papa Bonifacio indisse il primo Giubileo o "Anno Santo" nel quale era possibile, a coloro che si recavano a Roma in pellegrinaggio, beneficiare della remissione plenaria dei peccati veniali. Attualmente esso è indetto ogni venticinque anni e comporta la visita delle maggiori basiliche romane. (Giotto, Bonifacio VIII proclama il primo Anno Santo, 1300 ca., Roma, San Giovanni in Laterano).

# verifichiamo

## ❶ La scelta giusta

**1. Carlo Magno favorì:**
- ☐ il sorgere di scuole con diversi ordini e gradi di istruzione
- ☐ il sorgere di grandi cattedrali
- ☐ il sorgere di enormi complessi fortificati
- ☐ il sorgere di ampi musei

**2. Gregorio VII si adoperò per:**
- ☐ sottrarre l'Impero al controllo della Chiesa
- ☐ sottrarre la Chiesa al controllo imperiale
- ☐ eliminare le istituzioni politiche
- ☐ eliminare le cariche ecclesiastiche

**3. La lotta per le investiture riguarda il diritto di:**
- ☐ nomina dei cavalieri da parte dell'imperatore
- ☐ nomina dei cavalieri da parte del papa
- ☐ nomina dei vescovi da parte dell'imperatore
- ☐ nomina degli abati da parte dell'imperatore

**4. L'abbazia di Cluny dipendeva:**
- ☐ dall'imperatore
- ☐ dal papa
- ☐ dal vescovo locale
- ☐ era totalmente autonoma

**5. All'interno dei monasteri cistercensi viene dato ampio spazio:**
- ☐ alla preghiera comunitaria
- ☐ allo sviluppo delle arti
- ☐ al lavoro manuale
- ☐ alla preghiera individuale

**6. Lo scisma d'Oriente provocò:**
- ☐ una suddivisione della cristianità in ortodossa e protestante
- ☐ una suddivisione della cristianità in cattolica e ortodossa
- ☐ una suddivisione della cristianità in molti gruppi religiosi
- ☐ una suddivisione della cristianità in molti gruppi politici

**7. Lo scisma d'Oriente ebbe come protagonisti:**
- ☐ Carlo Magno e papa Gregorio VII
- ☐ papa Leone IX e Michele Cerulario
- ☐ l'imperatore Leone III e Michele Cerulario
- ☐ papa Gregorio VII e Michele Cerulario

## ❷ Vero o falso?

**8. Indica con una crocetta le affermazioni vere (V) e quelle false (F).**

- La simonia è la compravendita di beni spirituali  V F
- Gregorio VII compì solo una riforma liturgica  V F
- I camaldolesi furono un movimento eremitico  V F
- Le incompatibilità tra Oriente e Occidente erano solo di natura religiosa  V F
- La riconciliazione tra le Chiese d'Oriente e Occidente non è mai avvenuta  V F
- Bonifacio VIII indisse il primo Giubileo  V F
- Santa Chiara convinse Gregorio XI a tornare a Roma  V F
- Durante la cattività avignonese la sede papale romana rimase vuota  V F
- L'unità della Chiesa d'Occidente avvenne con Pio XI  V F
- Dopo la morte di Gregorio XI furono eletti due papi  V F

# giochiamo

**Sosta di verifica** 83

## 1 Cerca le parole

Nello schema cerca:
1. Il nome del papa che subì l'umiliazione ad Anagni.
2. Il nome del primo papa francese.
3. Il nome della Santa che convinse Gregorio XI a tornare a Roma.
4. Il nome del papa con cui si ricompose lo scisma d'Occidente.
5. Il nome del patriarca di Costantinopoli che dissentì da Roma per la formulazione del *Credo*.
6. Il nome dell'ordine monastico a cui apparteneva san Bernardo.

Ricorda che le parole possono essere scritte in ogni senso.

| T | A | S | A | I | Y | I | L | I | A | P | A | B | C | E | R | Y | E | Z | N |
|---|---|---|---|---|---|---|---|---|---|---|---|---|---|---|---|---|---|---|---|
| A | N | I | C | V | A | B | N | I | Q | I | M | M | O | P | X | T | S | A | I |
| M | A | R | T | I | N | O | Q | U | I | N | T | O | N | B | A | V | N | N | P |
| C | A | T | E | R | I | N | A | D | A | S | I | E | N | A | D | I | E | N | V |
| E | M | O | S | V | I | I | I | P | O | P | Q | I | M | E | P | F | C | F | A |
| T | I | M | A | A | C | F | T | L | N | F | B | M | A | I | V | W | A | U | I |
| E | C | E | R | U | L | A | R | I | O | R | T | U | Z | K | U | A | I | N | N |
| M | H | I | O | N | S | C | L | E | M | E | N | T | E | Q | U | I | N | T | O |
| E | E | C | C | I | P | I | I | O | F | I | R | U | T | M | B | A | U | E | N |
| S | L | S | S | A | I | O | T | T | A | V | O | N | L | P | A | B | L | K | I |
| Z | E | W | E | F | U | M | E | S | N | E | C | R | E | T | S | I | C | I | A |
| N | B | I | G | J | L | B | D | A | U | F | D | H | O | M | W | A | S | T | N |

## 2 Il rebus

Quale evento divise la cristianità alla morte di Gregorio XI? **(6 + 1 + 9)**

SCISMA D'OCCIDENTE

# 5 Pellegrini e pellegrinaggi

## L'EUROPA IN MOVIMENTO

La pratica del pellegrinaggio verso luoghi santi risale ai primi secoli cristiani: abbiamo notizia infatti di Elena, la madre dell'imperatore Costantino, che si recò in Terra Santa, dove avrebbe recuperato le reliquie della croce di Cristo.

All'inizio del Medioevo, tuttavia, i pellegrini erano ancora relativamente pochi: la dissoluzione dell'Impero romano aveva lasciato cadere in rovina ampi tratti della rete viaria imperiale e aveva reso molte zone deserte o alquanto pericolose per via dei briganti.

Dopo il Mille, la rinascita sociale, economica e commerciale diede impulso ai pellegrinaggi e i pellegrinaggi diedero, a loro volta, impulso alla rinascita: **con i pellegrinaggi**, infatti, **si mossero uomini, idee, ricchezze**. Da un certo punto di vista anche le crociate possono essere interpretate come un grande pellegrinaggio di cristiani verso i luoghi santi.

▶ **Gerusalemme, Roma, Costantinopoli**
Questa carta, risalente al XIII secolo, rappresenta il mondo abitato ispirandosi alla descrizione di Genesi 2,8-14: si vedono le tre città, mete importanti di pellegrinaggio (Parigi, Bibliothèque Nationale).

### PER SAPERNE DI PIÙ

## Chi erano i pellegrini

Tra i pellegrini vi erano colti e analfabeti, ricchi e poveri, vecchi e bambini, uomini e donne, sani e malati. Non mancavano i nobili, ma più numerosi erano i borghesi. Viaggiavano talora da soli ma molto spesso in gruppo, come garanzia di una maggiore incolumità. Percorrevano il loro viaggio per lo più a piedi, vivendo di elemosina. Per questo lungo le vie che portavano alle principali mete di pellegrinaggio sorsero "ospitali", cioè luoghi di rifocillamento (e, in caso di malattia, luoghi di cura: di qui i nostri ospedali).

▶ **Di ritorno da Santiago**
Il cappello a falda larga per difendersi dal sole e dalla pioggia, il bastone per appoggiarsi in cammini impervi e nell'attraversamento dei guadi, il rosario, la conchiglia raccolta sulla spiaggia di Santiago: ecco l'abbigliamento tipico di un pellegrino proveniente da Santiago.

# FORME DI PELLEGRINAGGIO

I pellegrini potevano mettersi in viaggio per due motivi fondamentali:

- **per devozione**: in questo caso si recavano nei luoghi dove erano stati martirizzati i santi oppure là dove erano conservate le loro reliquie. In questa forma di pellegrinaggio possono essere fatti rientrare anche i pellegrinaggi compiuti per voto o per grazia ricevuta;
- **per penitenza**: in caso di una colpa molto grave, i penitenti potevano essere inviati in una delle mete di pellegrinaggio per espiare il loro peccato.

Ad un certo punto queste due forme di pellegrinaggio si fusero: ogni pellegrinaggio, anche di tipo devozionale, implicava una penitenza e il perdono dei peccati, ottenuto proprio attraverso le privazioni e le tribolazioni del viaggio. Dobbiamo anche ricordare, infine, i pellegrinaggi che erano compiuti **per delega**: il peccatore (soprattutto se si trattava di un re o di un principe o comunque di un personaggio di alto rango) poteva delegare una persona di sua fiducia a compiere il pellegrinaggio in vece sua.

▲ **Le tentazioni dei pellegrini**
Le autorità ecclesiastiche consigliavano estrema attenzione nella scelta dei compagni di viaggio, perché, sotto le umili vesti del pellegrino, poteva celarsi il diavolo tentatore, come si vede in questa illustrazione tratta dalla *Cronica trecentesca* di Giovanni Sercambi (Lucca, Archivio di Stato).

▶ **Un reliquiario**
Legato ai pellegrinaggi era il culto delle reliquie, cioè oggetti ritenuti sacri in quanto appartenuti a un santo o a Cristo stesso e quindi capaci di risanare da una malattia. (Reliquiario del piede di Sant'Andrea, X-XI secolo, Treviri, Domschatz).

## LE METE

- La **Palestina** e **Gerusalemme** furono considerate sante dai cristiani fin dal tempo della Chiesa primitiva, in ragione del fatto che erano stati i luoghi della nascita, della passione e della morte di Gesù.
- **Roma** era una delle destinazioni preferite sia perché vi riposavano gli apostoli e numerosi martiri, sia perché sede del Papato.
- **Santiago de Compostela** è il luogo in cui è venerato Giacomo il Maggiore, che, secondo la tradizione, fu il primo apostolo a subire il martirio.

Oltre a queste mete maggiori ve ne erano **numerose altre**, legate al culto di Maria oppure di qualche santo; poteva trattarsi anche di luoghi di apparizioni; spesso si trattava di luoghi che conservavano preziose reliquie.

## 6. Alla conquista dell'Oriente

### LE CROCIATE

Combattere contro gli "infedeli" fu un dato costante nel Medioevo, fin dai tempi di Carlo Magno; ancora nel X secolo, i cavalieri franchi avevano combattuto al fianco dei re cristiani per riconquistare la penisola Iberica caduta in mano agli Arabi.
Anche **Gerusalemme**, città santa per i cristiani (oltre che per gli ebrei e per i musulmani) e meta di numerosi pellegrinaggi, nel VII secolo d.C. era caduta in mano araba. I governanti musulmani, tuttavia, avevano sempre accettato sia la presenza dei pellegrini sia quella dei mercanti europei che avevano avviato un fiorente commercio. Nell'**XI secolo** la **Palestina** e altre terre confinanti furono però conquistate dai **Turchi Selgiuchidi**, meno tolleranti, e allora la cristianità avvertì come una necessità urgente proteggere i pellegrini e difendere i **luoghi Santi** dagli invasori musulmani. Nel **1090**, dopo un massacro di pellegrini cristiani, l'accesso al Santo Sepolcro venne severamente vietato. Questo diede il motivo a papa Urbano II per bandire la prima crociata, alla fine della quale Gerusalemme fu espugnata e sorsero stati feudali controllati dai cristiani. Per dare aiuto a questi stati si organizzarono altre **sette crociate** nell'arco di duecento anni: tutte però fallirono miseramente.

▼ **L'arresto dei templari**
XIV secolo (Londra, British Library).

### LESSICO

**Crociata**
La guerra combattuta dai cristiani contro gli islamici tra il IX e il XIII secolo prende questo nome dai suoi combattenti, i crociati, che portavano sulla veste e sul mantello una croce rossa, a testimonianza della loro fede.

▶ **Un cavaliere teutonico**
1310-1340 ca. (Heidelberg, Universitäts Bibliothek).

### PER SAPERNE DI PIÙ

## Gli ordini cavallereschi

Durante le crociate vennero fondati **nuovi ordini religiosi** che avevano come compito principale la difesa della cristianità e la liberazione dei luoghi santi. Erano i cosiddetti ordini cavallereschi, i cui membri facevano voto di povertà, castità, obbedienza e protezione degli oppressi e che costituivano una difesa armata per i fragili regni cristiani d'oltremare, **dipendendo direttamente dal papa**. I principali ordini medievali dei monaci-cavalieri furono tre:

• l'**ordine di Malta**, fondato nel 1099 a Gerusalemme come confraternita ospedaliera, nel 1121 divenne il Sovrano Militare Ordine Gerosolimitano. In Terra Santa gli appartenenti a quest'ordine costruirono poderose fortezze. Dopo alterne vicende, nel 1529 il quartier generale si stabilì a Malta. Attualmente si occupa del servizio ai malati;

## DIFFERENTI MOTIVAZIONI

Alle crociate partecipò **gente d'ogni sorta**: cavalieri, re e gente del popolo, bambini e poveri. Le **motivazioni** che inducevano a partire verso l'Oriente erano molto diverse: alcuni erano spinti da una sincera fede religiosa; molti signori e principi miravano a crearsi un feudo o a espandere il loro territorio; i più poveri speravano di acquisire le terre tolte ai musulmani; altri partivano per sfuggire a condanne in patria e cominciare una vita nuova; altri ancora si muovevano per spirito d'avventura e per avere la possibilità di riportare in patria ricchi bottini.
Al di là delle motivazioni religiose, le crociate furono occasione di **fitti traffici commerciali** e di **ardite manovre finanziarie** per i mercanti delle città marinare italiane, che riuscirono a conquistare il monopolio delle esportazioni tra Oriente e Occidente.

## UNA SEPARAZIONE DIVENUTA DEFINITIVA

Al momento dello scisma d'Oriente (vedi a p. 78), nonostante le reciproche scomuniche, la divisione tra Oriente e Occidente non fu vissuta come irreparabile, ma solo come un episodio di forte attrito tra le due Chiese. Fu invece l'evoluzione storica successiva dei rapporti tra Europa latina e Impero bizantino a trasformare lo scisma in una frattura reale: senza dubbio le crociate ebbero in questo senso un ruolo determinante.

▲ **Modellino della Basilica del Santo Sepolcro**
XVI secolo (Gerusalemme, Museo dello Studium Biblicum Franciscanum).

▼ **L'arrivo a Gerusalemme**
XII secolo (Padova, Biblioteca del Seminario).

- l'**ordine dei templari**, fondato nel 1119 a Gerusalemme per difendere il Santo Sepolcro e i pellegrini che vi si recavano. Il re di Gerusalemme dotò l'ordine di vaste proprietà, fatte fruttare tanto da costituire in seguito il sostegno economico dei crociati. Anche in Europa i templari divennero una potenza economica di prim'ordine, al punto da suscitare l'ostilità del re di Francia Filippo il Bello, che riuscì a far sopprimere l'ordine da papa Clemente V nel 1312;
- l'**ordine teutonico**, fondato nel 1189-90 in Germania come confraternita ospedaliera, nel 1198 divenne ordine cavalleresco, con lo scopo di lottare contro tutti coloro che non aderivano al cristianesimo, anche in Europa. Soppresso nel 1805 da Napoleone e rifondato nel 1834, attualmente segue la Regola di san Francesco.

# 7 La lotta alle eresie

## IL RITORNO ALLA POVERTÀ

Tra il XII e il XIII secolo alcuni predicatori, in modo isolato o a capo di movimenti religiosi, cominciarono a criticare duramente l'arroganza e il lusso che caratterizzavano la vita di alcuni vescovi, completamente assorbiti da interessi politici e terreni. L'umiltà, la carità, la povertà che avevano caratterizzato la Chiesa delle origini sembravano ormai disattese.
Si diffuse l'**attesa di una nuova età di perfezione spirituale e di rinnovamento**, che portò però, spesso, al rifiuto dell'insegnamento della Chiesa. Molti di questi movimenti sconfinarono così nell'eresia (vedi a p. 45).

## GRUPPI DI ERETICI

- In posizione di disaccordo con la Chiesa furono alcuni gruppi, come i fraticelli, gli umiliati, i poveri evangelici, le beghine, i patari (o straccioni).
- Altri gruppi ebbero origini o posizioni molto vicine a quelle della Chiesa. Fu il caso dei poveri di Lione o **valdesi** (dal loro fondatore, Pietro Valdo), l'unico gruppo di origini medievali che esiste ancora oggi come Chiesa organizzata.
- Altri gruppi ancora si allontanarono decisamente dalle posizioni della Chiesa cattolica, come i **catari** (o albigesi, così chiamati dalla loro roccaforte, la città di Alby in Francia), contro i quali il Papato indisse anche una crociata (1208-1219).

### LESSICO

**Cataro**
Deriva dal greco *catharós*, che significa "puro". I catari opponevano rigidamente il principio del bene a quello del male, immaginandoli come due divinità contrapposte. Ritenevano male tutto ciò che è legato alla materia.

▲ **Una beghina**
Jost Amman (Francoforte, 1586).

◀ **La crociata contro gli albigesi**
Rogo di eretici albigesi alla presenza di re Filippo II Augusto, XV secolo (Parigi, Bibliothèque Nationale).

## PER SAPERNE DI PIÙ

### I valdesi

Pietro Valdo (**1130** ca.-**1206** ca.) da Lione era un ricco mercante che, nel 1176, decise di lasciare tutte le proprie ricchezze e la stessa famiglia per predicare il Vangelo. Ben presto intorno a lui si radunò un gruppo di discepoli.
Il tentativo di vivere un **cristianesimo radicale**, realizzando una Chiesa povera, determinò un **rifiuto della sovranità temporale del papa**. Questi dunque reagì proibendo questa forma di predicazione laica. I seguaci di Valdo furono dunque scomunicati ed espulsi da Lione: si organizzarono così in una comunità separata, costituita da una confraternita, che si atteneva ai tre voti monastici di povertà, castità e obbedienza. I predicatori venivano istruiti in apposite scuole, in cui si studiavano a memoria i Vangeli e altre parti della Bibbia, che Valdo aveva fatto tradurre nella lingua del popolo. Si discostavano dalla Chiesa cattolica per il ruolo assegnato alle donne (che potevano predicare e presiedere alle funzioni religiose), per la negazione dell'esistenza del Purgatorio e il rifiuto della venerazione delle reliquie.

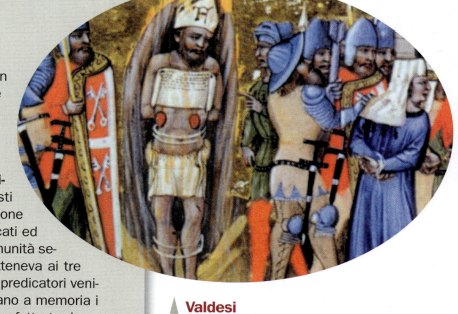

▲ **Valdesi imprigionati e condotti al rogo**
Miniatura da un manoscritto bolognese del XIV secolo.

## LA CHIESA CONTRO L'ERESIA

La Chiesa cattolica mise in atto azioni fortemente ostili nei confronti di tutti coloro che riteneva essere eretici: dapprima erano gli stessi vescovi a compiere indagini nei confronti dei sospettati; nel 1231, invece, Gregorio IX istituì veri e propri tribunali (detti "dell'Inquisizione") presieduti da due giudici nominati direttamente dal papa e superiori all'autorità dei vescovi.

Era compito di tutti i cristiani denunciare al tribunale i sospettati di eresia. Gli inquisitori interrogavano l'imputato: se questi confessava la propria colpa, ritrattava e prometteva di non seguire più le idee eretiche, veniva rilasciato, anche se doveva sottoporsi ad alcune pene (un pellegrinaggio, la fustigazione, ecc.); chi rifiutava, invece, veniva consegnato ai soldati del re che lo mettevano a morte (se si pentiva prima della condanna veniva ucciso e poi il suo corpo bruciato; in caso contrario veniva arso vivo).

▶ **La lotta agli eretici**
Al cospetto di un giudice inquisitore e di una folla di fedeli un sospetto eretico è issato con delle corde per essere torturato.

# 8 Gli ordini mendicanti

**Francesco in preghiera**
Antonio da Crevalcore, *San Francesco orante*, XVI secolo (Princeton, The Art Museum).

## POVERI E IN MEZZO ALLA GENTE

Nel Medioevo l'esigenza di un ritorno agli **ideali di povertà evangelica** si espresse non soltanto in gruppi esterni o contrapposti alla Chiesa, ma anche **all'interno della Chiesa** stessa: una risposta a quell'esigenza, e contemporaneamente una risposta al diffondersi delle eresie, fu infatti la nascita degli ordini mendicanti (in particolare, i domenicani e i francescani). I loro aderenti si distinguevano sia dal clero secolare (che spesso conduceva una vita nella ricchezza) sia dai monaci (che vivevano in monasteri che possedevano molti beni) per via di un **voto di povertà** non solo **individuale** ma anche **collettivo**. I frati, inoltre, avevano il compito di predicare e diffondere la buona novella nel "mondo", **in mezzo alla gente**, vivendo soltanto di offerte.

Liberi da qualsiasi interferenza dell'autorità vescovile, gli ordini mendicanti godettero dell'appoggio papale e delle simpatie della popolazione.

## I FRANCESCANI

L'ordine francescano, fondato da san **Francesco**, fu riconosciuto da papa Innocenzo III nel **1210**, che consentì a lui e ai suoi seguaci di vivere in modo radicale la povertà evangelica. Qualche tempo dopo la fondazione e dopo la morte del suo fondatore, anche l'ordine francescano sviluppò un'intensa attività di predicazione, collegata allo studio della teologia: a studiosi francescani, come ad esempio san **Bonaventura da Bagnoregio**, vennero affidate diverse cattedre di teologia nelle università europee. L'ordine femminile francescano (le **clarisse**) fu fondato da una giovane di Assisi, santa **Chiara** (1193 ca.-1253), sull'esempio di Francesco.

### PER SAPERNE DI PIÙ

## San Francesco

Francesco nacque ad Assisi nel **1181** da un ricco mercante umbro e da una madre francese. Dopo una giovinezza spensierata, abbandonò il lusso della casa paterna per vivere in povertà secondo l'insegnamento di Cristo, predicando il Vangelo con la parola e con l'esempio. L'impulso missionario lo spinse a organizzare i seguaci in tutta Italia. Egli stesso si recò in Oriente, raggiungendo Damietta assediata, annunciando il Vangelo al sultano al-Malik al-Kamil che gli consentì di visitare i luoghi santi della Palestina. Nel 1224 ricevette sulle mani, sui piedi e sul costato le stimmate e, pur cieco e malato, compose il Cantico delle Creature. Morì alla Porziuncola, la "sua" cappellina presso Assisi, in estrema povertà, nel **1226**.

▶ **Povertà e umiltà**
Francesco Unterperger, *Santa Chiara lava i piedi alle sorelle*, 1731-1732 (Monguelfo, Convento delle Clarisse).

## I DOMENICANI

Nel **1217** fu approvato dal papa l'ordine dei frati predicatori, fondato dallo spagnolo **Domenico de Guzmán**. Essi si opponevano all'eresia non solo attraverso una condotta di vita rispondente al dettato evangelico ma anche con una solida preparazione culturale e teologica, che esprimevano in pubblici dibattiti. Tra i domenicani più illustri, ricordiamo due grandi pensatori: sant'**Alberto Magno** e san **Tommaso d'Aquino**.
Alla famiglia domenicana appartiene anche santa **Caterina da Siena** (1347-1380), patrona d'Italia insieme a san Francesco, fondatrice dell'ordine delle **mantellate**, monache di clausura (vedi a p. 81).

▶ **Un santo militante e contemplativo**
Claudio Coello, *San Domenico de Guzmán*, 1683 ca. (Madrid, Museo del Prado).

### PER SAPERNE DI PIÙ

## San Domenico

Domenico nacque a Burgos, in Spagna, nel **1170** dalla nobile famiglia dei de Guzmán. Avviato agli studi ecclesiastici, diventò canonico regolare di Osma. Nel 1203, dopo aver accompagnato il suo vescovo presso la corte danese, assistette al dilagare in Francia dell'eresia catara e decise di unirsi ai legati papali che erano stati inviati per combattere quell'eresia. Si convinse tuttavia che la grande forza della Chiesa consisteva nella predicazione più che nelle armi. Il gruppo dei domenicani aveva il compito specifico della predicazione. La cultura teologica venne individuata come mezzo fondamentale per difendere la vera fede da deviazioni o cattive interpretazioni. Domenico morì presso l'università di Bologna nel **1221**.

### PER SAPERNE DI PIÙ

## Le università nel Medioevo

A partire dal XIII secolo i centri di produzione della cultura si spostarono mano a mano dagli *scriptoria* dei monasteri alle università cittadine. Il termine università deriva dal latino *universitas*, che significa "universalità, totalità". Nel Medioevo con *universitas studiorum* si iniziò a designare l'insieme di persone (la "corporazione") che gestivano l'insegnamento e l'apprendimento, quindi l'associazione di maestri e studenti che detenevano il monopolio degli studi. Si potevano quindi avere università degli studenti, come a Bologna, o università dei maestri, come a Parigi. In ogni caso queste scuole, nate spesso da scuole ecclesiastiche apertesi a tutti, avevano diversi privilegi: il più importante era dato dall'autonomia giuridica, consistente nel fatto che soltanto il rettore dell'università aveva il diritto di giudicare studenti e insegnanti per qualsiasi delitto. Bologna e Padova erano già nel XII secolo importanti centri per lo studio del diritto. Nel XIII secolo vennero fondate le università di Oxford e Cambridge in Inghilterra, di Padova e Napoli in Italia, di Montpellier e Tolosa in Francia, di Salamanca e Siviglia in Spagna.

▲ **Una lezione all'università di Bologna**
Miniatura del XIII secolo.

# La cattedrale gotica

L'arte gotica nasce in Francia tra il XII e il XIV secolo quando in Italia il romanico è ancora in pieno sviluppo. In Germania e in Inghilterra, invece, abbiamo esempi di gotico già nel XIII e XIV secolo. Mentre la cattedrale romanica, con i suoi muri spessi e le piccole finestre laterali appariva scarsamente illuminata, nella cattedrale gotica grandiose vetrate multicolori creavano una luce diffusa e molto suggestiva. Inoltre, le vetrate disposte al posto dei muri, tra un pilastro e l'altro, sostituivano i tradizionali dipinti riproducendo episodi della Bibbia e della vita dei santi. È tipica della cattedrale gotica la dimensione gigantesca e molto decorata; in essa prevale il senso di innalzamento che acquista il significato di slancio verso Dio.

**Un esempio di scultura gotica**
La figura ha un volume slanciato e la sua torsione indica una certa conoscenza dell'anatomia umana. Il panneggio dei vestiti è ricco di chiaroscuri e segue il movimento del corpo. (Giovanni Pisano, *Madonna con il bambino*, 1312, Padova, Oratorio degli Scrovegni).

**Le guglie e i pinnacoli**
Si trattava di sostegni esterni abbelliti da sottili piramidi o coni di pietra scolpita, posti anche sulle falde del tetto. Anch'essi erano in genere decorati da sculture.

**I contrafforti e gli archi rampanti**
Erano speroni esterni all'edificio più alti delle navate laterali sui quali venivano eretti degli archi rampanti, che servivano a puntellare le ossature delle volte.

8 Gli ordini mendicanti | 93

### La facciata
*Racchiusa tra due grandi torrioni a guglia, che riprendono la forma acuta degli archi, aveva un taglio obliquo dello stipite di porte e finestre.*

### Le navate
*Erano sostenute da campate, cioè da nervature incrociate che formavano le crociere, con il compito di scaricare il peso sui pilastri.*

### Una vetrata
Vetrata del rosone settentrionale della Cattedrale di Friburgo in Breisgau, XIII secolo, riccamente colorata e decorata. Il cerchio, essendo una linea che non ha inizio né fine, simboleggia Dio.

### Il rosone
Il rosone era una grande finestra circolare (simbolo di Dio, che non ha né inizio né fine, proprio come il cerchio) di vetro decorato che rimandava alla luce divina.

### Gli archi
Tipici dell'architettura gotica erano gli archi a sesto acuto (cioè formati da due parti di cerchio con il vertice a punta), presenti sia all'interno sia all'esterno.

# verifichiamo

## 1 La scelta giusta

**1. I pellegrini nel Medioevo si mettevano in viaggio:**
- ☐ per turismo e per piacere
- ☐ per scoprire nuovi territori
- ☐ per devozione e per penitenza
- ☐ per sfuggire alle guerre

**2. Le principali mete di pellegrinaggio erano:**
- ☐ Parigi, Madrid, Roma
- ☐ Gerusalemme, Roma, Santiago de Compostela
- ☐ Gerusalemme, Avignone, Tour
- ☐ Gerusalemme, Roma, Parigi

**3. Le crociate:**
- ☐ favorirono i traffici commerciali
- ☐ ostacolarono i traffici commerciali
- ☐ impedirono i traffici commerciali
- ☐ non ebbero nulla a che fare con i traffici commerciali

**4. Le crociate:**
- ☐ portarono alla riconquista di Gerusalemme da parte dei cristiani
- ☐ fallirono miseramente
- ☐ portarono a lunghi periodi in cui Gerusalemme fu in mano ai cristiani
- ☐ portarono periodi di pace

**5. Nel periodo medievale alcune eresie ebbero come motivo principale:**
- ☐ il rifiuto dell'insegnamento della Chiesa perché considerato troppo lontano dagli ideali del Vangelo
- ☐ il rifiuto dell'insegnamento della Chiesa perché considerato troppo vicino agli ideali del Vangelo
- ☐ il rifiuto del primato del papa
- ☐ il rifiuto dell'insegnamento della Chiesa sulla divinità di Gesù Cristo

**6. Gli appartenenti agli ordini mendicanti:**
- ☐ vivevano nella ricchezza
- ☐ facevano voto di povertà
- ☐ alternavano una vita normale a periodi di estenuanti digiuni
- ☐ facevano di mestiere i mendicanti

## 2 Vero o falso?

**7. Indica con una crocetta le affermazioni vere (V) e quelle false (F).**

- Il rapporto tra Chiesa e Impero fu collaborativo per tutto il Medioevo — V F
- Carlo Magno fondò l'Accademia Palatina — V F
- L'ordine cistercense privilegiava la vita contemplativa — V F
- Lo scisma d'Oriente fu anche provocato da incomprensioni linguistiche — V F
- Gli ordini cavallereschi in difesa della cristianità erano composti di monaci-cavalieri — V F
- I pellegrini appartenevano perlopiù alla nobiltà europea — V F
- Anche nel periodo medievale si diffusero alcune eresie — V F
- Gli ordini mendicanti erano ordini cavallereschi — V F
- San Francesco nacque da una famiglia povera — V F
- Quello dei domenicani è un ordine di predicatori — V F
- La Chiesa valdese oggi non esiste più — V F
- San Bernardo era contrario alla povertà evangelica — V F
- I francescani dovevano fare voto di povertà — V F

# giochiamo

## 1 L'anagramma

Anagrammando le seguenti parole potrai trovare i nomi di alcuni principati, contee e città che durante le crociate furono per brevi periodi nelle mani dei cristiani.

AHICOTIAN

ASESED

ILOPRIT

RICA

TETIMADA

MEMUGALESER

NOKKA

## 2 Cerca le parole

Ricerca nella griglia l'equipaggiamento necessario per il viaggio del pellegrino. Anagrammando le lettere scritte in rosso, ti comparirà la meta.

| B | A | S | T | O | N | E | Y | S | U | A |
|---|---|---|---|---|---|---|---|---|---|---|
| I | R | O | S | A | R | I | O | P | A | S |
| S | C | A | R | P | E | P | N | A | T | K |
| A | I | N | A | A | G | I | O | N | N | I |
| C | A | L | Z | E | D | P | E | T | A | P |
| C | A | P | P | E | L | L | O | A | L | I |
| I | C | F | O | G | M | E | P | L | O | N |
| A | M | A | N | T | E | L | L | O | S | B |
| C | A | M | I | C | I | A | T | N | E | A |
| C | O | N | C | H | I | G | L | I | A | T |

# mappa concettuale

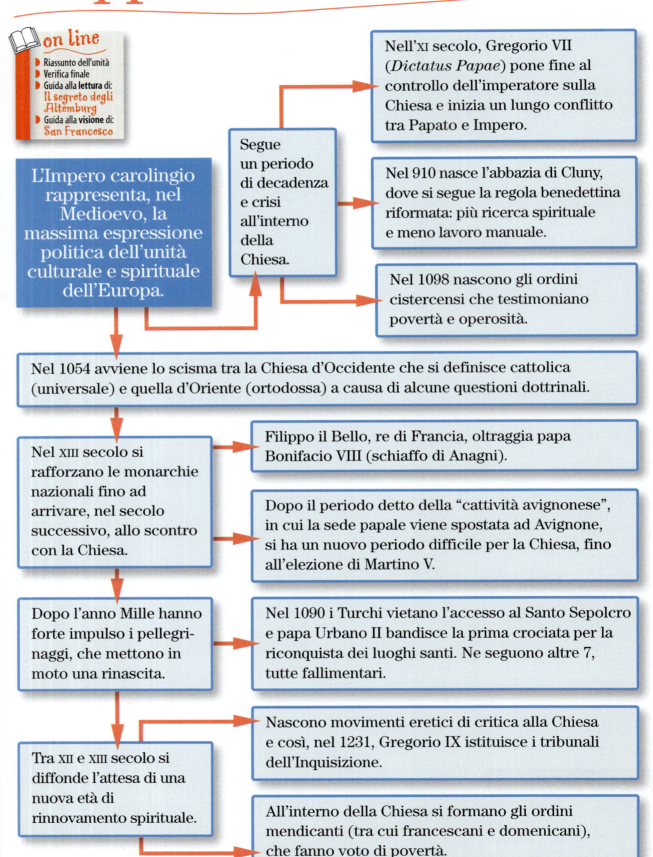

# concludiamo la riflessione

## L'immagine

Sei in grado di tirare le fila di quanto hai studiato in questo capitolo? Quale significato hanno, dopo il tuo studio, il testo e l'immagine che sono alle pp. 70-71?

L'opera illustra *Il Sogno di Innocenzo III*, uno degli episodi narrati nella biografia di Francesco d'Assisi scritta da Bonaventura da Bagnoregio dell'Ordine dei Frati Minori.

Si racconta che il papa vide, in sogno, l'umile frate Francesco reggere sulle spalle la Basilica del Laterano (allora il massimo simbolo della cristianità), prossima alla rovina.

Il timore, da parte di Innocenzo III, di vedere "crollare" il Laterano, si spiega anche con il fatto che il suo pontificato fu travagliato dai rapporti difficili con la Chiesa d'Oriente e dalle eresie.

Per contrastarle, Innocenzo III incoraggiò la predicazione popolare legittimando gli Ordini mendicanti, tra cui appunto quello dei Frati Minori di san Francesco.

## La scodella del mendicante

Il racconto appartenente alla tradizione mistica musulmana che hai letto a p. 70 contiene una morale che ha a che fare con uno dei temi centrali affrontati in questa unità.

▶ Quale insegnamento vuole trasmettere, a tuo giudizio, il racconto?

▶ Se per il mendicante il denaro e le ricchezze non sono essenziali, che cosa va cercando? Perché la ciotola è in realtà un teschio vuoto?

# La Chiesa riformata 5

Caspar David Friedrich, *Croce sulla montagna*, detta *Pala di Tetschen*, 1807-1808 (Dresda, Gemäldegalerie).

## Cominciamo a riflettere

### Il corpo e Dio

La gente dà troppa importanza al corpo. Per amarlo eccessivamente o per disprezzarlo troppo.
La vera sostanza di tutti noi, uomini e donne, liberi e schiavi è la scintilla divina, la mente, che è un frammento di Dio e che ha brama di ritornare da lui.
Il corpo si corrompe e si guasta in un attimo, è la parte fuggente di noi, è mera apparenza. Dovremmo, finché vi siamo imprigionati, fare di tutto per dimenticarlo, e cercare il più possibile di anticipare, già in questa vita terrena, lo stato di purezza che caratterizzerà la nostra vita ultraterrena.
Gli uomini sono tutti uguali, ma migliori e più vicini a Dio sono quelli che coltivano di sé la parte più alta e dell'altra, il corpo, dei suoi bisogni e dei suoi istinti, non si curano affatto.
Per alcuni il corpo qualche cosa conta e credono che non tutto sia brutto nel corpo.
Il corpo non è brutto, il corpo non è niente, il che è tutto un'altra cosa. Brutto non è il corpo, ma il fissare su di esso lo sguardo, il restarvi attaccati, il non sollevarsi mai al di sopra di esso.
Brutto è dargli importanza, in un senso come nell'altro, stimandolo troppo o avendone un'eccessiva paura o repulsione.
Se non avessimo il corpo non saremmo né qui né altrove, non ci saremmo per niente. Non saremmo in nessun luogo perché non avremmo alcuna esistenza fisica. Saremmo in quel non-luogo che è ogni luogo e in quel non-tempo che è ogni tempo. Saremmo presso Dio. Saremmo Dio.

da C. Contini, *Ipazia e la notte*, Longanesi, Milano

# Dio e l'uomo - Il linguaggio religioso

## OBIETTIVI DI APPRENDIMENTO

▶ Riconoscere la vicenda della morte e risurrezione di Cristo nella prospettiva dell'evento pasquale.

▶ Riconoscere in Lui il Figlio di Dio, Salvatore del mondo, fondatore della Chiesa.

▶ Conoscere l'evoluzione storica e di unificazione religiosa e culturale della Chiesa, realtà voluta da Dio, in cui agisce lo Spirito Santo.

▶ Conoscere il cammino ecumenico della Chiesa.

## COMPETENZE

▶ L'alunno sa ricostruire gli elementi fondamentali della storia della Chiesa e confrontarli con le vicende della storia civile.

▶ Sa riconoscere i linguaggi espressivi della fede.

# 1 La cristianità in crisi

## UN'ETÀ DI TRASFORMAZIONE

Nel XVI secolo la cristianità subì trasformazioni radicali, anche in relazione alla mutata situazione della società e della cultura. Un'ulteriore lacerazione avvenne all'interno della Chiesa d'Occidente: la Riforma protestante. Essa costrinse anche la Chiesa di Roma a un rinnovamento che da tempo appariva indispensabile.

## IL RINNOVAMENTO CULTURALE

Nel 1453 Costantinopoli cadde in mano turca: molti dotti greci affluirono in Italia, portando con sé le opere dell'antico pensiero greco. Soltanto ora veniva riscoperta e ristudiata questa antica lingua, dopo secoli di totale oblio.
L'accesso ai testi, che venivano ora studiati con rigoroso metodo filologico, condusse a una riscoperta del **pensiero** e della **cultura dei classici**: gli antichi greci e romani divennero esempio di **valori morali** e di **virtù**, mentre nelle arti soggetti classici venivano a sostituire quelli più propriamente religiosi, tipici del Medioevo.

**La corte papale**
Melozzo da Forlì, *Sisto IV nomina il Plàtina prefetto della Biblioteca Vaticana*, 1477 (Città del Vaticano, Pinacoteca Vaticana). L'immagine celebra un episodio che può essere considerato come il riconoscimento ufficiale del ruolo culturale della Chiesa nel Rinascimento.

## L'UOMO AL CENTRO

Tra il XIV e il XVI secolo si diffuse la convinzione che la **vera grandezza dell'uomo**, fino ad allora individuata nella sua origine divina, dipendesse in realtà dall'uomo stesso, dalla sua intelligenza e dalla sua volontà. Questa differente prospettiva, che nasceva dall'affermazione delle classi borghesi e mercantili dei liberi Comuni, ebbe enormi ripercussioni: a fronte della filosofia e della teologia, predilette nel Medioevo, vennero promosse le **scienze sperimentali**; veniva **ridimensionata l'importanza dell'autorità**, in particolare quella religiosa, mentre **l'individuo** e i suoi bisogni, ma anche la sua capacità critica, venivano posti **al centro**.

### LINEA DEL TEMPO

| 1450 | 1452 | 1483 | 1484 | 1498 | 1509 | 1517 | 1520 | 1521 | 1529 | 1531 | 1534 | 1535 | 1540 | 1545 | 1546 | 1555 | 1563 | 1564 |

- Invenzione della stampa
- vita di Savonarola
- 95 tesi
- Scomunica di Lutero
- Bando di Lutero
- Protesta dei principi tedeschi
- Atto di supremazia
- La Bibbia in tedesco
- Fondazione dei gesuiti
- Pace di Augusta
- vita di Lutero
- vita di Zwingli
- vita di Calvino
- Concilio di Trento

## LE CRITICHE ALLA CHIESA

Nei secoli XIV e XV terminava la lunga stagione della storia della Chiesa occidentale segnata dalle controversie tra il Papato e l'Impero o le monarchie nazionali: il papa aveva dovuto riconoscere ai sovrani ampia libertà di decisione in ambito temporale, anche se egli continuava a proporsi come guida della cristianità. Il Papato, inoltre, regnava in un proprio Stato (lo Stato della Chiesa, appunto) e il papa si proponeva, accanto ai prìncipi e ai signori di tutta Europa come promotore delle lettere e delle arti.

Lo sfarzo, la ricchezza, gli intrighi e la corruzione della corte papale non potevano tuttavia non suscitare **le critiche di numerosi cristiani**, laici ed ecclesiastici, che sostenevano la necessità di una riforma che riportasse la Chiesa alla **purezza dei valori evangelici**. Tali critiche non sempre furono tollerate: le prediche infuocate del frate domenicano **Girolamo Savonarola**, per esempio, lo condussero alla condanna a morte come eretico.

Anche l'**autorità del papa** in quanto tale veniva **messa in discussione**: secondo la **dottrina conciliarista**, per esempio, l'autorità del pontefice poteva essere sostituita da quella del Concilio, indetto anche contro la sua volontà.

Tutto ciò preparava la strada a una critica ben più radicale, che avrebbe trovato espressione nella **Riforma protestante**.

### PER SAPERNE DI PIÙ

### Girolamo Savonarola

Uno dei primi e più importanti attacchi al regime di corruzione regnante nella Chiesa venne da Girolamo Savonarola, frate domenicano nato a Ferrara nel **1452**. Dopo aver studiato arti liberali e medicina, decide di dedicarsi allo studio della teologia, entrando nel convento di San Domenico a Bologna. Nel 1482 Savonarola è trasferito a Firenze, dove nel 1491 diviene priore del convento di San Marco che ben presto tenta di riformare: vende i beni del convento e dei frati distribuendone il ricavato ai poveri; ai suoi confratelli impone una vita all'insegna della sobrietà.

Egli tuttavia sostiene ben presto la necessità di imporre ascetismo e povertà non solo alla vita ecclesiastica, ma anche a quella dell'intera città di Firenze: nel 1497 fa bruciare in un rogo quelle che considera vanità, cioè opere d'arte, vestiti lussuosi, ricchi gioielli, mobili preziosi.

La critica di Savonarola contro i vizi della Chiesa portò dapprima papa Alessandro VI a scomunicarlo; quindi, nel **1498**, a dichiararlo eretico. Savonarola venne dunque condannato e bruciato sul rogo. Attualmente la Chiesa ha riconosciuto Girolamo Savonarola "Servo di Dio" e nel 1997 è stata introdotta la causa di beatificazione perché, di fatto, è stato riconosciuto vittima di un complotto politico del tempo, in cui molti usarono i suoi insegnamenti, che di fatto erano rivolti al rinnovamento della Chiesa, per i loro scopi poco onesti.

◀ **Girolamo sul rogo**
Anonimo fiorentino, *Il supplizio di Savonarola*, XV secolo (Firenze, Museo di San Marco).

## 2 Lutero e la questione delle indulgenze

### LE CAUSE DELLA RIFORMA

L'epoca in cui Lutero diede avvio alla sua azione di critica nei confronti della Chiesa di Roma fu caratterizzata da un complicato intreccio di eventi storici, politici, sociali e religiosi: la Riforma fu un fatto socialmente complesso e, nel contempo, opera di singole, eccezionali personalità.
Tra le cause si possono indicare:

- **critiche** di tipo morale rivolte **alla Chiesa romana**;
- un **forte nazionalismo antiromano** presente in modo accentuato in Germania;
- **motivazioni di tipo teologico**;
- **forti inquietudini umane e sociali**;
- **indebolimento dell'autorità pontificia**.

▲ **L'affissione delle 95 tesi sul portale della cattedrale di Wittenberg**

▼ **Carlo V**
Martin Lutero (a destra) a confronto con l'imperatore Carlo V. Xilografia tratta da un resoconto a stampa dell'incontro, 1521.

### PER SAPERNE DI PIÙ

## Martin Lutero

Nacque a Eisleben nel **1483** da una famiglia di minatori. Frequentò gli studi superiori a Erfurt e nel 1505 entrò, nonostante l'accesa opposizione del padre, nel **convento agostiniano** di quella città. Due anni dopo fu ordinato **sacerdote** e divenne **professore di Sacra Scrittura** a Wittenberg. In questa città, nel 1515, maturò l'idea che sarebbe diventata il pilastro del luteranesimo, ovvero la salvezza "per sola fede". Nel 1517 formulò e inviò ai vescovi competenti una lunga protesta in latino espressa in 95 tesi in cui negava il valore delle indulgenze. Lutero venne denunciato come sospetto di eresia e nel **1520** minacciato di scomunica attraverso la bolla (cioè una comunicazione emessa con il sigillo papale) *Exsurge Domine* (15 giugno 1520). Nel clima rovente della minacciata scomunica, egli attaccò il Papato e l'intera Chiesa, invitando

## LA QUESTIONE DELLE INDULGENZE

Secondo la dottrina cattolica, quando un uomo commette un peccato ma poi si pente, la **colpa** relativa a quel peccato viene perdonata, grazie all'intervento della Chiesa; la **pena**, invece, rimane, impedendo al peccatore, morendo, di giungere immediatamente in Paradiso. Solo un'**indulgenza** può abbreviare i tempi del Purgatorio: tuttavia l'indulgenza veniva offerta al peccatore in cambio di denaro.

> **LESSICO**
>
> **Indulgenza**
> È la remissione davanti a Dio della pena temporale per i peccati, già rimessi in quanto alla colpa, che il fedele ottiene per intervento della Chiesa a determinate condizioni.

## LUTERO E LE INDULGENZE

Il monaco agostiniano Martin Lutero non era scandalizzato dalla pratica delle indulgenze in quanto tale, quanto piuttosto dall'**abuso** che ne veniva fatto: egli infatti lo riteneva uno dei segni più vistosi della corruzione ecclesiastica. Le indulgenze venivano infatti vendute per incamerare denaro destinato alla costruzione della Basilica di San Pietro a Roma, patrocinata da **Leone X**. Nel **1517**, dunque, secondo l'uso del tempo, affisse sulla porta della cattedrale di **Wittenberg** un documento contenente **95 tesi** (cioè 95 argomenti di discussione) sull'argomento. Egli affermava che il papa non aveva alcun potere sulle anime del Purgatorio e neppure poteva cancellare le colpe e le pene dei viventi: Cristo stesso ha comandato la penitenza, al contrario la pratica delle indulgenze spinge l'uomo a evitarla attraverso il denaro e lo distoglie dal compiere opere buone. Le 95 tesi, **scritte in latino e tradotte in tedesco**, riscossero il consenso di coloro che desideravano un rinnovamento della Chiesa. Fino a questo momento, infatti, nessuno – nemmeno lo stesso Lutero – pensava a uno scisma (vedi a p. 78) da Roma.

▲ **Leone X**
Raffaello, *Ritratto di Leone X tra due cardinali (Giulio de' Medici e Luigi de' Rossi)*, 1518-1519 (Firenze, Palazzo Pitti).

non più semplicemente alla riforma e al risanamento interno, bensì alla ribellione e alla lotta contro di essa. Lutero **ruppe i suoi rapporti con la Chiesa bruciando pubblicamente**, il 10 dicembre 1520, **la bolla papale** di scomunica e i libri di diritto canonico.
Lutero si appellò all'**imperatore Carlo V**, ma questi **lo pose al bando** dall'Impero (1521); il **principe Federico di Sassonia**, tuttavia, che era un suo **sostenitore**, finse di rapirlo e lo condusse a Wartburg, per sottrarlo a ogni persecuzione. Qui egli trascorse i mesi seguenti, lavorando alla sua **traduzione del Nuovo Testamento in tedesco** (la cui diffusione sarà agevolata dalla stampa), approfondendo gli aspetti dottrinali e organizzativi della Riforma e scrivendo molte opere.
Nel 1525 Lutero sposò **Katharina von Bora**, ex monaca cistercense, che gli diede cinque figli. Egli trascorse l'ultimo ventennio come pastore della comunità di Wittenberg, affrontando grandi contrasti e delusioni. Si adoperò per la formazione cristiana: scrisse nel 1529 *Il piccolo catechismo* e *Il grande catechismo*. Nel 1534 fece pubblicare **la Bibbia completa in tedesco**. Morì nel **1546**.

# 3 La Riforma protestante

## LA CHIESA SECONDO LUTERO

**Ritratto di Lutero**
Lucas Cranach, 1525 (Basilea, Kunstmuseum).

Nel 1519 Lutero affermò che **l'unica vera Chiesa** era stata **quella di Gerusalemme** e che quella del suo tempo non aveva più niente a che fare con la Chiesa voluta da Gesù. Si scagliò inoltre:
- **contro la separazione esistente tra laici e clero;**
- **contro il principio secondo il quale l'unica interpretazione possibile e autentica della Bibbia è quella della Chiesa;**
- **contro il diritto esclusivo del papa di convocare i Concili.**

## LA SALVEZZA SECONDO LUTERO

La **salvezza**, secondo Lutero, è **dono della misericordia di Dio** verso l'uomo peccatore. A Lui egli deve affidarsi con una fede e una fiducia fondate sulla salvezza promessa da Dio in Gesù Cristo, secondo quanto riportato nella Sacra Scrittura. La lettura della **Bibbia** è dunque **fondamento della vita di fede e delle scelte morali** del cristiano.

Il pensiero di Lutero dunque si può sintetizzare attraverso tre espressioni:
- *sola fide* ("**soltanto la fede**"). La fede è totale fiducia in Dio ed è indipendente dalle opere buone o cattive che il cristiano può compiere;
- *sola gratia* ("**soltanto la grazia**"). Per ottenere la grazia di Dio non sono indispensabili né le opere meritorie né i sacramenti: essa dipende esclusivamente dall'iniziativa divina;
- *sola Scriptura* ("**soltanto la Scrittura**"). Grazie all'assistenza dello Spirito Santo, il singolo cristiano può accostarsi al testo sacro, interpretarlo liberamente e conoscere così tutta la rivelazione in esso contenuta, indipendentemente dall'interpretazione che ne dà la Chiesa.

---

### PER SAPERNE DI PIÙ

## Le conseguenze politiche della Riforma

Nelle intenzioni di Lutero la Riforma prima e poi la ribellione nei confronti della Chiesa di Roma avevano sempre avuto un carattere puramente religioso. I **prìncipi tedeschi**, tuttavia, strumentalizzarono la situazione per scagliarsi contro l'autorità papale e contro quella imperiale. Anche i **contadini**, che chiedevano tra l'altro l'abolizione di qualsiasi servitù personale secondo i princìpi evangelici, si sollevarono in una rivolta armata, particolarmente violenta.

Si aprì dunque **un periodo di lotte** che si concluse solo nel **1555** con la **pace di Augusta**. In essa veniva sancita la **divisione religiosa della Germania** e veniva data **pari dignità al luteranesimo e al cattolicesimo**: in ciascun territorio i sudditi dovevano seguire la religione del loro principe oppure emigrare. La Riforma, che aveva iniziato ormai anche la sua diffusione oltre i confini della Germania, era ormai una realtà.

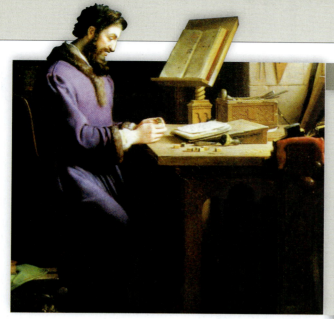

► **La stampa a caratteri mobili**
Jean-Antoine Laurent, *Gutenberg inventa la stampa*, 1830 (Grenoble, Museo di pittura e scultura).

### PER SAPERNE DI PIÙ

## La stampa a servizio della Riforma

L'invenzione della stampa a caratteri mobili avvenuta in quegli anni (1450) a opera di Johannes Gutenberg favorì non solo la rapida diffusione del testo biblico, ma anche dei testi dei riformatori, redatti non più in latino ma nelle lingue moderne.

## LA CHIESA LUTERANA

Lutero dichiarò che soltanto i sacramenti del **battesimo** e dell'**eucaristia** (da lui denominata "Santa Cena") hanno sicuro fondamento biblico e affermò che «*la fede senza sacramenti salva; i sacramenti senza la fede non salvano*».
Inoltre accusò la Chiesa romana di aver falsato l'insegnamento di Cristo presentando la **Messa** come sacrificio anziché come testamento di Gesù che garantisce salvezza ai credenti. La Messa, dunque, anziché rinnovamento del sacrificio di Cristo, fu interpretata come **cena di comunione**, con un rito semplificato, con celebranti che spesso non indossavano alcun paramento e distribuivano ai fedeli pane e vino.
Vennero **abolite le pratiche devozionali**, il **culto dei santi**, i **voti monastici**.
Nacque così, gradualmente, la struttura di una comunità cristiana separata da Roma.

◄ **La Bibbia in tedesco**
Frontespizio della Bibbia nella traduzione di Martin Lutero.

## LA NASCITA DI UNA NUOVA CHIESA

Con il passare del tempo la frattura tra Lutero e la Chiesa di Roma andò aumentando. Attorno al riformatore si unirono **gente semplice** ma anche **teologi, umanisti, prìncipi** ed **esponenti della piccola nobiltà**. Nel 1529 l'imperatore Carlo V cercò di obbligare i **prìncipi favorevoli a Lutero** (che si erano riuniti in **una lega**) a una sottomissione, ma alcuni di essi, seguiti da alcune città tedesche, "**protestarono**" (cioè dichiararono pubblicamente) la loro fede riformata. Aveva inizio così la Riforma protestante.

◄ **La rivolta dei contadini**
I contadini saccheggiano l'abbazia di Weissenau, disegno di Abbot Murer, 1525. Con la diffusione delle idee luterane, i dissensi contro la Chiesa e l'imperatore degenerarono spesso in rivolte armate.

# 4 La Riforma in Europa

## IN SVIZZERA: IL CALVINISMO

**Zwingli**
Dipinto del XIX secolo.

La Riforma aveva avuto origine in Germania, ma rapidamente si estese in **Svizzera**. Fu **Ulrich Zwingli** (1484-1531), canonico della cattedrale di Zurigo, a introdurre le idee luterane in questo Paese. Egli abolì il celibato dei preti e smantellò i conventi, destinandone i beni alla pubblica assistenza.

A Ginevra svolse la sua attività **Giovanni Calvino** (1509-1564), che istituì una Chiesa molto articolata, sottoposta a un organo di controllo (detto Concistoro), che sorvegliava la vita religiosa e morale in città. La sua dottrina portava alle estreme conseguenze quella di Lutero particolarmente per quanto riguarda la predestinazione.

## IN INGHILTERRA: L'ANGLICANESIMO

Fin dalla prima metà del Cinquecento anche l'**Inghilterra** si staccò dalla Chiesa cattolica, in un primo tempo, però, senza aderire alla Riforma luterana.

**Enrico VIII** (1509-1547), nel **1529**, chiese al papa lo scioglimento del proprio matrimonio con Caterina d'Aragona, che non gli aveva dato un erede di sesso maschile. Di fronte

---

### PER SAPERNE DI PIÙ

#### La dottrina calvinista

Come per Lutero, al centro della vita del cristiano c'è la **Bibbia**, fonte e regola della fede.

- La natura umana è troppo corrotta, e incapace di fare il bene, per cui l'uomo può salvarsi unicamente per **grazia di Dio**.
- Essendo gli uomini **predestinati**, la vera Chiesa è formata unicamente dagli **eletti**.
- La vita del cristiano, così come quella della comunità sociale, dev'essere **molto sobria** e **austera**. Chi non si attiene a questa ferrea disciplina deve essere sottoposto ad ammende e punizioni anche molto severe (anche il rogo).
- Non esiste una gerarchia ecclesiastica basata sul sacramento dell'ordine. La struttura della Chiesa calvinista si basa su quattro funzioni: quella dei **pastori** (che predicano e amministrano i sacramenti); quella dei **dottori** (che tengono lezioni sulla Bibbia); quella degli **anziani** (che vigilano sul comportamento dei fedeli); quella dei **diaconi** (che amministrano i beni).
- L'**eucaristia** non è realmente il corpo di Cristo (come nella dottrina cattolica): si tratta solo di una **commemorazione**. Essa viene celebrata solo quattro volte l'anno.

### LESSICO

**Celibato**
In generale è la condizione degli uomini non sposati. Nella Chiesa è l'impegno di un uomo (vescovo, presbitero o religioso) a vivere senza contrarre matrimonio.

**Predestinazione**
Secondo questa dottrina, gli uomini sono, alla nascita, destinati da Dio alla salvezza o alla dannazione; non possono, con le loro forze, modificare tale decreto divino (in questo modo la libertà umana viene fortemente limitata).

**Calvino**
Dipinto del XVIII secolo.

## 4 La Riforma in Europa

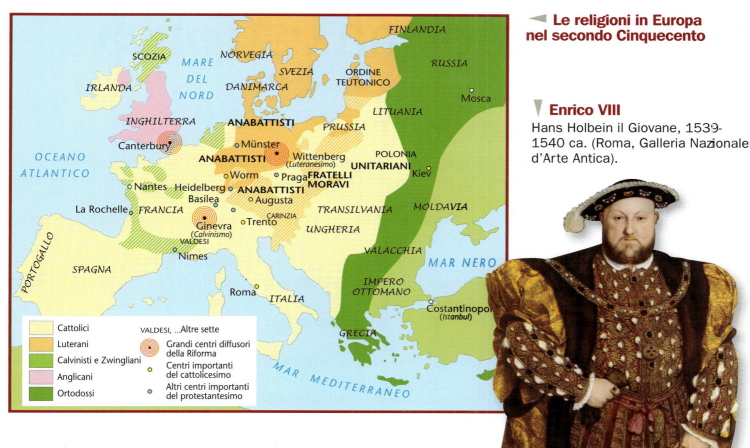

◀ Le religioni in Europa nel secondo Cinquecento

▼ Enrico VIII
Hans Holbein il Giovane, 1539-1540 ca. (Roma, Galleria Nazionale d'Arte Antica).

al rifiuto di Clemente VII, Enrico VIII, nel 1535, attraverso l'*Atto di supremazia*, si fece proclamare dal Parlamento capo supremo della Chiesa d'Inghilterra (Chiesa anglicana). Fece giustiziare chi gli si opponeva (come ad esempio il vescovo **Giovanni Fisher** e l'ex-lord cancelliere **Tommaso Moro**) e cominciò a perseguitare gli appartenenti agli ordini religiosi, a far chiudere monasteri e conventi e a far confiscare le loro terre, vendendole poi a ricchi nobili e borghesi e utilizzando i proventi in spese militari. Quello che appariva come uno scisma dalla Chiesa di Roma si trasformò in qualcosa di più quando i figli di Enrico VIII, **Edoardo VI** ed **Elisabetta I**, accolsero **idee luterane e calviniste** (per esempio la giustificazione per fede e l'autorità della sola Bibbia).

## NEL RESTO D'EUROPA

La Riforma protestante, sia nella versione luterana sia in quella calvinista, approdò in Svezia, in Danimarca, in Norvegia, in Francia, in Scozia e nei Paesi Bassi settentrionali. Ad essa aderirono, in parte, anche la Polonia e l'Ungheria.
Il protestantesimo giunse anche in Italia. Ad esso, e in particolare al calvinismo, aderirono i valdesi (vedi a p. 89).

### PER SAPERNE DI PIÙ

### L'anglicanesimo oggi

L'anglicanesimo tuttora appare in una posizione intermedia tra cattolicesimo e protestantesimo:

- conserva, soprattutto nella liturgia, molti **elementi cattolici**;
- non riconosce l'**autorità del papa** di Roma;
- il clero è composto da **vescovi**, **preti** e **diaconi**;
- il **celibato ecclesiastico non è obbligatorio** e recentemente sono state ordinate sacerdoti anche alcune donne;
- è ammessa la **venerazione di Maria**, madre di Gesù;
- i sacramenti riconosciuti sono soltanto due: **battesimo** ed **eucaristia**.

L'anglicanesimo che venne portato in America dai coloni inglesi assunse in quella terra la forma di una **Chiesa** autonoma, che prende il nome di **episcopaliana**.

# 5 La Riforma cattolica

## IL CONCILIO DI TRENTO

La risposta della Chiesa cattolica al protestantesimo fu il **Concilio di Trento**, svoltosi dal 13 dicembre **1545** al 15 dicembre **1563**, nel corso del quale furono gettate le basi della Riforma cattolica (o Controriforma).

- Fu ribadita la centralità della **Sacra Scrittura**, da vedersi in relazione alla **Tradizione** e al **Magistero** della Chiesa.
- Fu confermata la dottrina cattolica relativamente al **peccato originale**.
- Fu ribadito che la **salvezza** è ottenuta dall'uomo **per la fede** ma anche **per le opere** da lui compiute.
- Vennero chiariti alcuni punti relativi ai **sacramenti**, fissati definitivamente nel numero di **sette** (vedi a p. 180).
- Relativamente al sacrificio della Messa, venne stabilita la dottrina della **transustanziazione**.
- Venne elaborata la *Professio tridentinae fidei*, cioè la **professione di fede** che doveva essere pronunciata solennemente da ogni sacerdote.
- Venne realizzato un **catechismo** per i parroci, furono rielaborati e redatti il **messale** e il **breviario**, al fine di promuovere un'unità liturgica in comunione con il papa.

▼ **L'ispirazione della fede**
Sebastiano Ricci, *Paolo III ispirato dalla fede a indire il Concilio ecumenico*, 1687-1688 (Piacenza, Museo Civico).

## LESSICO

**Tradizione**
Sono gli insegnamenti originati da Cristo o rivelati dallo Spirito Santo e tramandati dalla Chiesa come realtà di fede.

**Magistero**
Dal latino *magister*, maestro. È la funzione d'insegnamento esercitata dalla Chiesa per comprendere la fede in Cristo.

**Sacramento**
Si tratta di un gesto esteriore, composto da gesti (per esempio l'imposizione delle mani, il segno di croce, ecc.) ed elementi (per esempio acqua, olio, vino, ecc.), accompagnato da preghiere. Secondo la dottrina cristiana, è il mezzo attraverso il quale la grazia di Dio raggiunge l'uomo.

**Transustanziazione**
Da *trans* e *substantia*, materia. Nel mistero dell'eucaristia, il pane e il vino sono trasformati realmente, nella loro sostanza, nel corpo e nel sangue di Cristo sotto le apparenze del pane e del vino.

◀ **Cardinali a confronto**
Federico Zuccari, *I dibattiti durante il Concilio di Trento*, XVI secolo (Roma, Palazzo Farnese).

## LESSICO

**Catechismo**
È il libro nel quale sono esposti in modo organico i contenuti fondamentali della fede cristiana.

**Messale**
È il libro in cui sono raccolti i testi liturgici (preghiere, letture, canti) per la celebrazione della Messa, con le prescrizioni rituali.

**Breviario**
È un libro liturgico, contenente i passi delle Scritture, gli inni, le preghiere che vengono letti e recitati dalla Chiesa in determinate ore della giornata.

- Fu richiesto ai **vescovi** di risiedere nelle diocesi a essi affidate, dando la preminenza agli scopi pastorali della loro missione.
- Fu ribadito il **celibato** dei preti.
- Vennero dichiarate legittime, ma ridimensionate, la pratica delle **indulgenze**, quella dei **pellegrinaggi**, il **culto delle reliquie**, la **devozione ai santi e alla Vergine Maria**, le **pratiche di suffragio** per i defunti.
- Vennero istituiti **seminari** per la formazione spirituale e teologica dei nuovi sacerdoti, sotto la vigilanza e la responsabilità dei rispettivi vescovi.
- Fu promossa un'azione organica e sistematica di **catechesi al popolo**, al fine di **contrastare l'ignoranza religiosa** e **combattere gli errori dottrinali** diffusi dalla Riforma protestante (per cui fu istituito anche il **Sant'Uffizio**, un organismo che aveva il compito di vigilare che non fossero diffuse idee e dottrine erronee).

### PER SAPERNE DI PIÙ

## Peccato originale, arbitrio e salvezza

- **Secondo Lutero** il peccato di Adamo, trasmesso a tutta l'umanità che da lui è discesa, ha corrotto irrimediabilmente l'anima dell'uomo. Questa dunque non sarebbe più in grado di volgersi da sola verso il bene. L'uomo perciò non avrebbe più la capacità di scegliere tra bene e male: il suo sarebbe un "servo arbitrio", cioè schiavo del male. La salvezza dell'uomo dipenderebbe dunque soltanto da Dio.
- **Secondo la dottrina cattolica**, ribadita nel Concilio di Trento, invece, il peccato originale ha indebolito l'uomo, per cui non è più in grado di scegliere sempre il bene, ma si lascia andare spesso a compiere azioni malvagie. Il battesimo, tuttavia, cancella dall'uomo il peccato originale e la grazia di Dio lo rende ora capace di compiere ciò che è bene: il suo è dunque un "libero arbitrio". La salvezza dell'uomo dipende quindi non soltanto dalla fede in Gesù ma anche dalle buone opere da lui compiute.

▲ **Erasmo da Rotterdam**
L'umanista olandese (1466 ca.-1536) fu una figura centrale della cultura europea le cui concezioni religiose ebbero vasta eco. In particolare si discostò da Lutero riguardo la dottrina del libero arbitrio. (Hans Holbein il Giovane, 1523, Parigi, Musée du Louvre).

# 6 Differenze dottrinali e dialogo

## IL DIALOGO ECUMENICO

Negli ultimi quarant'anni le Chiese cristiane hanno compiuto grandi sforzi per una maggiore **comprensione reciproca** con la volontà di ritrovare gli elementi che le accomunano. È così cominciato un cammino lento e faticoso di riavvicinamento, finalizzato a superare le secolari divisioni tra i cristiani. Ci si rende conto, infatti, che, di fronte a un mondo sempre più scristianizzato, tali divisioni tra cristiani appaiono come uno scandalo, che allontana gli uomini di oggi dal messaggio di Cristo.

### fonti e documenti

**Essere una cosa sola**

Pur di fronte alle difficoltà e alle divisioni, i cristiani non possono rassegnarsi né cedere allo scoraggiamento. Questo chiede a noi il Signore: perseverare nella preghiera per mantenere viva la fiamma della fede, della carità e della speranza, a cui si alimenta l'anelito verso la prima unità. *Ut unum sint* dice il Signore. Sempre risuona nel nostro cuore questo invito di Cristo che ho avuto modo di rilanciare nel mio recente viaggio apostolico negli Stati Uniti d'America, dove ho fatto riferimento alla centralità della preghiera nel movimento ecumenico. In questo tempo di globalizzazione e, insieme, di frammentazione, senza preghiera, le strutture, le istituzioni e i programmi ecumenici sarebbero privi del loro cuore e della loro anima.

(Benedetto XVI, *Incontro ecumenico a New York*, aprile 2008)

▼ **Il contrasto dottrinale con i luterani**
Il quadro illustra le divergenze tra protestanti e cattolici. Sulla sinistra Lutero predica ispirato dallo Spirito Santo, mentre sulla destra un frate viene consigliato da un mostro, simbolo del demonio. Altri elementi di contrapposizione riguardano la celebrazione dei sacramenti, la devozione ai santi, il denaro incamerato dalla Chiesa cattolica. (Lucas Cranach il Vecchio, *I contrasti tra cattolici e protestanti*, 1545 ca., Berlino, Gemäldegalerie).

## 6 Differenze dottrinali e dialogo 111

### DIFFERENZE DOTTRINALI

| | SALVEZZA | SACRAMENTI | CHIESA |
|---|---|---|---|
| **CATTOLICI** | La salvezza viene dalla grazia divina e dai meriti acquisiti con le opere buone. | Sono istituiti da Cristo e sono sette: battesimo, confermazione (o cresima), eucaristia, penitenza, unzione degli infermi, ordine (sacerdotale) e matrimonio. | Capo della Chiesa è Cristo, ma il vescovo di Roma (il papa) è il garante dell'unità. I vescovi dipendono da lui e sono in comunione con lui. Il sacerdozio ministeriale è esclusivamente maschile. |
| **PROTESTANTI** | La salvezza è un dono esclusivo di Dio, indipendente dalle colpe o dai meriti accumulati dall'uomo in questa vita. | Per i luterani i sacramenti sono due: battesimo e Santa Cena. I calvinisti riconoscono soltanto il battesimo. | La Chiesa ha il suo solo capo in Cristo. L'unica autorità è quella della Parola rivelata nelle Sacre Scritture. Ogni cristiano è sacerdote, e i pastori, uomini e donne, hanno solo il compito di guidare le celebrazioni e i culti e possono sposarsi. |
| **ANGLICANI** | Privilegiano la fede in Dio che salva, piuttosto che le opere compiute dall'uomo. | I sacramenti sono soltanto due: il battesimo e l'eucaristia. Valore viene anche dato ai riti che riguardano i sacramenti riconosciuti dai cattolici. | L'arcivescovo di Canterbury è il primate, con funzione di semplice coordinatore delle Chiese, mentre il capo della Chiesa è il monarca regnante. Al servizio ministeriale accedono uomini e donne che possono sposarsi. |

◀ **La necessità di dialogo**
Papa Benedetto XVI e il patriarca ortodosso Bartolomeo I a San Giorgio al Fanar, Istanbul, sede del patriarcato ecumenico in Turchia.

▶ **Il cristianesimo ortodosso**
Anche gli ortodossi si differenziano dai cattolici per quanto riguarda aspetti liturgici, culto, modalità celebrative, celebrazione dei sacramenti. Per esempio battesimo, cresima ed eucaristia vengono conferiti in un'unica celebrazione (a fianco un battesimo per immersione).

# 7. Il rinnovamento della Chiesa

**Monaco cappuccino che legge**
Rembrandt van Rijn, 1661 (Helsinki, Museo Sinebrychoff).

## I NUOVI ORDINI RELIGIOSI

La Riforma cattolica diede i suoi frutti anche all'interno degli ordini religiosi: benedettini, francescani, domenicani vissero profondamente i nuovi ideali del rinnovamento religioso. Sorsero anche nuovi ordini:

- i **teatini** e i **cappuccini** si dedicarono soprattutto alla carità e alla predicazione;
- i **barnabiti** e gli **scolopi** si preoccuparono di educare i giovani alla luce della religione cattolica, secondo i princìpi cristiani;
- i **fatebenefratelli** e i **camilliani** operarono nel campo dell'assistenza ai malati.

Nella vasta opera di riforma si distinsero le personalità di san **Francesco di Sales** (1567-1622), di san **Vincenzo de' Paoli** (1581-1660) e dell'arcivescovo di Milano, san **Carlo Borromeo**.

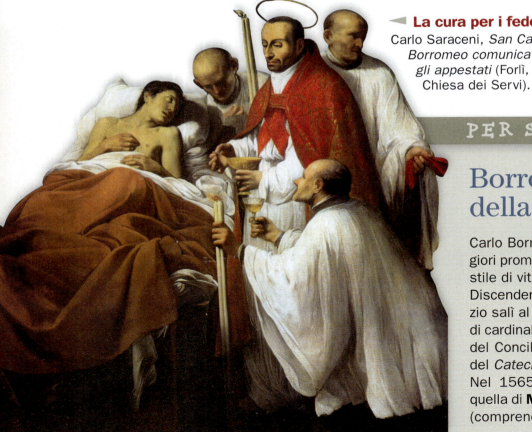

**La cura per i fedeli**
Carlo Saraceni, *San Carlo Borromeo comunica gli appestati* (Forlì, Chiesa dei Servi).

**La santità**
Peter Paul Rubens, *Miracoli del beato Ignazio di Loyola* 1617-1618 (Vienna, Kunsthistorisches Museum).

## PER SAPERNE DI PIÙ

### Borromeo, il vescovo della Riforma cattolica

Carlo Borromeo, nato nel **1538**, fu uno dei maggiori promotori della Riforma cattolica. Adottò uno stile di vita molto semplice.
Discendente da una famiglia nobile e ricca (suo zio salì al trono pontificio come Pio IV), in qualità di cardinale e di vescovo partecipò alle ultime fasi del Concilio di Trento, collaborando alla stesura del *Catechismo*.
Nel 1565 prese possesso della sua **diocesi**, quella di **Milano**, che a quei tempi era molto vasta (comprendeva anche terre genovesi, venete e

## LA COMPAGNIA DI GESÙ

Assai importante fu l'azione dei **gesuiti** (o Compagnia di Gesù), fondati da **Ignazio di Loyola** (1540). Egli aveva avuto un'intuizione feconda: fondare un ordine libero dalle osservanze di tipo monastico, i cui aderenti, oltre a essere sottoposti ai voti consueti di povertà, castità e obbedienza, ne pronunciavano un altro, di **totale obbedienza al pontefice**, mettendosi al suo servizio per dare impulso alla Riforma cattolica e per difendere la Chiesa. Ignazio era convinto infatti che alla salvezza della Chiesa servisse, più che una contestazione, la totale dedizione e fedeltà al papa. I gesuiti, inoltre, si caratterizzavano per un'**approfondita preparazione e formazione culturale**. La selezione per entrare nell'ordine, infatti, richiedeva una lunga formazione culturale e dottrinale, superiore a quella media del clero di quel tempo: le scuole e i seminari gesuiti si moltiplicarono dunque in Italia, Francia, Slovenia, Boemia. Già entro la fine del XVI secolo la Compagnia di Gesù poteva fare affidamento su un efficientissimo piano di azione educativa che mirava non solo alla formazione dei nuovi membri, ma anche alla costituzione di una classe dirigente cattolica.

La Compagnia di Gesù era anche spinta da un **forte spirito missionario**: alla morte del suo fondatore era già giunta in Paraguay, in India e in Giappone. Grazie a un atteggiamento rispettoso delle culture locali, i gesuiti in questi luoghi si conquistarono accoglienza e rispetto.

### PER SAPERNE DI PIÙ

### Ignazio di Loyola

Ignazio nacque nel **1491** nel castello di Loyola, in una provincia basca del nord della Spagna.
Intrapresa la **carriera militare**, nel 1521 rimase ferito nell'assedio di Pamplona e fu costretto a una lunga degenza a letto. Durante questo periodo, si diede alla lettura di testi religiosi, subendo una **trasformazione interiore**. Si recò a studiare teologia a Parigi e qui raccolse attorno a sé alcuni compagni: nel **1534** essi, facendo voto di povertà e di castità, fondarono la **Società di Gesù**, che pochi anni dopo il papa riconobbe come nuovo ordine religioso. Nel **1548** pubblicò i suoi *Esercizi spirituali*, un programma di riflessione e preghiera articolato in quattro settimane, che conoscerà grande successo. Designato come primo generale della Compagnia di Gesù (che prende anche il nome di "papa nero"), Ignazio inviò moltissimi missionari in tutto il mondo. Ignazio morì a Roma nel **1556** e fu proclamato santo nel 1622.

svizzere) e da tempo si trovava in stato di abbandono: da circa 80 anni, infatti, mancava un vescovo residente e il clero offriva esempi di dubbia moralità. Carlo si dedicò subito alla cura della propria diocesi: la visitò in ogni angolo, occupandosi della formazione del clero e delle condizioni dei fedeli; fondò seminari, scuole e collegi; edificò ospedali e ospizi; costruì e rinnovò chiese; istituì una rigida disciplina per il clero e nei conventi; si dedicò all'assistenza in occasione della peste; difese strenuamente l'ortodossia cattolica, combattendo eretici e protestanti. Morì nel **1584**, a soli 46 anni, lasciando il suo patrimonio ai poveri. Nacque subito dopo la morte un culto spontaneo in suo onore. Fu canonizzato nel 1610.

## 5 La Chiesa riformata

# verifichiamo

## sosta di verifica

### ❶ La scelta giusta

**1. Nel periodo rinascimentale si diffonde una visione del mondo:**
- ☐ teocentrica
- ☐ antropocentrica
- ☐ anarchica
- ☐ individualistica

**2. Martin Lutero scrisse le 95 tesi perché voleva:**
- ☐ scoraggiare l'abuso della pratica delle indulgenze
- ☐ incoraggiare la pratica delle indulgenze
- ☐ provocare una divisione della Chiesa
- ☐ provocare una ribellione nei confronti del Papato

**3. Martin Lutero per quanto riguarda la Bibbia:**
- ☐ ne favorì la pubblicazione in latino
- ☐ si oppose alla sua pubblicazione
- ☐ ne favorì la pubblicazione in tedesco
- ☐ non diede a essa alcuna importanza

**4. Il pensiero di Martin Lutero è sintetizzato nei seguenti princìpi:**
- ☐ *sola iustitia*, *sola gratia*, *sola Scriptura*
- ☐ *sola fide*, *sola gratia*, *sola Scriptura*
- ☐ *sola oratio*, *sola fide*, *sola gratia*
- ☐ *sola Scriptura*, *sola iustitia*, *sola oratio*

**5. La Riforma protestante ebbe conseguenze:**
- ☐ politiche e sociali
- ☐ religiose e teologiche
- ☐ politiche e religiose
- ☐ economiche e sociali

**6. Con la pace di Augusta:**
- ☐ in Germania venne data pari dignità al luteranesimo e al cattolicesimo
- ☐ in Italia venne data pari dignità al cattolicesimo e al luteranesimo
- ☐ in Europa tutti diventarono protestanti
- ☐ in Germania tutti diventarono luterani

**7. Secondo Calvino gli uomini:**
- ☐ sono predestinati da Dio alla salvezza
- ☐ sono predestinati da Dio alla salvezza o alla dannazione
- ☐ sono predestinati alla dannazione
- ☐ scelgono da soli se essere salvati o dannati

**8. Il capo supremo della Chiesa anglicana è:**
- ☐ il papa
- ☐ il patriarca
- ☐ il sovrano inglese regnante
- ☐ il primate anglicano

### ❷ Vero o falso?

**9. Indica con una crocetta le affermazioni vere (V) e quelle false (F).**

- Tra le cause della Riforma protestante vi fu un forte nazionalismo tedesco antiromano ☐V ☐F
- Martin Lutero era un monaco benedettino ☐V ☐F
- Martin Lutero venne scomunicato nel 1520 ☐V ☐F
- La diffusione della Bibbia in tedesco fu favorita dall'invenzione della stampa ☐V ☐F
- Per Lutero gli unici sacramenti cristiani sono battesimo e confermazione ☐V ☐F
- Secondo il Concilio di Trento sono ammesse la devozione ai santi e a Maria ☐V ☐F
- Secondo il Concilio di Trento sono fondamentali gli insegnamenti contenuti nella Bibbia ma interpretati dalla Tradizione e dal Magistero della Chiesa ☐V ☐F
- Ignazio di Loyola fondò la Compagnia di Gesù ☐V ☐F

**Sosta di verifica** 115

# giochiamo

## 1 Cerca le parole

All'interno della griglia potrai riconoscere alcuni dei principali protagonisti coinvolti negli eventi della Riforma e della Controriforma.
Anagrammando le lettere scritte in rosso potrai individuare un evento importante che mise fine alle lotte provocate in Germania dalla Riforma e il titolo di un libro fondamentale per la Chiesa anglicana.

| G | I | O | V | A | N | N | I | C | A | L | V | I | N | O |
|---|---|---|---|---|---|---|---|---|---|---|---|---|---|---|
|   | G | I | O | V | A | N | N | I | F | I | S | H | E | R |
|   | N | A |   | B |   | O |   |   | K |   | T | Y |   | U |
| C | A | R | L | O | B | O | R | R | O | M | E | O |   | L |
| L | Z |   | E | D | O | A | R | D | O | V | I | M |   | R |
| E | I | C | O |   | P | O |   |   | I | A |   | M |   | I |
| M | O | F | N |   | O | R |   |   | S |   | A |   |   | C |
| E | D | E | E |   | T |   | D |   |   |   |   | S |   | H |
| N | I | X | C |   |   |   |   |   | O |   | M | O |   | Z |
| T | L | E | N | R | I | C | O | V | I | I | I | M |   | W |
| E | O |   | A |   | M |   |   | G |   | A |   | O |   | I |
| V | Y |   | E |   | U | O |   | N |   |   |   | R |   | N |
| I | O | P |   |   |   |   |   |   | U |   | R | O |   | G |
| I | L |   | E | L | I | S | A | B | E | T | T | A | I | L |
| M | A | R | T | I | N | L | U | T | E | R | O |   |   | I |

## 2 L'anagramma

Anagrammando le seguenti lettere potrai trovare, in latino, il titolo della formula che i sacerdoti furono tenuti a pronunciare dopo il Concilio di Trento in segno di appartenenza alla Chiesa di Roma.

SIFOPEROS

TENDETIRANI

DIFIE

# mappa concettuale

**on line**
- Riassunto dell'unità
- Verifica finale
- Guida alla lettura di: *La lettera scarlatta*
- Guida alla visione di: *Luther*

**attività finali**

Tra XIV e XVI secolo, critiche alla Chiesa romana, un forte nazionalismo antiromano, motivazioni teologiche, inquietudini umane e sociali e indebolimento dell'autorità pontificia sono tra le cause della Riforma protestante.

Il monaco Martin Lutero, scandalizzato dalla vendita delle indulgenze, affigge nel 1517 sulla porta della cattedrale di Wittenberg 95 tesi. Egli contesta l'autorità del papa e del clero, inutili tramiti tra Dio e l'uomo e afferma che grazia e fede sono dono di Dio indipendentemente dalle opere.

In Svizzera Zwingli introduce le idee luterane e Calvino insiste soprattutto sul tema della predestinazione.

In Inghilterra nel 1535, con l'Atto di supremazia, Enrico VIII si fa proclamare dal Parlamento capo della Chiesa anglicana.

Nel 1529 Carlo V cerca di obbligare i prìncipi favorevoli a Lutero a una sottomissione, ma alcuni "protestano" la loro fede riformata: inizia la Riforma protestante che si diffonde in tutta Europa.

La risposta della Chiesa cattolica è il Concilio di Trento (1545-1563), in cui si pongono le basi della Controriforma: vengono puntualizzate alcune importanti questioni teologiche e dottrinali, vengono create istituzioni per il controllo e l'unità della Chiesa cattolica e si redigono il catechismo, il breviario e il messale.

Nascono nuovi ordini tra cui i gesuiti che si votano a una totale obbedienza al pontefice e si distinguono nell'istruzione e nelle missioni.

Tra le personalità di spicco della Controriforma si ricordano 3 santi: Francesco di Sales, Carlo Borromeo e Vincenzo de' Paoli.

Attività finali | **117**

# concludiamo la riflessione

## L'immagine

Sei in grado di tirare le fila di quanto hai studiato in questo capitolo? Quale significato hanno, dopo il tuo studio, il testo e l'immagine che sono alle pp. 98-99?

Il paesaggio, di mistica spiritualità, sottolinea il diretto rapporto con una natura di sovrumana bellezza – manifestazione tangibile dell'assoluto – metafora del diretto rapporto con Dio per il credente.

In una sorta di crepuscolo dalla luce incerta, i raggi del sole che lambiscono la croce evocano la risurrezione; la parte inferiore nell'oscurità, rappresenta la dimensione terrena e la morte.

Ergendosi tra la terra e il cielo con la sua promessa di risurrezione, la croce diventa lo strumento attraverso cui la dimensione divina si materializza in un'esperienza sensibile.

La roccia, in cui è conficcata la croce come un gigantesco chiodo, allude alla saldezza della fede. L'abete, pianta sempreverde, è simbolo della speranza che deve sempre sorreggere il cristiano.

## Il corpo e Dio

Il brano che hai letto a p. 98 riporta le parole di una filosofa avversa ai cristiani.

▶ Ti sembra che dalle sue parole emerga qualche elemento che accomuni il suo pensiero a quello cristiano?

▶ Quali affermazioni sono invece incompatibili con il credo cristiano?

# Il cristianesimo nel mondo
## 6

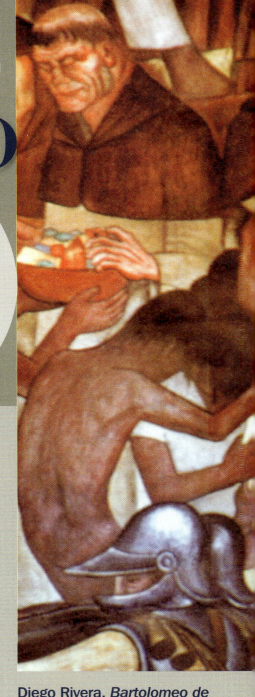

Diego Rivera, *Bartolomeo de Las Casas difende gli indios contro i conquistadores*, particolare da una scena del ciclo *Storia del Messico*, 1929-1930 (Città del Messico, Palacio Nacional).

## Cominciamo a riflettere

### Non sai chi sono io?

Un conquistatore spietato e senza scrupoli avanzava con le sue truppe in un paese devastato.
Rubava quanto poteva in ogni casa e si impossessava degli averi di chiunque.
Tutti gli abitanti, uomini, donne e bambini erano in fuga.
Quelli troppo vecchi o troppo malati per potersi muovere venivano massacrati dagli invasori, che lasciavano alle loro spalle solo morte e distruzione.
Il conquistatore non si fermava neppure di fronte agli edifici religiosi che saccheggiava senza alcuna pietà.
Fu così che oltrepassò la porta di un monastero devastato e disabitato.
Attraversò il cortile, entrò in diverse celle vuote, abbandonate in tutta fretta.
Si accorse tuttavia che qualcuno era rimasto.
Di colpo, infatti, sorprese e si fermò davanti a un monaco di una cinquantina d'anni seduto nella posizione del loto [con le gambe incrociate, per favorire la meditazione], immobile e calmo, con gli occhi socchiusi.
Il conquistatore avanzò verso il monaco, che sembrava non vederlo, sguainò la spada, ne accostò la lama alla gola dell'eremita e disse:
«Hai in mente di sfidarmi? Vuoi farmi credere di non aver paura? Non sai chi sono io? Non sai che posso trappassarti con questa spada senza nemmeno battere ciglio?».
Il monaco aprì gli occhi, guardò tranquillo quell'uomo terribile e gli disse:
«E tu? Non sai chi sono io? Non sai che posso lasciarmi trapassare dalla tua spada senza nemmeno battere ciglio?».

da J.-C. Carrière, *Il segreto del mondo*, Garzanti, Milano

# Dio e l'uomo - Il linguaggio religioso

## OBIETTIVI DI APPRENDIMENTO

- ▶ Riconoscere la vicenda della morte e risurrezione di Cristo nella prospettiva dell'evento pasquale.

- ▶ Riconoscere in Lui il Figlio di Dio, Salvatore del mondo, fondatore della Chiesa.

- ▶ Conoscere l'evoluzione storica e di unificazione religiosa e culturale della Chiesa, realtà voluta da Dio, in cui agisce lo Spirito Santo.

- ▶ Conoscere il cammino ecumenico della Chiesa.

## COMPETENZE

- ▶ L'alunno sa ricostruire gli elementi fondamentali della storia della Chiesa e confrontarli con le vicende della storia civile.

- ▶ Sa riconoscere i linguaggi espressivi della fede.

# 1 Il cristianesimo nell'America del Nord

## MISSIONARI IN TERRE NUOVE

Lo sforzo riorganizzativo della Chiesa coincise con il mutamento storico determinato dalle **nuove scoperte geografiche**.
Tra il XV e il XVI secolo, infatti, i principali Paesi europei scoprirono e colonizzarono terre nuove. Nel 1492 Cristoforo Colombo aveva scoperto l'America, abitata da popoli sino ad allora sconosciuti; nello stesso periodo, i viaggi verso le Indie e le altre terre dell'Asia venivano intrapresi con maggiore continuità anche grazie al miglioramento delle vie di comunicazione sia terrestri sia navali. Favorito dalle scoperte, il cristianesimo uscì dai confini dell'Europa diffondendosi nel mondo. Il confronto con altre culture diventò così indispensabile, così come divenne indispensabile tradurre il messaggio di Cristo in un messaggio comprensibile da altre culture. La Chiesa si propose come obiettivo quello di evangelizzare le nuove terre: così **al seguito di esploratori, conquistatori e mercanti**, si posero in viaggio anche uomini di fede come i missionari.

### PER SAPERNE DI PIÙ

#### La "Società degli amici"

I quaccheri, che preferiscono autodefinirsi "Società degli amici (di Gesù)", si sono distinti per la scelta dell'obiezione di coscienza, per l'abolizione della schiavitù e per l'impegno in campo sociale. Ciò ha fatto sì che, nel 1947, ricevessero il Premio Nobel per la pace.

◀ **Nel Nuovo Mondo**
Jean-Léon Gérôme, *Lo sbarco di William Penn e il suo incontro con gli indiani nel 1682*, XIX-XX secolo.

### LINEA DEL TEMPO

| 1484 | 1506 | 1552 | 1566 | 1610 | 1620 | 1644 |

- vita di Bartolomeo de Las Casas
- vita di Matteo Ricci
- vita di Francesco Saverio
- I Padri Pellegrini giungono nel New England
- I quaccheri migrano nell'America del Nord

## PURITANI E QUACCHERI

Nell'America del Nord il cristianesimo giunse con gli Europei che avevano lasciato i loro Paesi d'origine cercando una speranza e un futuro migliore.
Alcuni di essi fuggivano dall'Europa proprio per motivi religiosi, com'è il caso dei **puritani**. Essi erano fedeli della Chiesa anglicana ma ritenevano che questa fosse ancora troppo legata a forme e abitudini del cattolicesimo e auspicavano dunque un più deciso orientamento in senso calvinista (chiedevano, per esempio, l'abbandono della struttura episcopale). I successori della regina Elisabetta I, Giacomo I Stuart e suo figlio Carlo I, osteggiarono i puritani, che vennero anche perseguitati. Alcuni di loro scelsero così di partire per il Nuovo Mondo: erano i **Padri Pellegrini** che, nel 1620, dopo un terribile viaggio a bordo della nave *Mayflower*, approdarono nel New England.
Una vicenda analoga toccò ai **quaccheri**, puritani seguaci di George Fox. Costoro, per via delle loro idee (in particolare il pacifismo che li portava a rifiutare il servizio militare e i giuramenti), vennero duramente perseguitati, finché nel 1674 decisero di migrare nell'America del Nord, dove fondarono un proprio Stato, la Pennsylvania, e la città di Filadelfia.
La colonizzazione anglosassone si limitò tuttavia a un trapianto di usi e costumi europei nel Nuovo Mondo: non ebbe luogo una vera e propria missione verso le popolazioni native, che vennero sterminate o rinchiuse nelle riserve.

▼ **In una patria nuova**
Antonio Gisbert, *Sbarco dei puritani in America*, 1864
(Madrid, Palazzo del Senato).

### LESSICO

**Puritani**
Dal latino *purus*, che significa "puro". Il movimento si ispirava infatti agli ideali di purezza evangelica e considerava prioritaria una severa morale personale. I loro ideali erano una vita virtuosa e il dominio dei sentimenti e degli istinti.

**Quaccheri**
Dal termine inglese *quakers*, che significa "coloro che tremano". Era l'appellativo con cui venivano indicati gli appartenenti a un movimento protestante sorto nell'ambito della Chiesa anglicana, i cui membri, quando entravano in contatto con lo Spirito Santo, avevano alcune manifestazioni esteriori, tra cui il tremare.

### PER SAPERNE DI PIÙ

## I Padri Pellegrini

I Padri Pellegrini erano 102 puritani inglesi che, imbarcatisi dal porto di Plymouth, in Inghilterra, nel settembre 1620 giunsero alla foce del fiume Hudson, nel Massachusetts. L'inverno era ormai alle porte e ben 40 di loro morirono di stenti nei mesi che seguirono allo sbarco.
I Padri Pellegrini, a differenza di quanto accadrà successivamente, instaurarono relazioni pacifiche con i nativi, da cui appresero la tecnica di pesca delle aringhe e la coltivazione di mais, fagioli e zucche.
Il governatore della colonia stipulò un patto amichevole con il capotribù e nell'autunno del 1621 indisse il primo *Thanks giving* (Giorno del Ringraziamento) per festeggiare l'abbondante raccolto. I nativi portarono in dono tacchini selvatici che entrarono a far parte del menù della festa. Ancora oggi gli Americani festeggiano l'ultimo giovedì di novembre come "giorno di ringraziamento e preghiera" al Signore.

# 2 Il cristianesimo in America Latina

### LA CONQUISTA

Il Vangelo giunse nell'America del Sud al seguito dei conquistatori (soprattutto spagnoli e portoghesi), nel XVI secolo.
Dopo la scoperta dell'America, infatti, gli Europei, allettati dalla prospettiva di ottenere terre e ricchezze, diedero inizio a campagne di conquista che ebbero la meglio sulle **popolazioni native**, superiori numericamente ma inferiori da un punto di vista tecnologico. Queste, inoltre, cominciarono a venire **sterminate dalle malattie** che l'uomo bianco involontariamente trasmetteva loro, ma contro le quali esse non possedevano difese immunitarie. Dopo la conquista, infine, gli immensi spazi sottratti alle popolazioni native vennero divisi in grandi latifondi (detti *encomiendas*), nei quali gli Indios venivano costretti a lavorare **come schiavi**.

## PER SAPERNE DI PIÙ

### Bartolomeo de Las Casas

Nato a Siviglia nel **1484**, Bartolomeo era partito per il Nuovo Mondo nel 1502 per prendere possesso dell'*encomienda* paterna nell'isola di Hispaniola: questo significava ricevere un determinato territorio, con insieme un certo numero di Indios da sfruttare ed evangelizzare. Essendosi reso conto, tuttavia, della violenza e dello sfruttamento operati dagli Spagnoli nei confronti dei nativi, rinunciò all'*encomienda* e cominciò a dedicarsi alla difesa degli Indios. Bartolomeo scrisse dunque la *Storia generale delle Indie* e la *Brevissima relazione sulla distruzione delle Indie*, indirizzata all'imperatore e re di Spagna Carlo V per sollecitare il suo intervento contro le violenze perpetrate nei confronti degli Indios. Non riuscì invece a realizzare il progetto, anche se era riuscito a ottenere l'approvazione del sovrano, di costituire villaggi-comunità di agricoltori ispano-indi, a gestione collettiva. Morì nel **1566**.

▲ Bartolomeo de Las Casas

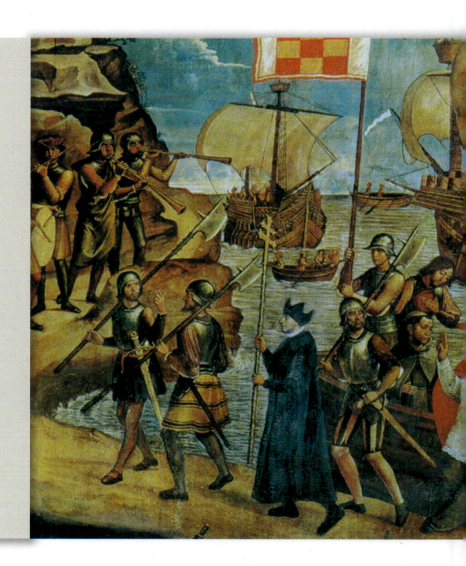

## 2 Il cristianesimo in America Latina 123

### PER SAPERNE DI PIÙ

## Le *reducciones*

I gesuiti in America Latina, in particolare nel Paraguay, costituirono dei villaggi per gli indigeni, rigorosamente inaccessibili ai bianchi non missionari: le *reducciones* (cioè le "comunità"). Qui essi insegnavano ai nativi sia le verità della fede cristiana sia le norme del vivere civile sia le tecniche agricole più adatte. In questi villaggi (che erano costituiti da una piazza centrale con la chiesa, la scuola, laboratori artigianali, il magazzino comune e case monofamiliari) le terre lavorate e i laboratori erano di comune proprietà; nutrimento, vestiti e alloggi erano uguali per tutti. Qui, soprattutto, lo stile di vita e le tradizioni degli Indios venivano rispettati. Le *reducciones*, che arrivarono a ospitare 150 mila indigeni e 400 missionari in una trentina di centri, furono avversate dai grandi proprietari terrieri e suscitarono l'invidia e la cupidigia dei coloni e delle autorità politiche spagnole e portoghesi. Nel 1773 la soppressione della Compagnia di Gesù (con l'accusa di aver formato nel Paraguay una specie di regno avverso a Spagna e Portogallo) comportò l'espulsione di tutti i gesuiti dall'America Latina: con la loro cacciata, le missioni vennero presto distrutte e gli indigeni, privi ormai di ogni protezione, furono annientati.

▲ **Una *reducción***
In questa comunità in alta montagna, gli indigeni convertiti lavoravano sotto la guida dei religiosi.

## L'EVANGELIZZAZIONE

L'evangelizzazione dell'America Latina fu **affidata dal Papato ai sovrani di Spagna e Portogallo** che, a loro volta, fecero affidamento su alcuni ordini religiosi: gli **agostiniani**, i **domenicani**, i **francescani** e i **gesuiti**. I sovrani si impegnavano a coprire tutte le spese di viaggio di coloro che erano disposti a partire: dal convento di partenza sino al porto d'imbarco, il viaggio in nave, il restante viaggio per terra per raggiungere la missione, il vestiario, i libri e altre spese ritenute necessarie.
In molti casi coloro che dovevano portare la buona notizia di Gesù collaborarono con i conquistatori nella sottomissione, anche violenta, degli Indios. L'evangelizzazione (anche forzata) diventò talora un alibi per compiere l'asservimento di quelle popolazioni.
I primi a levare la voce contro l'oppressione degli Indios furono alcuni frati domenicani. Due, in particolare, intervennero a loro favore: **Bartolomeo de Las Casas** e il teologo **Francisco de Vitoria**. I gesuiti, invece, diedero vita a decine di villaggi modello (detti *reducciones*), grazie ai quali gli Indios vennero sottratti all'asservimento degli Spagnoli. La colonizzazione europea dell'America del Sud e l'evangelizzazione delle popolazioni native alla fine portarono a una **fusione dei due elementi**, indigeno ed europeo, creando una **nuova civiltà** e una **nuova Chiesa** (latino-americana, appunto).

◄ **Evangelizzazione e potere coloniale**
Juan de Borgoña, *Il cardinal Cineros sbarca a Orano*, 1514 ca. (Toledo, Cattedrale).

### *fonti e documenti*

#### La pace e la fede

In verità la maggior difficoltà che io trovo nel portare gli indiani dalla guerra alla pace, e dalla pace alla conoscenza della nostra santa fede, è l'aspro, il crudele trattamento che quelli, che stanno in pace, ricevono dai cristiani.

(Bartolomeo de Las Casas, *Brevissima relazione sulla distruzione delle Indie*)

# 3 Il cristianesimo in Asia

## UN'ANTICA MISSIONE

▼ **Matteo Ricci**

Il cristianesimo era giunto in Asia nella tarda antichità, rimanendo tuttavia isolato per via dell'espansione araba nel Vicino Oriente.
**In epoca medioevale** alcuni francescani erano riusciti a raggiungere l'Asia: in particolare **fra' Giovanni da Montecorvino**, che nel 1307 aveva ricevuto dal papa la nomina a primo vescovo della Chiesa cinese. Tale missione, che sembrava promettere buoni risultati (il cristianesimo veniva ben accolto), fu interrotta tuttavia dalle conquiste della nuova dinastia dei Ming, che rendeva nuovamente difficili e pericolose le vie per la Cina.
Fu **nel XVI secolo** che riprese la missione dei cristiani in Oriente, e questa volta per opera dei gesuiti: **Matteo Ricci** per la Cina e **Francesco Saverio** per il Giappone e l'India.

▼ **Missionari in Asia**
Ritratti da artisti giapponesi del XVI secolo (Usa, Collection of the Free Gallery of Art).

### PER SAPERNE DI PIÙ

## Matteo Ricci

Il gesuita Matteo Ricci, nato nel **1552**, arrivò in Cina nel 1583. Visse alla corte imperiale di Pechino in qualità di astronomo e matematico e predicò apertamente, come amico e consigliere dell'imperatore, il cristianesimo. Con geniale intuito cercò di avvicinare la dotta classe dominante cinese attraverso la cultura: tradusse in cinese, infatti, alcuni testi della tradizione occidentale ma costruì anche carte geografiche, mappamondi, apparecchi ottici e orologi, che furono molto apprezzati. Ricci cercò di adattarsi alla vita e alla mentalità locale: diffuse il messaggio cristiano servendosi di alcuni princìpi del confucianesimo. Ottenne così uno straordinario successo: alla sua morte, nella classe dominante cinese, i convertiti al cristianesimo erano più di duemila. Morì nel **1610**. Per la prima volta la Cina concesse a uno straniero un terreno per la sepoltura e ancora oggi la sua tomba è onorata a Pechino, simbolo eloquente della possibilità di incontro e di amicizia tra popoli e civiltà.

## fonti e documenti

### L'annuncio ai bambini

Appena giunsi nei villaggi cristiani, battezzai tutti i bambini non ancora battezzati e ce n'era un gran numero di quelli "che non sapevano distinguere la sinistra dalla destra". Dal mio ingresso nei villaggi, i bambini non mi lasciavano il tempo di recitare il breviario, di mangiare, né di dormire fin tanto che non avevo insegnato loro una preghiera! Allora io cominciai a capire che "di questi è il Regno dei cieli".

(Francesco Saverio, *Lettere*)

## IL METODO DEI GESUITI

I gesuiti seppero adattare la loro attività missionaria alle forme e alle espressioni di culture così diverse e si conquistarono ovunque **accoglienza** e **rispetto**. L'elemento vincente era un **rigoroso studio preventivo** non solo della lingua, ma anche degli usi e delle tradizioni religiose dei popoli da evangelizzare. A ciò si aggiungeva il proposito di formare al più presto **sacerdoti indigeni** in grado di diffondere la nuova fede e operare conversioni il più possibile in armonia con i patrimoni spirituali delle culture locali.

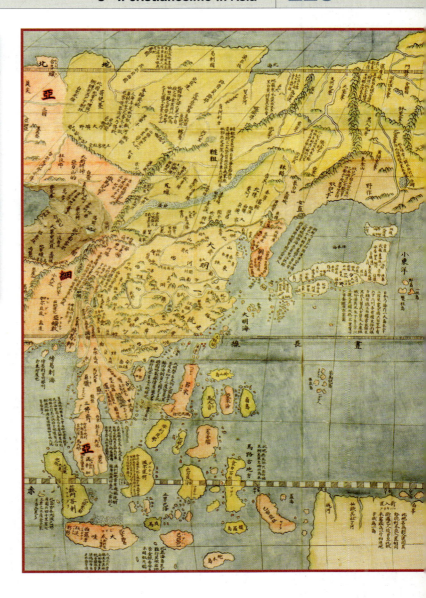

▲ Una mappa dell'Estremo Oriente disegnata da Matteo Ricci

### PER SAPERNE DI PIÙ

## Francesco Saverio

Francesco nacque nel **1506** nei Paesi Baschi. Studiò a Parigi dove conobbe Ignazio di Loyola e fondò con lui la Compagnia di Gesù.
Nel 1540 egli lo scelse tra i missionari per le colonie portoghesi in India. Sbarcò dunque nel 1542 a Goa, in India; svolse poi con grande successo la sua attività missionaria nella penisola di Malacca e nel 1549 visitò il Giappone (fu il primo missionario a raggiungere questo Paese). Morì sull'isola di Sancian, durante il viaggio verso la Cina, nel **1552**. Inviato in Oriente su invito del re del Portogallo, Francesco Saverio non si unì ai Portoghesi che dominavano quei territori: scelse piuttosto una missione umile, nei confronti dei poveri, dei malati e dei bambini, guadagnandosi la stima e l'apprezzamento delle popolazioni locali. Egli comprese inoltre l'importanza di parlare le lingue di quei popoli: mise anche in versi alcuni passi del Vangelo per facilitarne l'apprendimento.

▲ Francesco Saverio

# 4 Il cristianesimo in Africa

▶ **Cristianesimo e religione locale**
Maschera nigeriana in cui si fondono un'immagine della Madonna e una di Mami Wata, divinità delle acque.

## UN CRISTIANESIMO ANTICO

Il cristianesimo in Africa giunse già nei primi secoli: secondo la tradizione l'**evangelista Marco** nel 42 d.C. avrebbe fondato la Chiesa di Alessandria d'Egitto, che dunque divenne una delle comunità più prestigiose della cristianità.
Africani furono **molti martiri** per la fede; Africano, inoltre, fu il vescovo di Ippona, **Agostino**, uno dei Padri della Chiesa; Africani furono altri **illustri scrittori cristiani** (come Tertulliano, Cipriano, Lattanzio). In Egitto, infine, ebbe origine il **monachesimo**. Nei secoli successivi il messaggio di Cristo tentò di penetrare all'interno del continente, raggiungendo la Nubia e l'Etiopia. L'**espansione araba**, tuttavia, non solo limitò la diffusione del cristianesimo ma la ridusse fortemente (molti cristiani, per opportunismo, si convertirono all'islam).

▲ **La deportazione di schiavi per le nuove terre colonizzate**

### PER SAPERNE DI PIÙ

## La penetrazione del cristianesimo in Africa

Il cristianesimo giunse in Africa molto prima dell'islam, attorno al I secolo d.C. Una tradizione, che però non ha riscontri storici, vuole che Marco, uno dei quattro evangelisti, avesse portato la Parola del Messia da Gerusalemme, addirittura prima che questa giungesse in Europa. Nelle regioni mediterranee del continente il cristianesimo divenne la religione di chi si opponeva all'espansione imperiale romana. Attorno al IV secolo il re etiope Ezana dichiarò il cristianesimo religione ufficiale del suo regno. In seguito alla predicazione islamica, nel VII secolo, tuttavia il numero di cristiani andò sempre più diminuendo. Del resto, per tutto il Medioevo, le zone più interne del continente, così come buona parte dell'Africa subsahariana, erano completamente sconosciute in Europa. Infatti, attorno all'anno mille missionari cristiani giunsero per lo più nelle zone settentrionali o ad est, spingendosi lungo le rive del Nilo verso il Sudan meridionale. A portare la Parola di Cristo lungo le coste meridionali furono i Portoghesi, che attorno al XV secolo intrapresero l'avventura ultramarina, mentre nel sud del continente furono gli Olandesi a fondare nel 1652 la prima Chiesa. Nel XIX secolo la predicazione cristiana si intensificò, andando di pari passo con la colonizzazione europea. Se da un lato l'evangelizzazione dell'Africa coloniale aiutò molte popolazioni indigene, portando scuole e assistenza, dall'altro gli Europei tolsero ogni forma di dignità alle culture e alle cerimonie locali.

## 4 Il cristianesimo in Africa 127

▲ **L'evangelizzazione missionaria**
Gentile e Giovanni Bellini, *Predica di san Marco ad Alessandria*, 1507 (Milano, Pinacoteca di Brera).

◄ **Una Madonna africana**
Le popolazioni convertite ebbero sempre l'abitudine di raffigurare le figure del cristianesimo secondo le loro fattezze.

## TENTATIVI DI MISSIONE

Tentativi di cristianizzare l'Africa ebbero luogo a partire dal XIII secolo: francescani e domenicani raggiunsero il Marocco e la Tunisia, ma la loro missione non ebbe risultati durevoli.
A partire dal **XV secolo** il cristianesimo penetrò nel continente **al seguito dei dominatori portoghesi**, ma senza ottenere i risultati sperati: i missionari (**francescani, gesuiti, domenicani**) erano in numero insufficiente e spesso venivano annientati dal clima micidiale. Essi inoltre incontrarono notevoli difficoltà nella loro attività di evangelizzazione, a causa della tratta degli schiavi e degli interessi militari e commerciali dei conquistatori, cui le popolazioni locali si ribellavano.
L'opera missionaria rimase comunque **limitata alle zone di penetrazione militare o commerciale**.

## UN TRISTE DESTINO

Gli abitanti dell'Africa subirono le conseguenze della spietata colonizzazione da parte degli Europei in America. I latifondi e le grandi piantagioni di cotone delle colonie meridionali, infatti, si reggevano sul lavoro degli schiavi importati dal continente africano in condizioni disumane. La tratta ebbe inizio nel Cinquecento per iniziativa spagnola e diede luogo a guerre commerciali. Più tardi, dagli inizi del Settecento, essa divenne monopolio dei cristiani. A questo trattamento disumano si opposero i gesuiti, i metodisti e i quaccheri che tentarono di difendere gli Africani, in quanto fratelli in Cristo.

# verifichiamo

## 1 La scelta giusta

**1. I Padri Pellegrini erano:**
- [ ] un gruppo di protestanti che giunsero nell'America del Sud
- [ ] un gruppo di puritani inglesi che giunsero nell'America del Nord
- [ ] un gruppo di cattolici che giunsero nell'America del Nord
- [ ] un gruppo di puritani inglesi che non si mosse dall'Inghilterra

**2. La cristianizzazione dell'America Latina avvenne perlopiù:**
- [ ] attraverso una sottomissione violenta
- [ ] in modo graduale e misurato
- [ ] lasciando libertà di scelta alle popolazioni indigene
- [ ] rispettando i modelli culturali locali

**3. Le *reducciones* erano:**
- [ ] comunità piuttosto disorganizzate
- [ ] comunità organizzate democraticamente
- [ ] comunità radunate sotto la guida di un capo bianco
- [ ] gruppi ridotti di indigeni

**4. I gesuiti in Asia misero in atto una forma di evangelizzazione:**
- [ ] orientata all'inculturazione
- [ ] fortemente repressiva nei confronti delle tradizioni locali
- [ ] orientata a riprodurre il modello europeo
- [ ] con all'interno molti elementi religiosi orientali

**5. Il cristianesimo in Africa:**
- [ ] fu fortemente ostacolato dall'espansione musulmana
- [ ] fu favorito dalla tratta degli schiavi
- [ ] giunse e si diffuse ampiamente fin dalle origini
- [ ] ebbe ampia diffusione nel periodo rinascimentale a opera dei conquistatori portoghesi

## 2 Vero o falso?

**6. Indica con una crocetta le affermazioni vere (V) e quelle false (F).**

- La scoperta di nuovi mondi comportò missioni di evangelizzazione sia a opera dei cattolici sia dei gruppi protestanti  V F
- *Mayflower* è il nome di una famosa missionaria di origine inglese  V F
- Bartolomeo de Las Casas si adoperò a favore degli Indios sfruttati dai conquistatori  V F
- Matteo Ricci fece molti viaggi missionari nell'America del Nord  V F
- Francesco Saverio fu il primo missionario a raggiungere il Giappone  V F
- L'operato di Matteo Ricci in Cina è ricordato ancora oggi  V F
- I missionari in America Latina spesso furono ostacolati nella loro attività proprio dai coloni che provenivano dall'Europa  V F
- L'operato dei missionari gesuiti e domenicani in Africa comportò un elevato numero di conversioni  V F
- La penetrazione del cristianesimo in Africa è molto antica  V F

## 3 Pensaci su

**7. Rifletti su questa dichiarazione di Ignazio di Loyola:** «Dobbiamo lavorare molto come se tutto dipendesse da noi e pregare di più perché tutto dipende da Dio».

- Quale relazione istituisce il santo tra l'impegno umano e l'intervento divino, a tuo parere?

Sosta di verifica | 129

# giochiamo

### 1 Il rebus

Ciò che i nativi americani portarono in dono ai Padri Pellegrini. **(8 + 9)**

### 2 L'anagramma

Metti in ordine le seguenti lettere e ti comparirà il modo in cui si definiscono i quaccheri.
**(7 + 5 + 5 + 2 + 4)**

Ù S D A D O S E M I E G I C E I À T G L I C I

### 3 L'anagramma

Metti in ordine le seguenti lettere e ti comparirà in inglese un'importante festa americana.
**(6 + 6)**

S K N A H T G N I V I G

### 4 La sequenza

In questa sequenza numerica comparirà una sentenza tratta dalla prima opera in cinese scritta da Matteo Ricci, *Dell'amicizia*, nel 1599. Per facilitarti sono state inserite le vocali; inoltre a numero uguale corrisponde lettera uguale.

| U | ¹ |  | ² | O | ¹ | ³ | O |  | ⁴ | E | ¹ | ⁵ | A |  | A | ² | ⁶ | I |
|---|---|---|---|---|---|---|---|---|---|---|---|---|---|---|---|---|---|---|
| ⁴ | A | ⁷ | E | ⁸ | ⁸ | E |  | ⁶ | O | ² | E | U | ¹ |  | ⁶ | I | E | ⁹ | O |
| ⁴ | E | ¹ | ⁵ | A |  | ⁴ | O | ⁹ | E |  | O |  | U | ¹ |  | ⁶ | O | ⁷ | ¹⁰ | O |
| ⁴ | E | ¹ | ⁵ | A |  | O | ⁶ | ⁶ | ¹¹ | I |

# mappa concettuale

## attività finali

**on line**
- Riassunto dell'unità
- Verifica finale
- Guida alla lettura di: *L'uomo che piantava gli alberi*
- Guida alla visione di: *Mission*

**Tra XV e XVI secolo i principali Paesi europei scoprono e colonizzano nuove terre, che la Chiesa si propone di evangelizzare al seguito di conquistatori, colonizzatori e mercanti.**

- In America del Nord sbarcano puritani e quaccheri, protestanti fuggiti dall'Europa per motivi religiosi. I nativi vengono sterminati e chiusi nelle riserve.

- In America del Sud i nativi vengono sterminati dalle battaglie e dalle malattie dei conquistatori o ridotti in schiavitù. L'evangelizzazione è affidata ad alcuni ordini religiosi cattolici, ma si trasforma in una sottomissione degli Indios.
  - In difesa degli Indios intervengono i domenicani Bartolomeo de Las Casas e Francisco de Vitoria.
  - I gesuiti danno vita alle *reducciones*, comunità in cui gli indigeni convertiti lavorano sotto la guida di religiosi.

- Nel XVI secolo arrivano in Asia i gesuiti, in particolare Matteo Ricci e Francesco Saverio. Essi si guadagnano accoglienza e rispetto perché il loro metodo prevede uno studio preventivo delle culture dei Paesi per i quali partono in missione. Il loro intento è quello di formare sacerdoti indigeni.

- Nel XV secolo francescani, domenicani e gesuiti penetrano in Africa al seguito dei conquistatori portoghesi, ma il numero di questi missionari è insufficiente. Nel Cinquecento inizia la tratta degli schiavi per il lavoro nelle piantagioni americane a opera degli Spagnoli. Poi essa diviene monopolio dei cristiani, trovando l'opposizione di gesuiti, metodisti e quaccheri.

# Dio e l'uomo - Il linguaggio religioso

## OBIETTIVI DI APPRENDIMENTO

- Riconoscere la vicenda della morte e risurrezione di Cristo nella prospettiva dell'evento pasquale.

- Riconoscere in Lui il Figlio di Dio, Salvatore del mondo, fondatore della Chiesa.

- Conoscere l'evoluzione storica e di unificazione religiosa e culturale della Chiesa, realtà voluta da Dio, in cui agisce lo Spirito Santo.

- Conoscere il cammino ecumenico della Chiesa.

## COMPETENZE

- L'alunno sa ricostruire gli elementi fondamentali della storia della Chiesa e confrontarli con le vicende della storia civile.

- Sa riconoscere i linguaggi espressivi della fede.

# 1 La Chiesa e la questione sociale

## UN NECESSARIO ADEGUAMENTO

Grandi trasformazioni politiche e sociali segnarono profondamente la storia del Settecento e dell'Ottocento, cambiando lo scenario storico:

- la **rivoluzione francese** sovvertì il sistema politico assolutistico dell'età moderna;
- la **rivoluzione industriale**, sotto la spinta delle invenzioni tecnologiche e della loro applicazione ai sistemi produttivi, trasformò totalmente il sistema economico e il modo di vivere;
- i movimenti di pensiero alla base dell'**illuminismo** e del **liberalismo** determinarono lo sviluppo di una nuova visione del mondo e di una società che non si riconosceva più nei valori cristiani.

Tra queste e altre difficoltà politiche, sociali, culturali e religiose, la Chiesa degli ultimi due secoli ha cercato di adeguarsi alle esigenze dell'uomo moderno.

### PER SAPERNE DI PIÙ

### L'assistenza per le carcerate

Giulia Colbert de Maulevrier, di famiglia aristocratica francese, aveva sposato il marchese Carlo Tancredi Falletti di Barolo. La marchesa assisteva di persona, ogni giorno, alla situazione desolante di donne in condizioni miserevoli e avvilite. Con l'appoggio del marito e sfruttando il prestigio e l'influenza della famiglia Falletti riuscì a farsi aprire le carceri femminili, sfidando coraggiosamente i pregiudizi dell'epoca. Cercò di migliorare le condizioni di vita delle detenute all'interno del carcere (un trattamento più umano, migliori condizioni igieniche, ecc.) ma soprattutto fornì loro istruzione religiosa e lavoro, come mezzi di recupero morale e di riscatto sociale. Nel 1821 divenne la sovrintendente del carcere femminile delle Forzate, trasformandolo in un istituto di pena modello.

▲ **Carcerate**
Frank Holl, 1878
(Egham, Surrey, Royal Holloway College).

**LINEA DEL TEMPO**

1785-86 · 1815 · 1828 · 1831 · 1842 · 1864 · 1869-70 · 1875 · 1881 · 1888 · 1891 · 1900 · 1910 · 1965 · 1997

- vita di don Bosco
- vita di Madre Teresa
- vita di don Cottolengo
- Sillabo · Concilio Vaticano I · Rerum Novarum
- vita di don Murialdo
- vita di Giulia di Barolo
- vita di Albert Schweitzer
- vita di don Comboni

> **Vivere di carità**
> Federico Zandomeneghi, *I poveri sugli scalini del convento d'Aracoeli*, 1872 (Milano, Civiche Raccolte d'Arte, Palazzo della Questura).

◀ **Il disagio dei proletari**
Hubert von Herkomer, 1891 (Londra, Royal Academy).

## A FAVORE DEGLI EMARGINATI

A partire dalla metà del Settecento, dapprima in Inghilterra, poi negli altri Paesi del continente europeo, la rivoluzione industriale aveva originato una situazione di estremo **degrado sociale**: inurbamento di massa e conseguente sovraffollamento urbano, condizioni di lavoro spaventose, situazione igienica disastrosa e conseguenti malattie, povertà, analfabetismo, alcolismo.
Di fronte ai gravi problemi sociali, la Chiesa mise in campo una serie di **iniziative assistenziali e caritative**. Laici e sacerdoti si diedero da fare in campo sociale a favore dei più poveri e fondarono opere assistenziali, alcune delle quali tutt'oggi esistenti. Tra queste ricordiamo:

- l'Oratorio salesiano di **san Giovanni Bosco** (1815-1888), per l'educazione dei giovani;
- la Piccola Casa della Divina Provvidenza di **san Giuseppe Benedetto Cottolengo** (1786-1842), a servizio dei più emarginati (come per esempio portatori di gravi handicap fisici e mentali, rifiutati dalle stesse famiglie);
- le Conferenze san Vincenzo de' Paoli del **beato Frédéric Ozanam** (1813-1853), che offrivano visite domiciliari a famiglie povere;
- la Pia Società di san Giuseppe di **san Leonardo Murialdo** (1828-1900), a sostegno della gioventù più povera;
- l'Opera Pia di **Giulia di Barolo** (1785-1864), in favore delle donne e dei bambini.

I cristiani, inoltre, per sostenere operai e contadini, furono spesso promotori di cooperative, società di mutuo soccorso, casse rurali (cooperative di credito per i piccoli agricoltori).

▲ **Ritratto d'epoca di Giulia di Barolo**

> **Miseria e povertà**
> George Cruikshank, 1847 (Londra, Victoria and Albert Museum).

## 2 I santi sociali

▶ Il Cottolengo

### L'OPERA CARITATIVA E ASSISTENZIALE DI GIUSEPPE COTTOLENGO

Giuseppe Cottolengo, sacerdote dal 1811, uomo di fede incrollabile, era convinto che la **Provvidenza** (per lui espressione dell'amore paterno e materno di Dio), «*scrive diritto sulle righe storte degli uomini*», cioè sa ricavare il bene dal male. L'opera assistenziale ospedaliera da lui intrapresa con l'esperienza dell'**ospedaletto della Volta Rossa** a Torino e via via ampliatasi con strutture sempre più organizzate e capaci, si distinse nettamente da tutte le opere caritative del suo tempo. Essa fu sensibile e aperta a tutte le **forme più dolorose di emarginazione e solitudine**, diventando un punto di riferimento per chi viveva ai margini della società, per i malati di mente, per persone colpite da gravi deformazioni.

### LA PICCOLA CASA DELLA DIVINA PROVVIDENZA

Le principali forme di assistenza cui il Cottolengo diede vita presso la **Piccola Casa della Divina Provvidenza** da lui fondata furono: servizi infermieristici per ammalati acuti e cronici, un istituto e la scuola per sordomuti, un orfanotrofio maschile e femminile, servizi di assistenza per svantaggiati fisici e mentali, una scuola materna e una scuola primaria per bambini poveri. Presso l'ospedale della Piccola Casa prestarono il loro operato come volontari professori, dottori e chirurghi della Torino di quel tempo, introducendo cure e terapie innovative e permettendo a molti la guarigione. Le caratteristiche della "riforma" sanitaria cottolenghina furono **la scelta degli ultimi e il riconoscimento della dignità della persona malata**. Un altro aspetto irrinunciabile fu, e continua a essere, quello della preghiera. Secondo il Cottolengo «…*la preghiera è il primo e il più importante lavoro della Piccola Casa*». Due espressioni manifestano lo stile della Piccola Casa: le parole incise sul portone d'ingresso *Caritas Christi urget nos* (Ci spinge la carità di Cristo) e l'invocazione usata abitualmente dalle suore, il *Deo gratias* (sia ringraziato Iddio) che nasce dalla consapevolezza che **tutto è dono di Dio** e **gli uomini sono semplici strumenti e collaboratori della sua opera**. Giuseppe Benedetto Cottolengo morì a Chieri nel 1842, durante un'epidemia di tifo. Fu fatto santo nel 1933.

▼ **Un'immagine devozionale**
Un malato assistito dal Cottolengo.

## L'AZIONE EDUCATIVA DI GIOVANNI BOSCO

Giovanni Bosco nacque ai Becchi di Castelnuovo d'Asti nel 1815 da una semplice famiglia di contadini. La madre, Margherita, lo educò per prima alla fede cristiana. Ordinato sacerdote a Torino nel 1841, si dedicò all'**educazione dei ragazzi**, specie dei più **poveri**, **abbandonati** alla strada e spesso a un futuro di miseria e di delinquenza. Don Bosco raccolse attorno a sé, nell'**oratorio di Valdocco** (allora alla periferia della città di Torino), molti giovani, impegnandosi nella loro educazione e nella loro evangelizzazione, oltre ad assicurare loro **un lavoro a condizioni dignitose**. L'impegno di don Bosco per educare i giovani alla fede cristiana, istruendoli al tempo stesso per dare loro una buona base culturale e un mestiere, diede frutti, in pochi anni, in Italia, in Europa e anche nel resto del mondo. Nel 1841 fondò una prima scuola di catechismo, di lettura e di scrittura; nel 1846 diede inizio a corsi serali, e costruì piccoli laboratori artigianali di falegnameria, stamperia, calzoleria, dove i ragazzi imparavano un mestiere.

## DON BOSCO E I SALESIANI

Nel giro di pochi anni, **intorno a don Bosco si raccolsero tanti giovani e tante persone disposte ad aiutare questo sacerdote** nella sua coraggiosa attività. La preoccupazione di don Bosco era prevalentemente religioso-morale, in quanto concepiva l'oratorio come centro di formazione cristiana. Nel 1859 papa Pio IX approvò ufficialmente la costituzione della Società salesiana da lui fondata (il nome deriva da un santo dell'inizio del XVII secolo, Francesco di Sales), che ebbe in brevissimo tempo grande diffusione. Coinvolto dalla nuova **sensibilità missionaria** caratteristica della Chiesa ottocentesca, favorita anche dal Concilio ecumenico Vaticano I, don Bosco nel 1875 inviò i primi salesiani in **America latina**, perché svolgessero apostolato presso gli emigrati. Poi l'attività missionaria salesiana si diffuse in **Asia**, in **Australia**, in **Africa**. Nel 1872 ai salesiani si affiancarono, per l'educazione delle ragazze, le **Figlie di Maria Ausiliatrice**. Don Bosco si spense a Torino nel 1888. Fu beatificato nel 1929 e dichiarato santo nel 1934.

### PER SAPERNE DI PIÙ

## L'oratorio, centro di formazione per i giovani

Gli oratori erano pensati da don Bosco come luoghi di aggregazione, di ricreazione (di qui l'importanza attribuita al gioco), di evangelizzazione e catechesi, di promozione socia e (insegnare un mestiere ai giovani attraverso le scuole professionali significava aiutarli a costruirsi un futuro migliore).
Il sistema educativo di don Bosco si fondava sull'intuizione che **è importante prevenire le scelte sbagliate** con l'uso della ragione, della religione e dell'amorevolezza: è il cosiddetto **metodo preventivo**. La sua era una pedagogia che si basava sull'accoglienza, sulla presenza, sul coinvolgimento e sulla responsabilizzazione, di gruppo e individuale.

◀ Don Bosco

# 3 La Chiesa e le nuove ideologie

## CHIESA E MODERNITÀ

Pio IX

Malgrado la Restaurazione intendesse riportare gli Stati e la società di inizio Ottocento nella medesima situazione precedente la rivoluzione francese e l'ondata napoleonica, niente poteva più essere come prima.

Questi avvenimenti e questi sconvolgimenti non erano passati invano nemmeno per la Chiesa. Nuove correnti di pensiero la percorrevano: accanto a posizioni di **rifiuto**, ci furono tentativi di **conciliazione** con la modernità. Il **cattolicesimo liberale**, in particolare, era favorevole alla libertà di coscienza, di stampa e di associazione, così come alla separazione tra Stato e Chiesa.

Nel nostro Paese questo significava auspicare **l'unità d'Italia** (con Roma capitale) e la fine dello Stato Pontificio e del potere temporale dei papi.

Il papa **Pio IX**, nel 1864, pubblicava il *Sillabo*, un elenco contenente gli errori riconosciuti dalla Chiesa nel proprio tempo: tra gli altri veniva **condannato** anche il **cattolicesimo liberale**. Tuttavia, al momento della sua pubblicazione, il Regno d'Italia aveva annesso territori dello Stato Pontificio e di lì a qualche anno, proprio durante lo svolgimento del Concilio Vaticano I, le truppe piemontesi sarebbero entrate in Roma, ponendo così **fine al potere temporale del Papato**. Malgrado i tentativi di conciliazione del Regno d'Italia, il pontefice si ritirava nei palazzi vaticani, sconsigliando ai cattolici la partecipazione alla vita politica: si apriva un triste periodo di opposizione tra Chiesa e Stato.

### PER SAPERNE DI PIÙ

## Il Concilio Vaticano I

Fu aperto a Roma da papa Pio IX nel 1869 e bruscamente interrotto nel 1870, con l'arrivo dei piemontesi.
Due le costituzioni che vennero approvate:
- la *Dei Filius*, in cui si condannavano energicamente tutti gli **errori della cultura moderna** (tra cui, il protestantesimo, il materialismo e l'ateismo);
- la *Pastor aeternus*, in cui si proclamava l'**infallibilità del papa** quando parla *ex cathedra* (cioè "dal suo seggio", quando definisce un **dogma** o un articolo di morale, nel pieno della sua autorità di vicario di Cristo).

Per la prima volta nella storia dei concili **non fu invitato** (e dunque non partecipò) **alcun capo di Stato cattolico**: Stato e Chiesa dunque, dopo secoli di lotte e interferenze, procedevano ormai in autonomia.

## LA DOTTRINA SOCIALE DELLA CHIESA

La questione sociale e le cause che l'avevano prodotta vennero affrontate in ambito laico dal **socialismo** (che individuava nella proprietà privata l'origine di tutti i mali della società) e dal **marxismo** (che considerava la storia umana come storia delle lotte per la conquista del potere da parte delle diverse classi sociali). Queste nuove ideologie avevano in comune un atteggiamento ostile verso la Chiesa e verso la religione: verso la prima, in quanto considerata alleata delle classi dominanti; verso la seconda, in quanto considerata strumento con cui le classi dominanti stesse mantenevano sottomesse le classi più umili.

In opposizione a queste ideologie, ma soprattutto come **risposta alla questione sociale**, il papa **Leone XIII** promulgò, nel **1891**, l'**enciclica** *Rerum Novarum*. Qui venivano tracciate le linee del comportamento cristiano nella società industriale.

◄ **Il richiamo allo sciopero**
Emilio Longone, *L'oratore dello sciopero*, 1891 (Collezione privata).

### LESSICO

**Dogma**
Verità rivelata da Dio e definita dalla Chiesa come articolo di fede.

**Enciclica**
Letteralmente significa "lettera circolare" (dal greco *enkýklios*). È una lettera, abitualmente redatta in latino e intitolata con le prime due parole del testo, che il papa rivolge ai vescovi o ai fedeli.

► **Leone XIII**

I cardini della dottrina sociale della Chiesa, espressi nell'enciclica, erano:

- la **condanna del capitalismo** che considera il lavoratore una merce;
- la **condanna del socialismo** che avversa la proprietà privata, la quale invece è un diritto naturale;
- la **condanna del comunismo** che promuove la lotta di classe;
- l'auspicio della **collaborazione tra lavoratori e capitalisti**, i quali non devono calpestare la dignità umana dei lavoratori, concedendo salari equi e promuovendo iniziative assistenziali;
- il **diritto dei lavoratori di riunirsi per difendere i loro diritti**, anche in associazioni formate esclusivamente dagli operai, di cui era incoraggiato lo spirito di aggregazione.

### PER SAPERNE DI PIÙ

## Leone XIII

Nato nel **1810** da una nobile famiglia che lo avviò agli studi di teologia e di diritto canonico, una volta divenuto sacerdote, fece una rapida carriera. Come nunzio apostolico in Belgio poté constatare di persona le miserevoli condizioni in cui lavoravano i minatori: questa esperienza lo toccò dal vivo e lo rese particolarmente sensibile ai problemi umani di natura lavorativa e sociale. Eletto papa nel 1878, dedicò molte encicliche alle funzioni degli Stati moderni. Morì nel **1903**.

◄ **Contro il capitalismo**
Robert Koehler, *Lo sciopero*, 1886 (Londra, Collezione privata).

# 4 Le missioni cristiane

## UN NUOVO VIGORE

Nell'Ottocento l'azione missionaria conobbe un significativo risveglio. Esso era dovuto:

- alle **nuove esplorazioni**, soprattutto in Africa e nell'Estremo Oriente;
- alla **politica colonialistica e imperialistica** delle nazioni europee che ne conseguì: ancora una volta il messaggio di Gesù giungeva insieme a dei colonizzatori e alla cultura occidentale che essi intendevano imporre;
- all'**iniziativa dei pontefici** che, attraverso un organismo autonomo, la **Congregazione per la Propaganda della Fede**, tentarono di guadagnare l'indipendenza dell'attività missionaria dalle autorità politiche (per questo motivo, per esempio, cominciarono a favorire la costituzione di un clero indigeno);
- alla nascita di **nuove congregazioni missionarie** (per esempio quella di Daniele Comboni) oppure di congregazioni che tra i loro obiettivi inclusero anche quello missionario (per esempio i salesiani di don Bosco).

### fonti e documenti

**Un pensiero di Albert Schweitzer**

Quello che possiamo fare è solo una goccia nell'oceano, ma è ciò che dà significato alla nostra vita.

◀ **La violazione della dignità umana**
Il commercio degli schiavi africani che venivano portati nelle colonie oltre oceano per lavorare nelle piantagioni possedute dagli Europei, partiva dal presupposto e con la giustificazione che gli Africani non fossero uomini, ma animali.

## PER SAPERNE DI PIÙ

### Daniele Comboni

Nato a Limone sul Garda nel **1831**, Daniele Comboni, divenuto sacerdote, parte per l'Africa centrale nel 1857.
Tornato in Italia per le frequenti febbri malariche, concepisce il "Piano di rigenerazione dell'Africa", un progetto missionario sintetizzabile nel motto "Salvare l'Africa con l'Africa". Egli aveva infatti un'illimitata fiducia nelle capacità degli Africani, che dovevano soltanto ricevere un'istruzione e una preparazione adeguate. Per questo fondò scuole per medici, insegnanti, suore e preti, viaggiando per l'Europa alla ricerca di adeguati finanziamenti.
Nel 1877 venne consacrato vescovo, il primo vescovo cattolico dell'Africa centrale. Morì nel **1881**.

▶ **Daniele Comboni**

Non bisogna dimenticare, infine, che le missioni cristiane furono **sia cattoliche sia protestanti**. Quelle protestanti, in particolare, svolsero in Africa, dalla seconda metà del XIX secolo, un lavoro di assistenza continua in campo medico e ospedaliero: ricordiamo per esempio il medico, teologo e musicista tedesco Albert Schweitzer.

## LA CHIESA E LA DECOLONIZZAZIONE

Il processo di **decolonizzazione** è in gran parte derivato dalla Seconda guerra mondiale. In realtà le colonie continuarono a trovarsi in uno stato di disuguaglianza negli scambi con i Paesi più avanzati a causa del **neocolonialismo**. In particolare in Africa le frontiere tra gli Stati, imposte dai colonizzatori, non rispettarono l'omogeneità etnica, culturale e religiosa e questo fu ed è alla base di lotte tribali e colpi di Stato. La Chiesa ha scelto di reclutare il clero tra la popolazione locale, per garantire la sua natura missionaria a partire dall'originalità delle Chiese locali. In molti casi i religiosi africani sono stati coinvolti nelle guerre civili tra le diverse etnie a volte pagando con la vita la loro vocazione.

▶ **Albert Schweitzer**

### PER SAPERNE DI PIÙ

## Madre Teresa

L'India decolonizzata si è trovata a dover affrontare il problema della miseria e dell'esplosione demografica. Un aiuto coraggioso alle situazioni più estreme di degrado e povertà è venuto da Madre Teresa di Calcutta (**1910-1997**), suora di origine albanese che ha fondato la congregazione delle Missionarie della Carità che si dedica alla preghiera e al servizio dei malati e dei moribondi. Nel 1980 Madre Teresa fu insignita del Nobel per la pace.

▲ **Madre Teresa**

▶ **Un comboniano amministra la cresima in Sudan**

### PER SAPERNE DI PIÙ

## Albert Schweitzer

Le missioni **cristiane protestanti** svolsero in Africa, dalla seconda metà del XIX secolo, un lavoro di assistenza continua in **campo medico e ospedaliero**. Il medico, teologo e musicista tedesco Albert Schweitzer (**1875-1965**) fondò un ospedale nel Gabon, che raccolse un gran numero di malati finanziandolo con i proventi delle sue conferenze e dei suoi concerti. Si assentò dall'Africa solo a causa di quattro anni di prigionia durante la Prima guerra mondiale. Ricevette il Nobel per la pace nel 1952.

# verifichiamo

## ❶ La scelta giusta

**1. L'operato del Cottolengo fu a favore di:**
- ☐ donne carcerate
- ☐ giovani a rischio di delinquere
- ☐ famiglie povere
- ☐ emarginati e portatori di handicap fisici e mentali

**2. Secondo il Concilio Vaticano I il papa:**
- ☐ è infallibile in ogni sua azione
- ☐ è infallibile quando parla *ex cathedra*
- ☐ è infallibile se quanto afferma è approvato dai vescovi
- ☐ non è mai infallibile

**3. L'enciclica *Rerum Novarum* contiene:**
- ☐ le prime linee guida della dottrina sociale della Chiesa
- ☐ le indicazioni per una corretta liturgia
- ☐ le prime linee guida per una corretta interpretazione della Bibbia
- ☐ le indicazioni sul rapporto scienza/fede

**4. Il motto di Daniele Comboni fu:**
- ☐ aiutati che il cielo ti aiuta
- ☐ salvare l'Africa con l'Africa
- ☐ dove c'è carità, c'è Dio
- ☐ prevenire per salvare

**5. La dottrina sociale della Chiesa:**
- ☐ approvava il capitalismo
- ☐ condannava la proprietà privata
- ☐ condannava il comunismo
- ☐ condannava lo spirito di aggregazione degli operai

**6. Giulia di Barolo:**
- ☐ si adoperò in favore dei giovani
- ☐ cercò di migliorare la condizione delle donne carcerate
- ☐ si occupò degli ammalati
- ☐ prese le difese degli operai

**7. Madre Teresa:**
- ☐ si batté per l'indipendenza dell'India
- ☐ si dedicò agli emarginati e ai poveri in India
- ☐ si dedicò agli emarginati e ai poveri in Africa
- ☐ non apparteneva ad alcun ordine monastico

## ❷ L'abbinamento corretto

**8. Associa a ciascun fondatore la sua opera a favore dei più poveri:**

1. Conferenze di San Vincenzo de' Paoli
2. Oratorio salesiano
3. Pia società di san Giuseppe
4. Opera Pia
5. Piccola Casa della Divina Provvidenza

a. Giovanni Bosco
b. Giulia di Barolo
c. Giuseppe Benedetto Cottolengo
d. Leonardo Murialdo
e. Frédéric Ozanam

## ❸ Il completamento corretto

**9. Completa il seguente pensiero di don Bosco inserendo correttamente le parole mancanti sotto indicate.**

*Allievi – Sistema – Amore – Germi – Piacere – Giovani*

"Il mio .................... educativo? Semplicissimo: lasciare ai .................... piena libertà di fare le cose che loro maggiormente aggradano. Il punto sta di scoprire in essi i .................... delle loro buone disposizioni e procurare di svilupparli. E poiché ognuno fa con .................... soltanto quello che sa di poter fare, io mi regolo con questo principio, e i miei .................... lavorano tutti non solo con impegno, ma con ....................".

Sosta di verifica 143

# giochiamo

### 1 Trova la parola

Risolvendo questo cruciverba, nella parte colorata apparirà il titolo dell'enciclica sociale promulgata da Leone XIII nel 1891.

1. All'interno vi stavano le detenute.
2. Lettera circolare del papa.
3. Terra di missione per don Comboni.
4. Primo nome del Cottolengo.
5. Lo era di professione A. Schweitzer.
6. Lo è il papa quando parla "*ex cathedra*".
7. Centro di formazione cristiana.
8. Comboni fu il primo dell'Africa centrale.
9. Se ne occupò don Bosco.
10. Lo era Giulia di Barolo.
11. Di nome Leonardo.
12. Di loro si preoccupò san Giuseppe Benedetto Cottolengo.

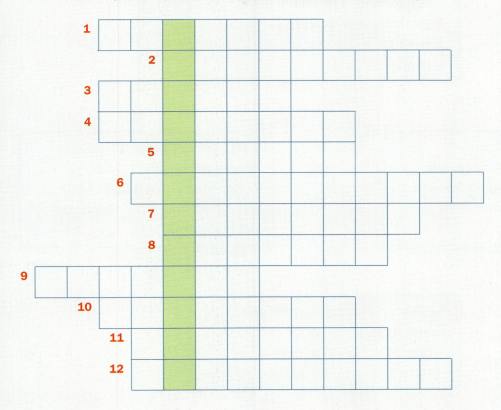

### 2 L'anagramma

Disponendo al contrario le lettere, ti comparirà la frase incisa sul portone d'ingresso della Piccola Casa della Divina Provvidenza.

SATIRAC ISTIRHC TEGRU SON

# mappa concettuale

**on line**
- Riassunto dell'unità
- Verifica finale
- Guida alla **lettura** di: *La città della gioia*
- Guida alla **visione** di: *Don Bosco*

*attività finali*

La rivoluzione francese, la rivoluzione industriale e alcuni movimenti di pensiero come l'illuminismo e il liberalismo trasformano radicalmente la storia del Settecento e dell'Ottocento.

↓

La Chiesa cerca di adeguarsi alle nuove esigenze dell'uomo moderno accogliendone i problemi legati soprattutto alla rivoluzione industriale e al conseguente degrado sociale.

↙ ↘

Da un lato laici e sacerdoti fondarono opere assistenziali a favore di poveri ed emarginati. Notevole fu il fenomeno dei cosiddetti santi sociali.

Dall'altro la Chiesa affrontò la questione sociale, prendendo posizione contro il marxismo e il socialismo, ma a vantaggio dei lavoratori.

↓

Nell'Ottocento conoscono nuovo vigore le missioni cattoliche e protestanti. Nascono nuove congregazioni missionarie.

↓

Dopo la decolonizzazione la Chiesa ha scelto di garantire la sua attività missionaria reclutando il clero tra la popolazione locale.

Attività finali 145

# concludiamo la riflessione

## L'immagine

Sei in grado di tirare le fila di quanto hai studiato in questo capitolo? Quale significato hanno, dopo il tuo studio, il testo e l'immagine che sono alle pp. 132-133?

Protagonisti della pittura di Rosai sono persone semplici, umili, solitarie, colte talora in atteggiamenti quotidiani ma sempre immerse in un'atmosfera rarefatta.

Nel secondo dopoguerra il suo linguaggio pittorico diventa sempre più aspro e scontroso esprimendo il desolato squallore dell'uomo moderno.

La solitudine dei suoi personaggi non è più semplice isolamento psicologico, individuale, ma diventa il simbolo della disperazione esistenziale dell'uomo.

In questo Crocifisso, un uomo "qualsiasi" è inchiodato alla croce della propria solitudine, ma non è un Cristo e nemmeno un martire, ma solo un uomo senza speranza.

## Il principe sognato

Quella che hai letto a p. 132 è una fiaba e come tutte le fiabe ha una morale.

▶ Perché, secondo te, la fanciulla cerca ostinatamente il principe, credendo che sia reale?
▶ Perché il principe si nasconde sotto le spoglie di un vecchio?
▶ Chi è il principe? Quale potrebbe essere la morale di questa fiaba?

# Il Novecento della Chiesa

Bernard Buffet, *Pietà*, 1946 (Parigi, Musée National d'Art Moderne).

## Cominciamo a riflettere

### Una risposta da Dio

Un uomo aveva tra le gioie più care del suo tesoro un anello bellissimo e prezioso e disse ai suoi discendenti: «Colui che alla mia morte sarà trovato possessore dell'anello, ne sarà l'erede e dovrà venire onorato come capo da tutti gli altri». Quello che lo ereditò dal padre, ripeté ai suoi dipendenti lo stesso procedimento e in breve questo anello passò di mano in mano a molti dei suoi successori e da ultimo arrivò nel dito di uno che aveva tre figli, belli, virtuosi e obbedienti, amati tutti dal padre in egual misura. I tre giovanotti, conoscendo la consuetudine dell'anello, erano bramosi di essere ciascuno il prescelto; ognuno per proprio conto si ingegnava di pregare il padre, già vecchio, di lasciarlo a lui. Il padre giusto, che non aveva preferenze e non sapeva chi dei tre premiare, decise, avendo promesso l'anello a tutti e tre, di soddisfarli tutti. Segretamente fece fare da un buon orefice altri due anelli che risultarono così simili all'originale che lo stesso orafo non riusciva più a distinguere quello autentico dalle altre due copie. Il padre, prima di morire, diede il *proprio* anello a ogni figlio di nascosto dagli altri due; i tre eredi, morto il padre, volendo ciascuno prendere possesso del potere dell'eredità e negandosi reciprocamente la legittimità della successione si mostrarono l'un l'altro il proprio anello. Visto che gli anelli erano così identici che non si poteva distinguere quale fosse quello vero, la questione di chi risultasse l'unico erede del padre rimase pendente e pende tutt'ora... stessa cosa, vi dico, per le tre religioni date da Dio Padre a tre popoli: ciascuno crede di avere a che fare con l'eredità che gli spetta di diritto, cioè con la vera religione e i veri comandamenti, ma chi poi abbia ragione assoluta sugli altri, come con gli anelli, nessuno è riuscito ancora a stabilirlo.

da G. Boccaccio in *Decamerone da un italiano all'altro*, Rizzoli, Milano

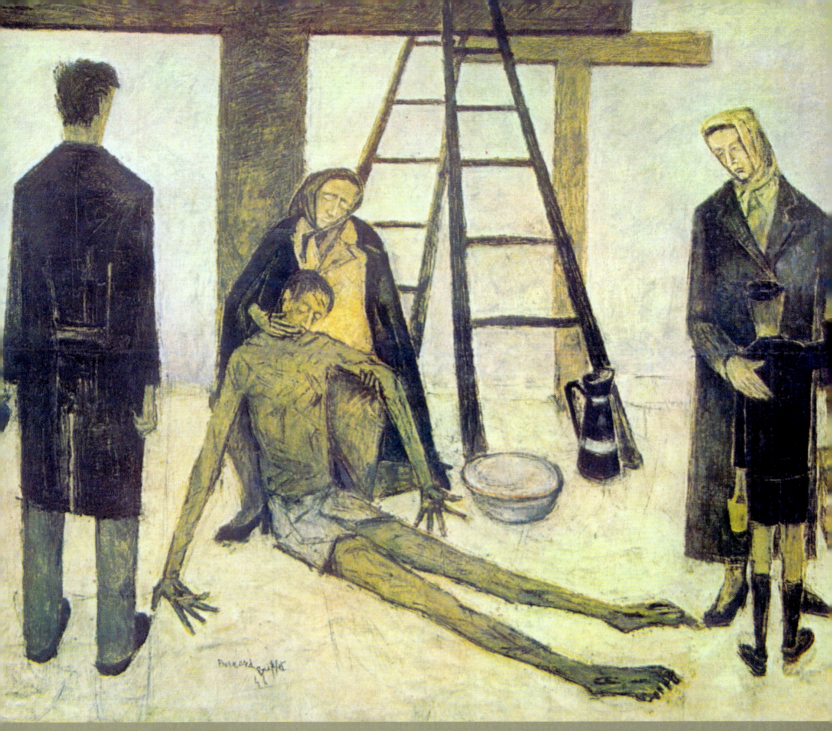

# Dio e l'uomo - Il linguaggio religioso

## OBIETTIVI DI APPRENDIMENTO

- Riconoscere la vicenda della morte e risurrezione di Cristo nella prospettiva dell'evento pasquale.

- Riconoscere in Lui il Figlio di Dio, Salvatore del mondo, fondatore della Chiesa.

- Conoscere l'evoluzione storica e di unificazione religiosa e culturale della Chiesa, realtà voluta da Dio, in cui agisce lo Spirito Santo.

- Conoscere il cammino ecumenico della Chiesa.

## COMPETENZE

- L'alunno sa ricostruire gli elementi fondamentali della storia della Chiesa e confrontarli con le vicende della storia civile.

- Sa riconoscere i linguaggi espressivi della fede.

## 1 La Chiesa e i totalitarismi

### UN MOMENTO STORICO DRAMMATICO

Per il cristianesimo europeo il Novecento, segnato dalla rivoluzione russa, dalla guerra civile spagnola, dalla persecuzione religiosa nei Paesi europei a regime comunista, dalle dittature (nazista, fascista e sovietica), da due guerre mondiali, è stato un secolo drammatico.

▼ Pio XI

### LA CHIESA E IL COMUNISMO

Diverse furono, da parte della Chiesa, le **condanne del comunismo**: fin dai primordi, infatti, per via della sua diffusione dell'ateismo (la negazione, cioè, dell'esistenza di Dio), fu avvertito come antitetico al messaggio cristiano. Quando poi esso da pura ideologia si trasformò in un regime, quello bolscevico, i timori si accrebbero ulteriormente (e a ragione, dal momento che, nel Novecento, in tutti i Paesi in cui venne esportato il regime comunista la Chiesa subì una persecuzione di Stato). **Pio XI** avvertì dunque la necessità, nel **1937**, di esplicitare la condanna del comunismo, attraverso l'enciclica ***Divini Redemptoris***.

#### PER SAPERNE DI PIÙ

### La "questione romana"

I rapporti tra lo Stato italiano e la Chiesa erano stati conflittuali fin dal 1870, quando i bersaglieri avevano conquistato Roma, di lì a poco capitale del nuovo Regno d'Italia. L'11 febbraio 1929 la controversia (che prende il nome di "questione romana") venne risolta con la firma, da parte della Chiesa cattolica e del governo fascista di Benito Mussolini, dei **Patti Lateranensi**: la Santa Sede riconosceva lo Stato italiano, in cambio del riconoscimento della sovranità sulla Città del Vaticano e di un'indennità in denaro. Con questo accordo, inoltre, il cattolicesimo tornava a essere **la religione dello Stato**.

▲ La firma dei Patti Lateranensi

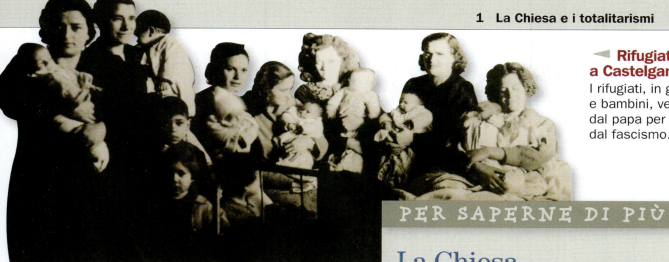

**Rifugiati a Castelgandolfo**
I rifugiati, in gran parte donne e bambini, venivano ospitati dal papa per proteggerli dal fascismo.

## LA CHIESA E IL FASCISMO

I **Patti Lateranensi (1929)** furono solo uno dei provvedimenti che il fascismo, in origine movimento anticlericale, assunse per guadagnarsi le simpatie e l'appoggio della Chiesa cattolica. Ciò non impedì tuttavia che il papa e i cristiani prendessero talora le distanze dal regime:

- nel 1931, con l'enciclica *Non abbiamo bisogno*, Pio XI **condannò esplicitamente il fascismo**;
- nel 1938, quando il governo Mussolini emanò, a imitazione del nazismo, le **leggi razziali contro gli ebrei**, molti cristiani **le disattesero** e, soprattutto dopo la caduta del regime nel 1943, **protessero gli ebrei dalle persecuzioni naziste** (lo stesso Pio XII, che aveva invitato le chiese e i conventi italiani a ospitare il maggior numero di ebrei, si prodigò in loro favore);
- man mano che il regime mostrò il suo volto violento e intollerante, in una parte della Chiesa crebbero **sentimenti antifascisti**.

### PER SAPERNE DI PIÙ

### La Chiesa e le Guerre mondiali

Eletto papa appena poche settimane dopo lo scoppio della Prima guerra mondiale, **Benedetto XV** (1914-1922) elaborò proposte di pace e inviò diversi appelli alle potenze in conflitto perché evitassero tanto spargimento di sangue umano. Egli definì infatti la guerra «*un'inutile strage*» e «*il suicidio dell'Europa civile*».
Allo scoppio della Seconda guerra mondiale, nel **1939**, **Pio XII** pubblicò l'enciclica **Summi Pontificatus**, nella quale pronunciava una condanna dell'invasione russo tedesca della Polonia. Nell'agosto di quello stesso anno ancora un appello: «*Nulla è perduto con la pace. Tutto può esserlo con la guerra*». Successivamente Pio XII scelse la via diplomatica, operando nel silenzio e prodigandosi per le vittime del conflitto.

## LA CHIESA E IL NAZISMO

Come accadde per il fascismo, inizialmente la Chiesa guardò al nazismo come a un possibile baluardo contro il comunismo: per questo assunse nei suoi confronti un atteggiamento sostanzialmente neutrale e tollerante. Con il tempo tuttavia il Vaticano cominciò a manifestare delle riserve. Nel **1937**, dunque, **Pio XI** pubblicava l'enciclica *Mit brennender Sorge* ("Con viva cura"), dove, pur senza nominare esplicitamente il nazismo, **condannava l'idolatria della razza** da esso sostenuta.
Anche il suo successore, **Pio XII**, mantenne una posizione apparentemente neutrale nei confronti del nazismo: anche quando questo procedette all'eliminazione fisica degli ebrei non emise mai una condanna esplicita, preferendo ad essa, per non far precipitare la situazione, l'**aiuto segreto agli ebrei** che rischiavano l'arresto e la persecuzione.

▲ **Pio XII**

## 2 I testimoni della fede

### LA FEDE FINO AL MARTIRIO

Anche nei momenti più terribili della persecuzione nazista, alcuni cristiani non ebbero paura nel testimoniare la loro fede e per questa subirono il martirio. Questo atteggiamento si colloca **in continuità con la Chiesa delle origini**.

#### *fonti e documenti*

**Sofferenza e libertà**

È infinitamente più facile soffrire obbedendo a un comando umano che accettare di soffrire come uomini liberi e responsabili.

(Dietrich Bonhoeffer)

### DIETRICH BONHOEFFER

Dietrich Bonhoeffer, nato nel **1906** in una famiglia dell'alta borghesia berlinese, studiò lungamente teologia. Egli voleva testimoniare che, oltre alla Germania nazista, alla quale si sarebbe richiesta una resa incondizionata, ne esisteva un'altra, pronta a mettere fine alla guerra, degna di rispetto e autorizzata a chiedere differenti condizioni di pace per il popolo tedesco. Quando nel 1933 Hitler salì al potere, Bonhoeffer, cappellano degli studenti e assistente dell'università di Berlino, **si unì ai pastori antinazisti**. Svolse attività pastorale in Germania, in Spagna, in America e per un breve periodo in Inghilterra. Durante la Seconda guerra mondiale, diffidato dal tenere prediche e dal pubblicare, prestò servizio come agente del controspionaggio militare e uscì per due volte dal Paese come clandestino, per stabilire contatti con gli Angloamericani. Fu arrestato nel 1943 e condotto nel **campo tedesco di Flossenbürg** (dove morì nel **1944**) perché coinvolto nel passaggio clandestino di quattordici ebrei in Svizzera. Le idee di Bonhoeffer hanno influenzato molti movimenti e dato valore alla resistenza cristiana alla guerra e ai regimi repressivi, soprattutto al concetto tradizionale di **sequela** di Cristo fino al martirio.

#### LESSICO

**Sequela**
Le azioni e gli atteggiamenti messi in atto per seguire l'atteggiamento di Gesù.

▲ **Dietrich Bonhoeffer**

---

#### PER SAPERNE DI PIÙ

### Edith Stein compatrona d'Europa

Giovanni Paolo II nel 1999 nella lettera Apostolica *Spes aedificandi* l'ha dichiarata compatrona d'Europa poiché trascorse la propria esistenza in molti Paesi dell'Europa, seppe muoversi con sicuro intuito nel dialogo con il pensiero filosofico contemporaneo e morì come martire nell'immane tragedia del genocidio ebraico. Edith Stein condivide il titolo di compatrona d'Europa con **santa Brigida** e **santa Caterina**. Il motivo della scelta di queste tre donne è espresso al n. 3 del documento *Spes aedificandi*: santa Brigida ha collegato i confini d'Europa; Caterina ha riportato il papa alla sua sede naturale, Roma; Edith ha collegato la sue radici ebraiche a quella della sequela di Cristo.

## MASSIMILIANO KOLBE

Massimiliano Kolbe, nato nel **1894**, era già una voce viva della Polonia cattolica prima che scoppiasse la Seconda guerra mondiale. Dal 1917, anno in cui fondò la "**Milizia dell'Immacolata**", al 1930, anno in cui fu realizzata la "**Città dell'Immacolata**" formata da mille frati operai, questo frate minore conventuale diede luogo a innumerevoli attività, **opere assistenziali**, **culturali**, **devozionali** e incrementò il movimento mariano, che raggiunse più di due milioni di iscritti. Nel 1939, quando i tedeschi invasero la Polonia, preferì il carcere alla collaborazione e finì ad **Auschwitz**. Lì, dopo due settimane erano sopravvissuti quattro di dieci condannati per rappresaglia in seguito alla fuga di un prigioniero. Nel bunker, diventato piccola chiesa, Kolbe incoraggiò i compagni sino alla fine, nella speranza che il prigioniero fuggito fosse ritrovato e che loro venissero liberati. Nonostante il ritrovamento, le vittime non furono risparmiate. Ultimo a morire, nel **1941**, fu padre Kolbe, che sostituì un padre di famiglia. Fu canonizzato nel 1982.

### fonti e documenti

**Cavaliere dell'Immacolata**

Soffrire, lavorare e morire da cavalieri, non di una morte comune, ma, per esempio con una pallottola in testa suggellando il nostro amore per l'Immacolata, spargendo da vero cavaliere il proprio sangue fino all'ultima goccia, per affrettare la conquista del mondo intero a Lei. Io non conosco nulla di più sublime.

(Massimiliano Kolbe)

▲ **Massimiliano Kolbe**

### fonti e documenti

**La donna a fianco di Cristo**

La donna sta in piedi a fianco di Cristo, come la Chiesa e come la Madre di Dio. Là ella sta, per aiutare l'opera della redenzione. Il dono totale del suo essere e della sua vita la fa entrare nella vita e nelle fatiche di Cristo, permettendole di compatire e di morire con lui, di quella terribile morte che fu per l'umanità la sorgente della vita.

(Edith Stein)

## EDITH STEIN

Un esempio al femminile è quello della carmelitana Teresa Benedetta della Croce, proclamata santa da Giovanni Paolo II nel 1998. Al secolo Edith Stein, nacque a Breslavia da una famiglia ebrea tedesca il 12 ottobre del **1891**. Verso i 15 anni diventò atea e successivamente studiò filosofia a Gottinga. Nel 1921 **si convertì alla fede cristiana** e l'anno successivo ricevette il battesimo. Insegnò per alcuni anni filosofia e si affermò come pensatrice cattolica tenendo conferenze in gran parte d'Europa. Nel 1933 entrò come **novizia carmelitana** nel Carmelo di Colonia e l'anno successivo prese i voti con il nome di Teresa Benedetta della Croce, facendo poi la professione perpetua nel 1938. Trasferita in Olanda per sfuggire alle persecuzioni razziali, venne prelevata dal Carmelo di Echt e deportata ad **Auschwitz**, dove fu uccisa il 9 agosto del **1942**.

▲ **Edith Stein**

# 3 Il Concilio Vaticano II

## LA CONVOCAZIONE

Dopo la Seconda guerra mondiale maturarono nella Chiesa l'esigenza e la necessità di procedere a un **aggiornamento**, in riferimento ai **cambiamenti sociali e culturali** che avevano investito tutta la società.
Nel **1959** papa **Giovanni XXIII** si lanciava così nell'impresa di convocare un nuovo Concilio ecumenico, che aveva l'aria di rivelarsi qualcosa di completamente diverso da quelli celebrati fino a quel momento.

## IL CONCILIO

- Dopo tre anni di intensa preparazione, il Concilio si aprì in Vaticano l'11 ottobre **1962** e si concluse l'8 dicembre **1965**.
- Due papi lo celebrarono: **Giovanni XXIII**, che lo convocò, e **Paolo VI**, suo successore, che lo portò a compimento.
- Si svolse in **nove sessioni** e in **quattro periodi**.
- Promulgò quattro **costituzioni**, tre **dichiarazioni** e nove **decreti**.
- Mai si era tenuta un'assemblea così numerosa e con caratteri così universali: circa 2500 prelati, provenienti **da tutti i Paesi** (il 45% dal Sud del Mondo) e 93 **osservatori** appartenenti ad altre religioni e al mondo laico.
- In veste di osservatori, furono invitati e parteciparono i rappresentanti della Chiesa anglicana, della Chiesa ortodossa e delle diverse Chiese protestanti: vennero cioè **coinvolte tutte le Chiese cristiane**.
- All'ultima sessione furono anche ammesse **alcune donne**, sia laiche sia consacrate.

### PER SAPERNE DI PIÙ

## Lo spirito del Concilio

Lo spirito che animava il Vaticano II appariva sostanzialmente nuovo. Esso si esprimeva:
- nella **fedeltà alla Sacra Scrittura** (ma anche alla tradizione);
- nella **libertà di espressione** all'interno dell'assemblea conciliare;
- nella **fraternità ecumenica** nei confronti delle altre Chiese cristiane;
- nell'**apertura al mondo e a tutti gli uomini**.

▶ L'apertura del Concilio Vaticano II

## PER SAPERNE DI PIÙ

### Il rinnovamento promosso dal Concilio

Il Concilio ecumenico Vaticano II ha segnato un vero e profondo rinnovamento della Chiesa. Promosse infatti:

- l'**apostolato dei laici**, i quali sono responsabili, in virtù del battesimo e della cresima, dell'opera di evangelizzazione e della diffusione dei valori cristiani nel mondo;
- il **dialogo con le altre religioni**, in particolare con quelle monoteiste (ebraismo e islam);
- la **ricerca dell'unità con le altre confessioni cristiane**, cioè con la Chiesa ortodossa, con le Chiese della Riforma e con la Chiesa anglicana;
- il **rinnovamento liturgico**, nell'ottica di una maggiore partecipazione dei fedeli. In questo senso è stata approvata, per esempio, la celebrazione della Messa nella lingua corrente dei diversi Paesi (mentre fino a quel momento avveniva unicamente in latino);
- lo **studio della Sacra Scrittura** secondo i metodi dell'esegesi scientifica, ma anche la sua lettura da parte di tutti i cristiani;
- la traduzione del **messaggio evangelico nella lingua e nella cultura dei diversi popoli**, così da poter essere compreso da tutti;
- una serie di **iniziative di vita evangelica** vissuta concretamente: per esempio le comunità di base, l'esperienza dei preti operai, ecc.

▲ Una sessione del Concilio Vaticano II

## UNA NUOVA IMMAGINE DI CHIESA

Il Concilio tratteggiò una nuova immagine della Chiesa che, sebbene al vertice presentasse sempre il papa e i vescovi, **rivalutava fortemente il ruolo dei laici**. Ad essi veniva ora riconosciuto un compito fondamentale, quello di «ricondurre il mondo a Cristo» testimoniando agli uomini la propria fede.
Ma era soprattutto nei confronti del mondo che la Chiesa assunse un ruolo nuovo: essa si poneva nei confronti dell'umanità quale **segno e strumento di salvezza** per tutto il genere umano, **al servizio del popolo di Dio e dell'umanità**.
Dal Concilio emerse una Chiesa che, proprio attraverso l'impegno di annunciare il Vangelo a tutti i popoli, si prodigava per affermare la **giustizia** e promuovere la **pace**.

### fonti e documenti

**Una Chiesa solidale**

Le gioie e le speranze, le tristezze e le angosce degli uomini d'oggi, dei poveri soprattutto e di tutti coloro che soffrono, sono pure le gioie e le speranze, le tristezze e le angosce dei discepoli di Cristo, e nulla vi è di genuinamente umano che non trovi eco nel loro cuore.
La loro comunità, infatti, è composta di uomini i quali, riuniti insieme nel Cristo, sono guidati dallo Spirito Santo nel loro pellegrinaggio verso il regno del Padre, ed hanno ricevuto un messaggio di salvezza da proporre a tutti.
Perciò la comunità dei cristiani si sente realmente e intimamente solidale con il genere umano e con la sua storia.

(Concilio Vaticano II, *Gaudium et spes*, 1)

## 4 Giovanni XXIII

### PER SAPERNE DI PIÙ

#### La beatificazione

Giovanni XXIII fu dichiarato beato da papa Giovanni Paolo II il 3 settembre 2000. Il Martirologio Romano indica come data di culto il 3 giugno, mentre le diocesi di Bergamo e Milano ne celebrano la memoria locale l'11 ottobre, anniversario dell'apertura del Concilio. In generale, ai fini della beatificazione, la Chiesa cattolica ritiene necessario un miracolo: in questo caso, ha ritenuto miracolosa la guarigione, avvenuta a Napoli il 25 maggio 1966, di suor Caterina Capitani, delle Figlie della Carità, affetta da una gastrite ulcerosa emorragica che l'aveva ridotta in fin di vita. La suora, dopo aver pregato papa Giovanni XXIII, avrebbe avuto una sua visione, seguita dalla subitanea guarigione, accertata in seguito come scientificamente inspiegabile dalla Consulta Medica della Congregazione per le Cause dei Santi.

### L'IMPORTANZA DI COGLIERE "I SEGNI DEI TEMPI"

L'elezione di papa Giovanni XXIII (al secolo Angelo Roncalli) come successore di Pio XII, il 28 ottobre 1958 spinse molti osservatori a pensare a un pontificato di transizione, destinato a durare pochi anni e a non introdurre grandi novità: il neoeletto aveva settantasei anni, proveniva da una famiglia contadina e il suo modo di fare era molto diverso da quello dei suoi predecessori. In realtà la sua **personalità non comune** fu decisiva per la svolta della Chiesa. Schietto, attento più agli aspetti pastorali che a quelli diplomatici, semplice negli atteggiamenti (eliminò, per esempio, tutti i fasti del cerimoniale vaticano), compì alcuni gesti insoliti per un pontefice, come la visita negli ospedali e nelle carceri. Lo scopo principale che egli si prefisse era quello di **unificare la**

### fonti e documenti

#### L'importanza dell'ecumenismo

L'impegno ecumenico è importante: le parole di Gesù "Che siano, Padre, una cosa sola perché il mondo creda che tu mi hai mandato" in Giovanni 17,21 indicano che le divisioni tra i credenti in Cristo sono una contro-testimonianza, un segno e un effetto dell'infedeltà alla parola di Dio. L'ecumenismo più incisivo, più valido e subito possibile, è quello spirituale, fatto di preghiera, di rispetto, di carità, di "scambio di doni" spirituali, di accettazione e ascolto reciproco, di studio serio, di dialogo, sotto la guida dello Spirito Santo. Gli orientamenti di fondo suggeriti dai documenti del Concilio Vaticano II sono:
- distinguere sempre la sostanza della verità cristiana dal suo rivestimento espressivo. Molte difficoltà nascono da teologie e linguaggi diversi, che non sempre hanno un valore assoluto. È sempre molto di più quello che unisce i cristiani rispetto a quello che li divide;

**Chiesa** e intuì che per ottenerlo era necessario un **profondo rinnovamento della vita del clero e dei fedeli**. Lo definì "aggiornamento" e ne espose le linee principali in due encicliche, la *Mater et Magistra* (1961) e la *Pacem in terris* (1963). L'intuizione di Giovanni XXIII fu quella di rinnovare le strutture ecclesiastiche e disciplinari della Chiesa per poter adeguatamente **annunciare il Vangelo alla società contemporanea**.

> ### PER SAPERNE DI PIÙ
> 
> ## La verità e la carità
> 
> Ognuno di noi ha sentito l'attrattiva di quest'uomo e ha capito che la simpatia che lo ha circondato non era un inganno, non era un entusiasmo di moda, non era un futile motivo; era un segreto che ci si svelava, un mistero che ci assorbiva.
> Un altro semplicissimo binomio forse irradiava ai nostri occhi meravigliati e consolati la sua magica potenza, la combinazione cioè della verità con la carità.
> Ci ha dato la lezione elementare, ma così rara e così difficile a esprimersi nella realtà, dell'antica parola di san Paolo: «*professare il vero con l'amore*» (Efesini 4,15); ci ha fatto vedere che la verità, quella religiosa per prima, così delicata, così difficile anche nelle sue inesorabili esigenze di linguaggio, di concetto e di credenza, non è fatta per sé, per dividere gli uomini e per accendere fra loro polemiche, ma per attrarli a unità di pensiero, per servirli con premura pastorale, per infondere negli animi la gioia della conquista, della fratellanza e della vita divina.
> 
> (L. Bloy, *Discorso nel Duomo di Milano*, 7 giugno 1963)

- riconoscere le priorità del mistero e della funzione salvifica di Gesù Cristo, vero Dio e vero Uomo. È il fondamento della fede cristiana;
- avere il senso della storia. La storia si evolve continuamente e unità non significa necessariamente uniformità secondo un unico modello culturale. Anche la Chiesa, nel suo farsi storico, si evolve ed esprime pluralità;
- creare sempre rapporti di dialogo e non di polemica. È il riconoscere i valori autentici di cui ciascuno è portatore.

L'ecumenismo è in sostanza un atteggiamento fondamentale, un modo di vivere il cristianesimo: è la disponibilità a stare e camminare insieme anche nella diversità non superata e a fare a livello umano tutto ciò che è possibile per l'unità "... senza che sia posto alcun ostacolo alle vie della Provvidenza e senza che si rechi pregiudizio ai futuri impulsi dello Spirito Santo".

(Concilio Vaticano II, *Unitatis redintegratio*, 24)

# 5 Una nuova evangelizzazione

## LA MISSIONE E LA CHIESA

▼ La rivista "Le missioni della compagnia di Gesù"

Per secoli la Chiesa, nella sua missione evangelizzatrice, aveva dovuto appoggiarsi al potere politico: per raggiungere terre nuove, infatti, c'era bisogno di grandi mezzi e di protezione. I predicatori, dunque, nella maggior parte dei casi, erano giunti al seguito degli esploratori o, peggio, dei colonizzatori europei. Questo portò, agli occhi dei nativi Americani, degli Indios, degli Africani, degli Asiatici, a **identificare europeizzazione, civilizzazione ed evangelizzazione**: diffidenza e sospetto, quindi, e molto spesso a ragione, caratterizzarono il primo approccio alla buona novella.

**Benedetto XV** (1914-1922), con l'enciclica *Maximum Illud*, ricordò che alla base della missione ci dev'essere la Parola di Cristo e non una volontà di civilizzazione. Per questo l'obiettivo, dopo un primo annuncio da parte dei missionari europei, dev'essere la **creazione di un clero indigeno**. Quest'esigenza fu ribadita anche da Pio XI, dal Concilio Vaticano II e dagli ultimi pontefici.

## LE MISSIONI NEL NOVECENTO

L'Ottocento e il primo Novecento furono il periodo in cui il colonialismo, cioè il dominio, da parte delle potenze europee, di terre e popoli al di fuori dei loro confini, raggiunse l'apice. Con la Seconda guerra mondiale le colonie, in modo più o meno pacifico, riconquistarono la loro autonomia e li-

### PER SAPERNE DI PIÙ

## Missione e missioni

Il Concilio Vaticano II ha spiegato che, oggi, il compito della Chiesa e dei cristiani è quello di **annunciare Cristo** non solo alle popolazioni che ancora non lo conoscono ma anche **alla cristianità**. Nelle nostre società occidentali, pur di antica evangelizzazione, infatti, molti sono coloro che conoscono e accettano a parole il messaggio di Gesù, ma poi, nella vita quotidiana, fanno scelte che non sono dettate dalla fede cristiana. Per questo è necessaria **un'opera di ri-evangelizzazione della cristianità**.

bertà (**decolonizzazione**); in realtà continuarono a trovarsi in uno stato di disuguaglianza negli scambi con i Paesi più avanzati a causa di una politica di dominio economico e di ingerenza condotta dalle potenze (**neocolonialismo**).
Proprio per prendere le distanze dagli Stati e dai governi europei e dalle loro politiche neocoloniali, la Chiesa nel secondo dopoguerra ha intrapreso decisamente la strada dell'**inculturazione**, mentre i **missionari** si prodigavano per **fornire l'aiuto necessario a popolazioni che vivevano in estrema miseria, sia in Africa sia in Asia sia in America Latina**. Ancora oggi, ogni anno, sono numerosi i **missionari** che, schieratisi a difesa dei poveri, vengono **uccisi in diverse parti del mondo**.

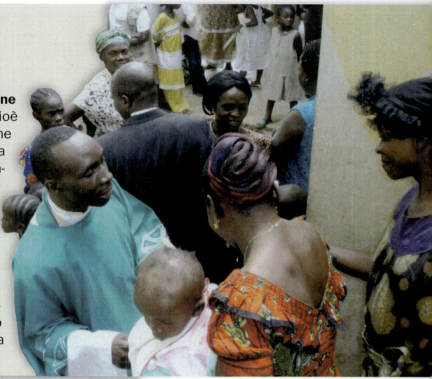

▼ Una missione in Congo

## PER SAPERNE DI PIÙ

### Gesù e l'inculturazione

Per i cristiani l'inculturazione ha anche una **motivazione teologica**: per diventare uomo, Gesù si è incarnato, cioè ha vissuto secondo le abitudini, la cultura, la religione e la mentalità degli Ebrei del suo tempo e parlando la loro lingua. Il Figlio di Dio per incarnarsi si è dovuto inculturare, perché **non si può essere uomini senza nascere e vivere all'interno di una cultura**. Però **il suo insegnamento evangelico è universale**: tutti i popoli possono accoglierlo e diventare cristiani, senza abbandonare la propria identità culturale. Il cristianesimo quindi è una religione che deve incarnarsi (inculturarsi) nella mentalità di chi ne vuole far parte. La Chiesa, dal canto suo, non può che essere multiculturale e multietnica. L'avvenire del cristianesimo passa attraverso il mutare della storia umana e la sua capacità di leggere i segni dei tempi.

## L'INCULTURAZIONE

Il cristianesimo è **una religione, non un modello culturale**: accettare di essere cristiano non deve automaticamente significare accettare e condividere un modello culturale o una mentalità. Per questo possono essere cristiani sia gli Europei sia gli Africani sia gli Asiatici... e **ognuno secondo la propria identità culturale**.
Inculturare il cristianesimo significa quindi "tradurre" **i valori cristiani** secondo i modelli culturali e la mentalità delle popolazioni indigene, rispettando il loro modo di vivere secondo la propria identità culturale, religiosa, sociale.
**Lo spirito missionario cristiano è appunto uno spirito di inculturazione.**

◄ Una missione in Sudan

## 6 Da Paolo VI a Benedetto XVI

### IL PONTIFICATO DI PAOLO VI

Al successore di Giovanni XXIII, Paolo VI (1897-1978), toccò il difficile compito non solo di portare a **compimento** il Concilio Vaticano II ma anche di darne **attuazione**. Differenti infatti erano le forze della Chiesa che premevano in un senso oppure in un altro: c'erano gli **ultraprogressisti**, che avrebbero voluto un'apertura al mondo ancor più marcata, ma c'erano anche gli **ultraconservatori**, che temevano l'abbandono della tradizione millenaria della Chiesa e frenavano sulle innovazioni. Paolo VI seppe mantenere una posizione di grande equilibrio: mentre ribadiva i **punti fermi della fede**, lavorò per l'**aggiornamento** e la **modernizzazione** della Chiesa.

◂ **Paolo VI**

### PER SAPERNE DI PIÙ

### Paolo VI tra tradizione e innovazione

- Dopo secoli, rinunciò all'uso della **tiara** papale (il copricapo con cui i papi fino ad allora venivano incoronati alla loro elezione): quella che gli era stata donata, la vendette e ne diede il ricavato ai poveri.
- Ribadì il **celibato ecclesiastico**.
- Si pronunciò contro la **contraccezione**.
- Dopo quattro secoli, abolì l'**indice dei libri proibiti** (quelli giudicati sconvenienti, che i cristiani non dovevano leggere).
- La notte di Natale del 1968 celebrò la **Messa di mezzanotte nelle acciaierie dell'Italsider**, in mezzo agli operai.
- Fu il **primo papa a prendere l'aereo**, per raggiungere terre lontanissime.
- È stato il **primo papa a visitare tutti i continenti**.
- Incontrò il **patriarca Atenagora**, patriarca di Costantinopoli: insieme decisero la revoca delle reciproche scomuniche del 1054 (vedi a p. 79).
- Volle per sé un **funerale estremamente sobrio**, come mai era successo in precedenza.

### fonti e documenti

#### Il potere del Papa

Innanzitutto direi che il Papa non ha il potere di imporre nulla. Il suo "potere" consiste unicamente nel fatto che ci sia persuasione e condivisione, nel fatto che le persone comprendano questo: "Formiamo una stessa cosa, e il Papa ha un compito che non si è dato da sé". Solo se c'è persuasione e condivisione, l'insieme può farcela. Solo nella condivisione della fede comune la Chiesa può anche vivere comunitariamente.

(Benedetto XVI, *Luce del mondo*)

## IL PONTIFICATO DI GIOVANNI PAOLO II

Karol Wojtyła (1920-2005), eletto nel 1978 con il nome di Giovanni Paolo II, fu il **primo papa non italiano dopo più di 400 anni**, e il **primo papa slavo della storia** (era nato infatti in Polonia).
Rinnovò la **missione di apostolato** propria del suo ruolo, visitando popoli e nazioni in maniera infaticabile: si è calcolato, infatti, che da solo ha percorso più chilometri di tutti i suoi predecessori messi assieme!
L'**apertura ecumenica** e la **volontà di riconciliazione e di dialogo con le diverse confessioni cristiane, con le altre religioni e con il mondo laico**, già caratteristiche del Concilio Vaticano II, sono arrivate con questo papa a piena maturazione. Contemporaneamente, Giovanni Paolo II **rafforzò il ruolo della Chiesa di fronte al mondo** e alla storia, intraprendendo una vigorosa azione **contro il comunismo** (di cui aveva conosciuto gli effetti nella sua terra natale). Ugualmente denunciò le **gravi ingiustizie prodotte dal capitalismo** e i **pericoli di una mentalità consumistica**.
In campo morale, ribadì le posizioni della Chiesa relative alla **sessualità**, al **celibato** dei preti, la **negazione del sacerdozio alle donne** e prese decisa posizione **contro l'aborto**.

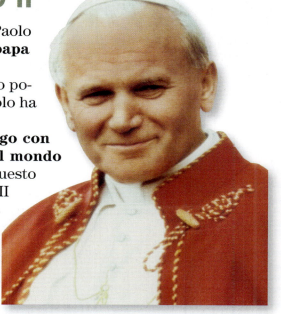

▲ Giovanni Paolo II

## BENEDETTO XVI

Nel 2005 divenne papa Joseph Ratzinger (1927) con il nome di Benedetto XVI, per segnare la continuità con il pontificato di Benedetto XV, papa durante la Prima guerra mondiale.
Il suo pontificato si caratterizza per il **dialogo con le altre religioni**, l'**appello per la pace** e la **rivalutazione della tradizione** della Chiesa.

◄ **Benedetto XVI e il rabbino capo di Roma Riccardo Di Segni**

### fonti e documenti

#### Sulle orme di Benedetto XV

Sulle sue orme desidero porre il mio ministero a servizio della riconciliazione e dell'armonia tra gli uomini e i popoli, profondamente convinto che il grande bene della pace è innanzitutto dono di Dio, dono purtroppo fragile e prezioso da invocare, tutelare e costruire giorno dopo giorno con l'apporto di tutti. Il nome Benedetto evoca, inoltre, la straordinaria figura del grande patriarca del monachesimo occidentale, san Benedetto da Norcia, compatrono d'Europa insieme ai santi Cirillo e Metodio e le sante donne Brigida di Svezia, Caterina da Siena ed Edith Stein. […] San Benedetto […] costituisce un fondamentale punto di riferimento per l'unità dell'Europa e un forte richiamo alle irrinunciabili radici cristiane della sua cultura e della sua civiltà.

(Benedetto XVI, *Discorso inaugurale di inizio pontificato*, aprile 2005)

◄ **Papa Benedetto e i giovani**
Papa Benedetto XVI e i giovani radunati per la Giornata Mondiale della Gioventù a Colonia, in Germania, 2005.

## 8 Il Novecento della Chiesa

# L'energia della fede

Giovanni Paolo II si definì "parroco del mondo" e girò la sua "parrocchia" in lungo e in largo. Infatti egli viaggiò instancabilmente durante tutto il suo pontificato proclamando la Verità incarnatasi in Gesù Cristo. Complessivamente visitò 26 Paesi, avendo particolarmente a cuore i luoghi travagliati da conflitti, da dittature e i Paesi del Sud del mondo: a costoro offrì un **Vangelo di speranza** e di comprensione dei **problemi umani, individuali e sociali**. Questo papa rivolse una speciale attenzione alla proclamazione e alla difesa dei **diritti umani**. Egli sosteneva come la **pace** nascesse prima di tutto dalla **giustizia** e come si basi sulla **fratellanza** e sulla reale **uguaglianza** dei figli di Dio. Egli esortò i cristiani a pregare per la pace e, con un'iniziativa senza precedenti, radunò nel 1986 e poi nuovamente nel 1993 e nel 2002 ad Assisi i rappresentanti delle grandi religioni del mondo a pregare insieme per la pace: questa si basa sul riconoscimento dei **valori comuni a tutte le grandi religioni del mondo** e sulla condanna assoluta della violenza.

◀ **Il papa e i bambini: una predilezione per l'innocenza del cuore secondo l'insegnamento di Gesù**

▲ **Il bacio con il "Capo dei credenti musulmani", re Hassan II del Marocco**

▶ **A Gerusalemme di fronte al Muro del Pianto**

▲ **Con gli indigeni in Nuova Guinea**

◄ In visita al capo spirituale buddhista in Asia

► Con Fidel Castro a Cuba

◄ In India con Madre Teresa

◄ Di fronte ai protestanti per ricomporre l'unità della Chiesa

▲ L'incontro con il rabbino Toaff

◄ La preghiera ecumenica ad Assisi

# La basilica di San Pietro

L'attuale basilica di San Pietro (il cui inizio della costruzione risale al 1506) fu terminata e consacrata nel 1626 da papa Urbano VIII. Si tratta di uno dei più imponenti esempi di stile barocco. Attualmente costituisce il cuore della cristianità e ogni anno attira migliaia e migliaia di pellegrini. La prima basilica di San Pietro fu fatta erigere nel IV secolo, nel luogo in cui fu martirizzato Pietro che lì è sepolto. Fu l'imperatore Costantino, nel IV secolo, a volere l'edificio che fu però demolito nel XIV secolo per far posto a una nuova chiesa più monumentale. Inizialmente i lavori furono affidati a Bramante, poi intervennero Michelangelo e Giacomo Della Porta. Infine, nel XVII secolo, il Maderno e il Bernini intervennero ulteriormente per ampliarla.

### La cupola
Progettata da Michelangelo, è l'emblema della basilica. Fu realizzata da Giacomo Della Porta che modificò tuttavia il disegno originario di Michelangelo. È alta 136 metri.

### Il Baldacchino di San Pietro
Ideato e realizzato da Bernini (1624-1633), è sorretto da quattro colonne tortili. Al centro sorge l'altare papale, collocato sulla verticale del sepolcro di San Pietro.

# 6 Da Paolo VI a Benedetto XVI — 163

**La facciata e la loggia delle benedizioni**
È preceduta da due statue (Pietro e Paolo), mentre sulla sommità, al centro, si trova la statua di Gesù, di lato alla quale ci sono undici dei dodici apostoli: manca infatti san Pietro.

**Il portico e le porte**
Il portico si estende lungo tutta la facciata e su di esso si affacciano le cinque porte della basilica. All'estrema destra vi è la Porta Santa (1950), aperta in occasione dell'anno giubilare.

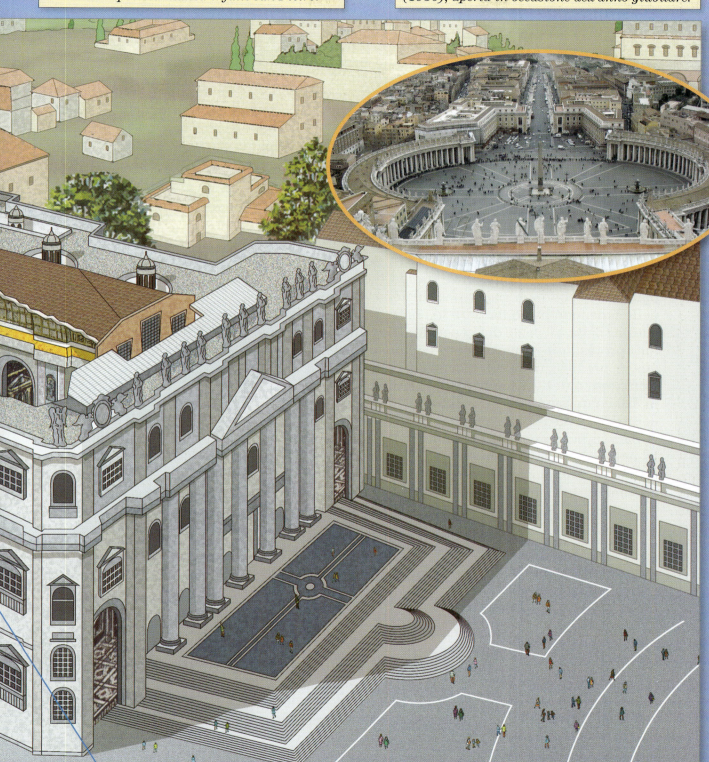

**La piazza**
A Bernini dobbiamo il colonnato, costituito da due ali ovali con quattro file di colonne. Al centro della piazza si eleva un obelisco egizio che si trovava nel vicino Circo di Nerone, dove fu martirizzato Pietro.

**Le tre navate**
La navata principale è coperta da una volta e culmina nella Cattedra. Quelle laterali ospitano varie Cappelle con opere di artisti famosi.

**Le Grotte Vaticane**
Si aprono nel sottosuolo della basilica e sono il luogo di sepoltura di molti pontefici. Esse si sviluppano nel dislivello tra l'antica e la nuova basilica.

# 7 Una Chiesa in dialogo

## L'IMPORTANZA DEL DIALOGO

Il Concilio Vaticano II e i pontificati di Paolo VI, Giovanni Paolo II e Benedetto XVI hanno inaugurato e promosso nella Chiesa la stagione del dialogo, sia con le altre confessioni cristiane sia con le altre tradizioni religiose. Abbiamo già visto che lo spirito del dialogo reciproco è necessario e fondamentale per porre le basi di rapporti improntati all'apertura e al rispetto, presupposti indispensabili per una **cultura di pace**.

## IL MOVIMENTO ECUMENICO

L'esigenza di un annuncio comune nacque nell'Ottocento fuori dall'Europa, tra i missionari delle diverse confessioni cristiane: **in terra di missione**, infatti, le differenze tra le Chiese apparivano secondarie rispetto al nucleo centrale della fede, condiviso da tutte le confessioni. Su questa spinta, all'inizio del XX secolo, sorse, in ambito protestante, il movimento ecumenico, che sfociò, nel 1948, nella costituzione del **Consiglio Ecumenico delle Chiese** (CEC) che riunisce più di 320 confessioni cristiane di tutti i continenti e di tutte le confessioni. La Chiesa cattolica non ne fa parte ufficialmente, ma collabora alle iniziative ed è membro di alcuni organismi.

In ambito cattolico l'*ecumenismo*, inizialmente guardato con diffidenza, ha poi trovato accoglienza e riconoscimento nel **Concilio Vaticano II**, che emanò a questo proposito due documenti: la dichiarazione sulla libertà religiosa (*Dignitatis humanae*) e il decreto sull'ecumenismo (*Unitatis redintegratio*).

> **LESSICO**
>
> **Ecumenismo**
> Deriva dal greco *oikouméne*, che significa "tutta la terra abitata". Il movimento ecumenico è l'insieme delle iniziative che nel corso della storia più recente sono state intraprese per ripristinare l'unità dei cristiani attraverso il dialogo fra tutte le Chiese.

▶ Il comitato centrale del CEC

## fonti e documenti

### Ogni divisione nella Chiesa è un'offesa a Cristo

Anche oggi per essere nel mondo segno e strumento di intima unione con Dio e di unità tra gli uomini, noi cristiani dobbiamo fondare la nostra vita su questi quattro "cardini": l'ascolto della Parola di Dio trasmessa nella viva tradizione della Chiesa, la comunione fraterna, l'eucaristia e la preghiera. Solo in questo modo, rimanendo saldamente unita a Cristo, la Chiesa può compiere efficacemente la sua missione, malgrado i limiti e le mancanze dei suoi membri, malgrado le divisioni, che già l'apostolo Paolo dovette affrontare nella comunità di Corinto [alla quale disse] "È forse diviso il Cristo?" (1 Corinti, 13). Così dicendo, egli afferma che ogni divisione nella Chiesa è un'offesa a Cristo; e, al tempo stesso, che è sempre in Lui, unico Capo e Signore, che possiamo ritrovarci uniti, per la forza inesauribile della sua grazia.

(Benedetto XVI, *Angelus* del 23 gennaio 2011)

**L'incontro interreligioso per la pace**
La comunità di Sant'Egidio si prodiga per il dialogo tra appartenenti a religioni diverse.

## IL DIALOGO INTERRELIGIOSO

Oggi più che in passato, vi è una maggiore coscienza della pluralità delle religioni nel mondo. Questo rende **indispensabile** il dialogo interreligioso, in vista dei problemi e dei bisogni che riguardano l'umanità, per favorire la ricerca del senso della vita e per promuovere un'**azione comune per la pace e per la giustizia** nel mondo.

Il dialogo interreligioso fa parte della missione evangelizzatrice della Chiesa, è reso necessario dal profondo rispetto per tutto ciò che lo Spirito opera e ha operato nell'uomo e si fonda sulla speranza e sulla carità. Le altre religioni costituiscono una ricchezza per la Chiesa che è chiamata sia a scoprire e a riconoscere in esse i **segni della presenza del Cristo e dell'azione dello Spirito** sia ad **approfondire la propria identità** e a **testimoniare l'integrità della rivelazione**, di cui è depositaria per il bene di tutti. La conoscenza e il confronto con le altre religioni, infatti, fanno maturare il senso di appartenenza, rendono consapevoli della propria identità religiosa e sviluppano la capacità di accogliere le differenze **come ricchezza** di tutto il genere umano, così da superare pregiudizi, malintesi e intolleranze. A partire dal 1908, ogni anno, dal 18 al 25 gennaio, i cristiani di tutte le confessioni celebrano la **"Settimana ecumenica di preghiera per l'unità dei cristiani"**. Sono giorni in cui i cattolici, i protestanti, gli ortodossi e gli anglicani pregano insieme perché si avvicini il giorno in cui tutti possano riconoscersi nella stessa Chiesa di Gesù Cristo, Signore e Salvatore.

**I tre monoteismi in dialogo**
Giovanni Paolo II, il rabbino Meir Lau e il Mullah Sheikh Tatzir Tamini pregano per la riconciliazione a Gerusalemme.

### PER SAPERNE DI PIÙ

## I capisaldi dell'ecumenismo

- Distinguere sempre **la sostanza** della verità cristiana **dal suo rivestimento espressivo**: molte difficoltà nascono da teologie e linguaggi diversi, che non sempre hanno un valore assoluto. È sempre molto di più **quello che unisce** i cristiani rispetto a quello che li divide.

- Riconoscere le **priorità del mistero e della funzione salvifica di Gesù Cristo**, vero Dio e vero Uomo: questo è il fondamento della fede cristiana.

- Avere il **senso della storia**: la storia si evolve continuamente e dunque unità non significa necessariamente uniformità secondo un unico modello culturale.

- Creare sempre **rapporti di dialogo** e non di polemica, **riconoscere i valori autentici** di cui ciascuno è portatore.

L'ecumenismo è in sostanza un atteggiamento, **un modo di vivere il cristianesimo**: è la disponibilità a stare e a camminare insieme anche nella diversità non superata e a fare a livello umano tutto ciò che è possibile per il raggiungimento dell'unità.

# 8. La riconciliazione con la scienza

## UN RAPPORTO NON FACILE

Per secoli la Bibbia venne consultata non solo come libro di fede ma anche come testo di scienza: **le affermazioni riportate nel testo sacro**, infatti, erano state **assunte in modo letterale**, credendo quindi che avessero una **validità anche scientifica**.

Se per esempio la Bibbia affermava che era il Sole a muoversi attorno alla Terra, la teoria geocentrica veniva assunta come una verità scientifica. Il fatto che la scienza moderna mettesse in dubbio e poi confutasse tale teoria, fu avvertito come un voler mettere in dubbio l'autorità della Chiesa e quella della Sacra Scrittura. Venne così a crearsi un clima di **reciproco sospetto e diffidenza** tra uomini di Chiesa e scienziati, di cui troviamo eco talora ancora ai giorni nostri.

### fonti e documenti

**Due campi del sapere distinti e complementari**

In realtà, la Sacra Scrittura non si occupa dei dettagli del mondo fisico, la cui conoscenza è affidata all'esperienza e ai ragionamenti umani.

Esistono due campi del sapere, quello che ha la sua fonte nella Rivelazione e quello che la ragione può scoprire con le sole sue forze. A quest'ultimo appartengono le scienze sperimentali e la filosofia. La distinzione tra i due campi del sapere non deve essere intesa come una opposizione. I due settori non sono del tutto estranei l'uno all'altro, ma hanno punti di incontro. Le metodologie proprie di ciascuno permettono di mettere in evidenza aspetti diversi della realtà.

(Giovanni Paolo II, *Discorso ai partecipanti alla sessione plenaria della Pontificia Accademia delle Scienze*, 31 ottobre 1992)

◀ **Il sistema tolemaico**
La Terra al centro dell'universo.

▼ **Galileo illustra le sue teorie allo scienziato Viviani**
Tito Lessi (Firenze, Museo della Scienza).

▶ **Il sistema copernicano**
Il Sole al centro dell'universo.

## 8 La riconciliazione con la scienza

## IN DIALOGO

Con il Concilio Vaticano II, la Chiesa ha riconosciuto che la Sacra Scrittura è, al contempo, rivelazione ispirata da Dio ma opera anche degli uomini che l'hanno scritta, i quali, ovviamente, hanno espresso le **verità con linguaggio e immagini del loro tempo e della loro cultura**. Non è possibile dunque leggere la Bibbia con l'intento di trovare in essa **verità di tipo scientifico**, che andranno **indagate non dalla fede ma dalla scienza**.

Scienza e fede, dunque, paiono non più in contrapposizione tra loro, ognuna di esse avendo **differenti campi e metodi di indagine**: la scienza risponderà agli interrogativi su "**come**" e "**che cosa**" è avvenuto, la fede sul "**perché**".

Ciò non significa, tuttavia, che gli ambiti di scienza e fede siano estranei uno all'altro o che non possano comunicare: occorre, anzi, che si instauri un dialogo sempre più profondo tra questi due campi del sapere, entrambi essenziali all'uomo.

### PER SAPERNE DI PIÙ

### L'armonizzazione tra scienza e religione

Il mistero non è più rifiutato dalla scienza. Al contrario, proprio lei ci fa comprendere l'immensità del mistero che ci circonda.
La scienza rinuncia sempre di più a dire l'ultima parola e a esaurire l'insondabile profondità dell'uomo e dell'universo. Il campo delle sue ricerche resta tuttavia immenso; da trecento anni a questa parte le sue scoperte hanno capovolto la nostra vita quotidiana e impongono il rispetto.
Scienza e religione costituiscono dunque le due grandi aperture sul mistero che ci circonda. Perché dovrebbero farsi concorrenza? Perché il cammino della scienza non dovrebbe essere il primo passo verso la preghiera?

(J. Delumeau, *Il fatto religioso*, SEI, Torino, 1997, p. 809)

## *fonti e documenti*

### Appello agli scienziati

Impegnatevi a difendere l'uomo e la sua dignità presso i centri decisionali che determinano le politiche scientifiche e le pianificazioni sociali. Troverete sempre un'alleata nella Chiesa, ogni volta che vi adopererete nella promozione dell'uomo e del suo vero sviluppo.

È così dall'interno, sicuramente, che la Chiesa si interessa ai vostri lavori. Perché niente di ciò che può approfondire la nostra conoscenza dell'uomo, della natura, dell'universo, ci può lasciare indifferenti. Ogni progresso scientifico, perseguito con rettitudine, onora l'umanità ed è un tributo al Creatore di tutte le cose. Le vostre ricerche costituiscono la continuazione dell'ammirabile rivelazione che Dio ci ha offerto nella sua opera creatrice. La Chiesa non si volge innanzitutto verso le vostre scoperte per fondarvi facili argomenti apologetici per confortare i credenti. Essa cerca piuttosto, grazie a voi, di ampliare l'orizzonte della sua contemplazione e della sua ammirazione per la trasparenza del Dio infinitamente potente che risplende nella sua creazione.

(Giovanni Paolo II, *Discorso in occasione del 350° anniversario della pubblicazione dell'opera di Galileo "Dialoghi sui due massimi sistemi del mondo"*, Roma, 9 maggio 1983, nn. 7-8)

▲ **Charles Darwin**
Ritratto da J. Collier (Londra, National Gallery).

# 9 Cristiani e cattolici oggi nel mondo

## IL CRISTIANESIMO NEL MONDO

Il cristianesimo è attualmente la religione più diffusa al mondo:
- più di 2 miliardi sono cristiani, divisi poi nelle varie Chiese;
- circa 1 miliardo è musulmano;
- circa 900 milioni sono induisti.

L'Europa è il continente in cui il cristianesimo è in recessione dalla fine del Settecento, ma è soprattutto nel Novecento che questo processo ha subito un'accelerazione. Nell'Europa occidentale questo calo ha coinciso con un'adesione più sincera alla fede (un tempo si era cristiani innanzitutto per tradizione), mentre l'Europa dell'Est ha subito nel corso dell'ultimo secolo (fino al 1989) un processo di scristianizzazione forzata a opera dei regimi comunisti di quei Paesi (prima nell'ex Unione Sovietica e poi nei Paesi governati dai regimi satelliti dell'URSS).

Nonostante ciò, la presenza dei cristiani si concentra tuttora in Europa e nelle Americhe, anche se negli altri continenti, appare sostanzialmente in crescita (anche se talora si trova a fronteggiare una crescente propaganda musulmana).

## IL CATTOLICESIMO NEL MONDO

I cristiani, che costituiscono complessivamente il 33% degli abitanti della Terra, sono così divisi:
- circa il 17,3% di cattolici (sono, sul totale della popolazione mondiale, oltre un miliardo);
- circa il 5,6% di protestanti (delle Chiese luterane e riformate);
- circa 3,6% di ortodossi (delle Chiese russa, greca, armena);
- circa 1,3% di anglicani;
- circa 5% di altre Chiese (copta, battista, pentecostale, ecc.).

---

### PER SAPERNE DI PIÙ

### L'avanzata delle Chiese riformate

Allo stato attuale in **Europa**, la Chiesa di Roma costituisce un centro focale di aggregazione per il **cattolicesimo**. La presenza protestante risulta invece affievolita.

Al contrario, in **Nordamerica**, il **protestantesimo** è assai più vitale del cattolicesimo e molto diversificato al suo interno. Le Chiese riformate più diffuse sono quella **metodista** e quella **battista**. Quest'ultima ha goduto di larga diffusione fra i neri d'America, che al cristianesimo battista legarono la lotta antischiavista e antisegregazionista. **Martin Luther King** (1929-1968), grande protagonista della battaglia per i diritti civili, era un pastore battista, assassinato a Memphis. Premio Nobel per la pace nel 1964.

◀ **Martin Luther King con il figlio**

9 Cristiani e cattolici oggi nel mondo 169

Rispetto alla popolazione mondiale, il numero dei cattolici di anno in anno risulta in lieve aumento, anche se le percentuali rimangono sostanzialmente inalterate a causa del ritmo di crescita della popolazione. Mentre l'Europa costituisce il caposaldo del cattolicesimo (la presenza delle Chiese protestanti qui risulta affievolita), in America si assiste negli ultimi anni a una maggiore vitalità del protestantesimo: negli Stati Uniti ma anche in America Latina si assiste talora a passaggi dal cattolicesimo tradizionale a Chiese evangeliche.

### Bambini al lavoro
Bambini al lavoro in una miniera di carbone in Colombia.

## PER SAPERNE DI PIÙ

### Con gli sfruttati, ma contro la violenza

Una situazione particolarmente difficile per il cristianesimo è il Sudamerica. Legata tradizionalmente al cattolicesimo, l'America Latina, fin dall'epoca compresa tra le due guerre mondiali, ha dovuto fronteggiare la penetrazione del capitalismo statunitense e l'offensiva delle organizzazioni protestanti nordamericane, ricche di mezzi e appoggi governativi.
Nei Paesi latinoamericani la più sfacciata ricchezza, in mano a pochi, convive con la **fame** e la **miseria**. Governi autoritari e dittature tengono a freno le ribellioni contro questa situazione. La Chiesa cattolica si schiera con i poveri e nel contempo cerca di evitare che alla violenza si risponda con la violenza.
Nel 1968 a Medellín (Colombia) si aprì una Conferenza, voluta da Paolo VI, a cui parteciparono 155 vescovi e 137 rappresentanti di sacerdoti e laici. In quell'occasione la gerarchia cattolica si schierò dalla parte degli sfruttati. Il papa raccomandò al clero di **vivere in povertà**, come la maggior parte della popolazione.
Tuttavia la Conferenza non riuscì a segnare una ripresa della vita cristiana in Sudamerica, anche se si formarono molte comunità di base che si fanno carico dei problemi concreti delle persone.

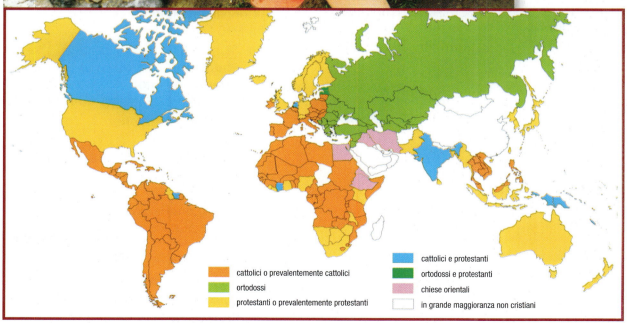

### Confessioni cristiane nel mondo

- cattolici o prevalentemente cattolici
- ortodossi
- protestanti o prevalentemente protestanti
- cattolici e protestanti
- ortodossi e protestanti
- chiese orientali
- in grande maggioranza non cristiani

# verifichiamo

## 1 La scelta giusta

**1. Benedetto XV definì la Prima guerra mondiale:**
- ☐ un intervento necessario
- ☐ un incidente di percorso
- ☐ un'inutile strage
- ☐ un atto dovuto

**2. La "questione romana" fa riferimento alle controversie tra:**
- ☐ Stato tedesco e Stato italiano
- ☐ Stato tedesco e Santa Sede
- ☐ Stato italiano e Santa Sede
- ☐ Unione Sovietica e Santa Sede

**3. Il Concilio Vaticano II ha:**
- ☐ introdotto numerose innovazioni nella vita della Chiesa
- ☐ lasciata invariata la vita della Chiesa
- ☐ riportato la Chiesa al modello medievale
- ☐ allontanato la Chiesa dalla tradizione

**4. Nei documenti del Concilio Vaticano II viene:**
- ☐ sottovalutato il ruolo dei laici nella Chiesa
- ☐ rivalutato il ruolo dei laici nella Chiesa
- ☐ non tenuto in considerazione il ruolo dei laici
- ☐ sottolineata l'inferiorità dei laici nella Chiesa

**5. Nei documenti del Concilio Vaticano II nei confronti delle altre Chiese cristiane viene espressa:**
- ☐ indifferenza
- ☐ fraternità ecumenica
- ☐ la necessità di rimanere separati
- ☐ intolleranza

**6. Il dialogo interreligioso per la pace e la giustizia nel mondo:**
- ☐ non è indispensabile
- ☐ è indispensabile
- ☐ è facoltativo
- ☐ è un valore aggiunto

**7. Inculturare il cristianesimo vuol dire:**
- ☐ usare il modello culturale europeo per evangelizzare
- ☐ non usare alcun modello culturale nell'attività di evangelizzazione
- ☐ tradurre i valori cristiani secondo i modelli culturali delle popolazioni indigene
- ☐ indurre a fare cultura

**8. Papa Paolo VI è stato il primo papa a:**
- ☐ prendere l'aereo
- ☐ andare in automobile
- ☐ muoversi senza portantina
- ☐ andare in vacanza

## 2 Vero o falso?

**9. Indica con una crocetta le affermazioni vere (V) e quelle false (F).**

- La Chiesa del Novecento condannò più volte il comunismo — V F
- Il Concilio Vaticano II si svolse dal 1964 al 1968 — V F
- Per l'evangelizzazione cristiana è fondamentale la creazione di un clero indigeno — V F
- Papa Paolo VI fu a favore di una modernizzazione della Chiesa — V F
- Papa Giovanni Paolo II è stato eletto papa prima del Concilio Vaticano II — V F
- Papa Giovanni Paolo II era favorevole al sacerdozio alle donne — V F
- Papa Benedetto XVI richiama continuamente il valore della pace — V F
- Il cristianesimo è la religione più diffusa nel mondo — V F

Sosta di verifica 171

# giochiamo

## ❶ Aiuto!!!!!!

Questo concetto espresso in uno dei documenti del Concilio Vaticano II sull'ecumenismo è stato scritto al contrario. Rimettilo in ordine.

"SEPARATI FRATELLI DEI ANIMO L' CONOSCERE BISOGNA. BENEVOLENZA E LEALTÀ CON CONDURLO BISOGNA E STUDIO LO NECESSARIO È PROPOSITO QUESTO A. FRATELLI PROPRI DEI CULTURA DELLA E DOTTRINA DELLA CONOSCENZA MIGLIORE UNA ACQUISIRE DEVONO PREPARATI DEBITAMENTE CATTOLICI I"

## ❷ Cerca le parole

Individua all'interno di questa griglia uomini e donne significativi per la Chiesa del Novecento. Anagrammando le lettere in rosso ti comparirà un evento significativo del XX secolo.

| M | A | S | S | I | M | I | L | I | A | N | O | K | O | L | B | E |
|---|---|---|---|---|---|---|---|---|---|---|---|---|---|---|---|---|
| A | G | I | O | V | A | N | N | I | X | X | I | I | I | P | E | D |
| D | P | P | B | E | N | E | D | E | T | T | O | X | V | I | N | I |
| R | A | I | G | A | R | C | O | T | E | I | S | O | I | O | E | T |
| E | O | O | U | V | I | O | I | P | O | I | T | A | C | X | D | H |
| T | L | X | N | A | C | N | T | L | R | A | I | C | I | I | E | S |
| E | O | I | M | T | E | E | F | E | E | I | T | C | O | O | T | T |
| R | V | I | N | N | S | A | S | N | S | I | O | U | R | O | T | E |
| E | I | C | E | I | P | V | I | O | F | T | L | N | E | S | O | I |
| S | O | S | I | A | L | B | T | N | A | S | O | S | O | N | X | N |
| A | O | R | O | C | P | A | O | A | R | O | L | T | T | L | V | R |
| G | I | O | V | A | N | N | I | P | A | O | L | O | I | I | I | I |

## ❸ L'anagramma

Giovanni Paolo II giudicava indispensabile riconoscerli per il rinnovamento della Chiesa.

(5 + 3 + 5)

E D T S I E M I P I E G N

# mappa concettuale

**on line**
- Riassunto dell'unità
- Verifica finale
- Guida alla lettura di: *Arrivederci ragazzi*
- Guida alla visione di: *Uomini di Dio*

Il Novecento è per la Chiesa un secolo drammatico.

La Chiesa, con Pio XI, condanna esplicitamente comunismo, fascismo e l'idolatria della razza.

Alcuni cristiani testimoniano la loro fede fino al martirio. Tra i martiri del XX secolo si ricordano in particolare Dietrich Bonhoeffer, Massimiliano Kolbe e Edith Stein.

Nel 1959 papa Giovanni XXIII convoca il Concilio ecumenico Vaticano II, che si tiene dal 1962 al 1965, portato a compimento da papa Paolo VI, che ribadisce i punti fermi della fede, ma lavora per la modernizzazione e l'aggiornamento della Chiesa.

Nel Novecento l'obiettivo delle missioni cristiane è annunciare Cristo, non civilizzare e importante diventa la creazione di clero indigeno. La Chiesa, del secondo dopoguerra, intraprende la strada dell'inculturazione e dell'aiuto alle popolazioni ridotte in miseria.

Con il Concilio, l'ecumenismo trova pieno accoglimento in ambito cattolico.

Con il Concilio Vaticano II, la Chiesa puntualizza come la Bibbia non vada letta con l'intento di trovarvi una verità scientifica.

L'apostolato di Giovanni Paolo II è ricordato soprattutto per l'apertura ecumenica, la volontà di riconciliazione e di dialogo con gli altri cristiani, le altre religioni e il mondo laico.

Il pontificato di Benedetto XVI si caratterizza per il dialogo con le altre religioni, l'appello per la pace e la rivalutazione della tradizione della Chiesa.

# ORIENTE OCCIDENTE
## le immagini lo spazio

Raffaello Sanzio, *Gesù Cristo*, particolare della *Disputa del Sacramento*, 1508-1509 (Palazzi Vaticani, Città del Vaticano).

# ...hi del Mistero

## La Veronica

In Occidente le raffigurazioni del "Volto non dipinto da mano umana" sono note come il "velo della Veronica". Sono immagini derivate da un'altra tradizione apocrifa, nota dal XIII secolo, secondo la quale, mentre Gesù Cristo portava la croce verso il Calvario, una donna, Veronica, gli offrì il velo che le copriva il capo per tergersi il sudore dal volto. Sul telo rimase l'impronta del volto di Cristo coronato di spine (la "vera icona" da cui Veronica). Gli studiosi affermano che le immagini che rappresentano il telo della Veronica non sono altro che "copie" del vero volto di Cristo, **l'uomo della Sindone**. Un volto simile è impresso anche nel sudario di Oviedo, in Spagna, posto sul capo di Gesù durante la deposizione dalla croce e poi rimosso prima di avvolgere il corpo nella Sindone. Al di là del problema dell'autenticità o meno di queste reliquie, rispetto a cui neppure la Chiesa ha assunto una posizione ufficiale, dal punto di vista artistico è importante notare come esse abbiano veicolato l'immagine del Cristo barbuto e con i capelli lunghi, anche nell'arte occidentale dei primi secoli.

### ▶ La Madonna con il Bambino
Anche l'immagine della Madonna nell'arte occidentale subisce cambiamenti nei secoli. (Boccaccio Boccaccino, 1515 ca. Boston, Museo of Fine Arts).

### ▶ La madonna acheropita
Non dipinta da mano umana questa Madonna Nicopeia (apportatrice di vittoria) riflette l'eredità di Bisanzio a Venezia (Basilica di San Marco).

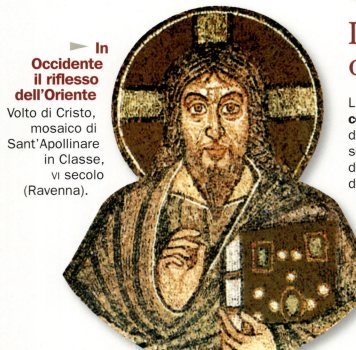

### ▶ In Occidente il riflesso dell'Oriente
Volto di Cristo, mosaico di Sant'Apollinare in Classe, VI secolo (Ravenna).

## La permanenza delle immagini

L'arte cristiana antica e medievale è caratterizzata dal **concetto di "copia"**: l'autenticità di ogni immagine, cioè, dipende dalla sua somiglianza con l'originale. Questa somiglianza dimostra la **verità dell'incarnazione**, fondata sulla testimonianza scritta dei Vangeli, ma anche delle icone che, rifacendosi a reliquie come il *mandylion*, riproducono gli autentici tratti fisici di Gesù: proprio quegli occhi, quel naso, quei capelli... Il pittore di icone (generalmente un monaco) è tenuto a rifarsi a dei modelli ben precisi contenuti in veri e propri manuali di pittura. Ben poco è lasciato alla creatività artistica, a differenza di quanto è capitato nell'arte occidentale in cui la rappresentazione delle immagini sacre si modifica in modo significativo lungo i secoli.

# Immagini e luog

In Oriente, l'icona, dunque, dopo due secoli di lotte ideologiche e fisiche (distruzione delle immagini, persecuzioni) uscì vittoriosa, nell'843, dalla lotta tra iconoclasti e iconoduli e questo segnò nel contempo una sconfitta delle eresie dei primi secoli, che, negando l'incarnazione di Cristo, negavano anche la possibilità di rappresentare la sua immagine. La rappresentazione del sacro in Oriente mantiene tuttora una sua caratterizzazione che mette in evidenza la differenza rispetto alle immagini delle chiese occidentali. Nelle chiese ortodosse il fedele, genuflettendosi e facendo il segno della croce con indice, medio e pollice uniti a indicare la Trinità, davanti alle icone sa di trovarsi di fronte a **un segno della presenza di Dio**. Lontano da ogni forma di idolatria, il fedele ritiene di trovarsi al cospetto di **qualcosa di visibile che permette un accesso all'invisibile**, una finestra aperta sul mistero. Secondo la tradizione ortodossa **l'origine delle icone è divina**, **rivelata**, così come è rivelata la Parola di Dio.

◀ **Il *mandylion***

▲ **Il volto della Sindone**

▼ **Uno stile immutato**
*Santo Volto di Jaroslavl'*, prima metà del XIII secolo (Mosca, Galleria Tret'jakov).

▲ **Nel volto il riflesso di un'epoca**
Benvenuto Tisi, detto il Garofano, *Cristo portacroce*, 1511 ca. (Cento, Collezione privata).

## Il *mandylion*

Secondo alcuni studiosi le icone sono copie del vero volto di Cristo. L'origine della tipologia iconografica del "Salvatore non dipinto da mano umana" (o **acheropita**) è legata principalmente a due narrazioni apocrife. La prima: nell'antica Rus', e poi nella Russia moderna, ebbe ampia diffusione il racconto della guarigione miracolosa del re di Edessa Abgar. Questi, colpito da una malattia incurabile inviò il suo servo Anania da Gesù Cristo, chiedendogli di guarirlo e affidando ad Anania l'incarico di dipingere l'effigie di Gesù. I tentativi di Anania di raffigurare Cristo si rivelarono vani. Allora Gesù si bagnò il volto e lo asciugò in un velo (il cosiddetto **mandylion**), su cui si impressero le sue sembianze. Nelle icone bizantine e poi in quelle russe, Gesù Cristo veniva raffigurato senza corona di spine, dato che la guarigione miracolosa del re Abgar dalla malattia era avvenuta prima della passione di Cristo.

# La rappresentazione

Il cristianesimo nacque privo di un'eredità artistica, anche perché il giudaismo, da cui esso emanava, proibiva la rappresentazione del sacro e del divino: «*Non ti farai idolo né immagine alcuna di ciò che è lassù nel cielo né di ciò che è quaggiù sulla terra, né di ciò che è nelle acque sotto la terra. Non ti prostrerai davanti a loro e non li servirai*» (Esodo 20,4-5). Occorre tuttavia sottolineare che questa prescrizione nasceva dal fatto che gli Ebrei, essendo circondati da popoli idolatri, erano in continuo e grave pericolo di idolatria, come dimostra il celebre episodio del vitello d'oro (Esodo 32,1-35). Del resto, nella Bibbia, la proibizione di fare statue e immagini non è assoluta: Dio stesso comanda a Mosè di costruire statue di «cherubini d'oro» e di porle sull'arca dell'alleanza (Esodo 25,18), di fabbricare e innalzare un serpente di rame (Numeri 21,8), e loda Salomone per aver posto nel Tempio molte immagini o statue (1 Re 7, 25-29). L'interazione fra i divieti biblici e la concezione greco-romana delle immagini è all'origine dell'iconografia cristiana. Il cristianesimo primitivo, tuttavia, preferì ricorrere a simboli come il pesce, l'ancora, l'agnello, ecc., anziché raffigurare esplicitamente la divinità.

▲ **Il pesce**
Simbolo cristologico per eccellenza perché il termine greco, come abbiamo visto a p. 40, indicava Cristo.

◄ **Il pellicano**
Come il pellicano si toglie le piume dal petto fino a farlo sanguinare per scaldare i suoi piccoli, così Cristo ha dato il sangue per i suoi figli.

▼ **Chiesa paleocristiana**
Interno della Chiesa di Santa Barbara in Cappadocia, che risente della tradizione iconoclasta.

► **La figura dell'orante**
Tratto dalla tradizione classica della *Pietas*, nelle catacombe si trova frequentemente la figura dell'orante. (Roma, Catacomba di Sant'Agnese, IV secolo).

## Il cristianesimo primitivo

Quando i cristiani cominciarono a decorare i luoghi di culto, sorse il problema della rappresentazione del sacro e, sin dai primi secoli, si sviluppò un dibattito sulla liceità o meno della raffigurazione di Gesù, della Madonna e di altre figure religiose. I teologi favorevoli alla venerazione delle immagini la giustificavano in base all'incarnazione di Cristo, che rendeva possibile la sua rappresentazione visibile.

# del sacro

## L'iconoclastia

Tuttavia nella **Chiesa d'Oriente** le immagini finirono per non avere soltanto una funzione decorativa, ma diventarono il centro della vita liturgica, tanto che, con il tempo, intorno a esse incominciò a svilupparsi un culto simile a una vera e propria **idolatria**. Così, verso la prima metà dell'VIII secolo, nell'Impero bizantino nacque un movimento politico-religioso noto come **iconoclastia** (dal greco, distruzione delle icone, cioè delle immagini sacre), secondo il quale la venerazione delle icone era da respingere in quanto assimilabile, appunto, all'idolatria. Nel 726 l'imperatore bizantino **Leone III l'Isaurico** (685 ca.-741) ordinò quindi la distruzione delle icone in quanto il loro culto rappresentava un'autentica eresia.

### Gli iconoclasti
Il santo pittore Lazzaro viene sorpreso a dipingere nei sotterranei della chiesa di San Giovanni a Costantinopoli e le guardie si apprestano a infliggergli un orribile supplizio. La figura femminile ammantata di rosso è l'imperatrice Teodora Armena, colei che nell'843 abolì per sempre l'iconoclastia. (Domenico Morelli, 1855, Napoli, Museo di Capodimonte).

### L'Arcangelo cancellato
Santa Sofia (Istanbul).

### Una croce paleocristiana

### Abramo velato dagli iconoclasti
Miniatura armena dall'Evangeliario di Etchmiadzin.

## L'iconodulia

Il patriarca di Costantinopoli contrastò l'imperatore e fu cacciato, mentre nella furia iconoclasta venivano distrutte non solo immagini, ma anche preziosi codici miniati.
In Occidente il papa, appoggiato dai vescovi, si oppose con successo al decreto imperiale e sostenne, contro l'imperatore, l'**iconodulia** (dal greco, il culto delle immagini sacre). Per porre fine alle dispute e deliberare una volta per tutte sull'iconodulia, il Concilio di Nicea, convocato nel 787, sancì la netta differenza tra "**venerazione**" delle immagini – ammessa – e "**adorazione**" – inammissibile perché solo Dio può essere adorato. Il Concilio chiarì inoltre che nelle immagini si venerano «*le persone rappresentate*» e non «*le icone materiali*» in quanto tali.

# lezza

## La risposta cattolica

Nel Cinquecento, il **Concilio di Trento** codificò le caratteristiche dell'arte sacra, in polemica con l'aniconismo luterano, a patto che essa illustrasse con fedeltà i testi sacri, fosse di chiara lettura, non contenesse oscenità, venisse posta sotto il controllo dell'autorità religiosa.

▶ **Architettura dipinta**
Interno della cattedrale ortodossa dell'Assunta (Mosca).

◀ **Un tripudio di decorazioni**
Cappella Sansevero (Napoli, 1749-1766).

## L'architettura come immagine

Durante la celebrazione liturgica il fedele ortodosso ha di fronte a sé l'**iconostasi**, cioè una **parete di icone** che separa la navata e la parte in cui il celebrante consacra il pane e il vino. Le porte centrali che introducono al santuario dove è posto l'altare sono dette "**porte regali**" in quanto il Signore è «*il re della gloria*» (Salmo 24,9-10). L'iconostasi è una vera e propria sintesi teologico-visiva della fede e della spiritualità ortodosse. A volte anche l'esterno delle chiese ortodosse è un trionfo di immagini e pitture: la decorazione delle facciate è particolarmente accurata e ravvivata da tocchi preziosi di colori e di luce che diventano un veicolo simbolico per partecipare al mistero divino.

◀ **Il soffitto di una chiesa della Riforma cattolica**
Giovan Battista Gaulli, detto il Baciccio, *Trionfo del nome di Gesù*, 1676-1679 (Roma, Chiesa del Gesù).

▶ **L'iconostasi della Trasfigurazione**
Inizi del XVIII secolo, chiesa dell'Isola di Kizhi.

# La teologia della b

L'edificio del culto cristiano ha subito una lunga evoluzione nella storia: dalla basilica paleocristiana all'architettura moderna gli edifici sacri hanno riflettuto lo stile e la mentalità di un'epoca. Nella tradizione cattolica, sebbene non nei primi tempi, si affacciò ben presto la consuetudine che le pareti fossero istoriate e recassero immagini riferite a episodi dell'Antico e del Nuovo Testamento o alla vita della Madonna o dei Santi. Questa ricchezza di immagini corrispondeva a uno scopo preciso: ne hanno beneficiato soprattutto i credenti per la loro **esperienza di preghiera e di vita**. Per molti di essi in epoche di scarsa alfabetizzazione, le espressioni figurative della Bibbia rappresentarono una concreta mediazione catechetica, tanto che san Gregorio Magno nel 599 affermava: «*La pittura è adoperata nelle chiese perché gli analfabeti, almeno guardando sulle pareti, leggano ciò che non sono capaci di decifrare sui codici*».

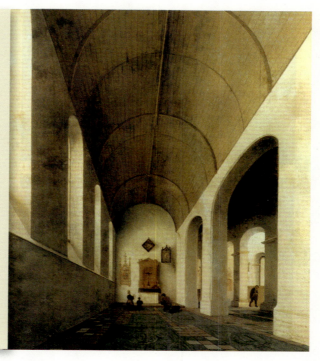

◀ **Interno di un edificio protestante**
In questo dipinto di Pieter Saenredam (*Interno della Chiesa di San Giovanni a Utrecht*, XVII secolo, Utrecht, Centraal Museum) si vede con chiarezza la nudità delle pareti spoglie secondo la volontà protestante.

## L'aniconismo protestante

Nel XVI secolo, con l'avvento del protestantesimo, l'iconoclastia riprese vigore. Molti capi protestanti incoraggiarono la **distruzione delle immagini religiose**, in sintonia con quanto avvenuto otto secoli prima, ritenendole un'espressione pagana della fede. Oggetto di queste distruzioni furono non solo le statue e i dipinti di Cristo, della Madonna e dei Santi, ma anche le reliquie. In alcuni casi la furia distruttiva non si fermò alle statue e alle immagini, ma coinvolse numerose chiese. Gli edifici protestanti si caratterizzano ancora oggi per il fatto di avere pareti spoglie e per gli interni austeri: in essi infatti trionfò l'**aniconismo** (cioè l'assenza di icone) in opposizione all'abitudine cattolica, ritenuta idolatra, di addobbare le chiese con dipinti, statue, vetrate colorate.

▼ **Un gruppo di protestanti distrugge immagini sacre e statue in una Chiesa cattolica**

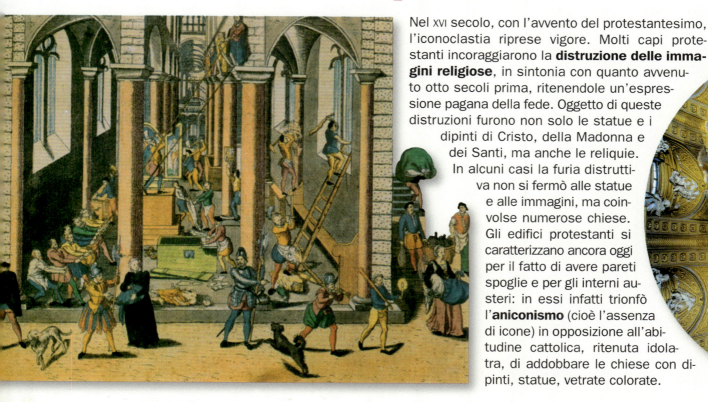

Girgis al-Musawwir, *Immacolata Concezione*, 1762 (Ordine Basiliano Aleppino, Libano).

Attività finali | **173**

# concludiamo la riflessione

## L'immagine

Sei in grado di tirare le fila di quanto hai studiato in questo capitolo? Quale significato hanno, dopo il tuo studio, il testo e l'immagine che sono alle pp. 146-147?

La "spettralità" delle cose, delle persone, degli ambienti della scena contemporanea rappresenta una "normale" scena tragica di crocifissione rappresentata ai giorni nostri.

Si tratta di quello che viene tradizionalmente definito il "compianto sul Cristo morto". La scena rinnova tutta l'attualità di una fine tragica e apparentemente priva di senso.

Gesù è qui, uguale tra uguali: un inno allo smarrimento che all'indomani del Secondo conflitto mondiale, rinnova tutta l'attualità del messaggio cristiano di speranza.

I testimoni dello strazio di una madre – con lo scialle in testa e coperta da un misero soprabito – sono ordinarie figure quotidiane di un'umanità appena uscita dalla tragedia della guerra.

## Una risposta da Dio

A p. 146 ti abbiamo proposto una novella famosa nella tradizione letteraria. Colui che narra la storia è un ricco giudeo che si dimostra particolarmente saggio.

▶ Che cosa simboleggiano i tre anelli?

▶ Quali sono il significato e la morale di questa storia, in relazione a quanto hai studiato?

# Vita della Chiesa

## 9

Tullio Garbari, *La vigna*, 1924 (Torino, Collezione privata).

## Cominciamo a riflettere

### Il destino della Chiesa nella liturgia

La Chiesa diviene visibile agli uomini in molte cose: nella *caritas*, nei progetti missionari, ma il luogo nel quale se ne fa realmente maggiore esperienza come Chiesa è la liturgia. Ed è giusto che sia così. In fondo il senso della Chiesa è di permettere che ci volgiamo a Dio e di lasciare entrare Dio nel mondo.
La liturgia è l'atto nel quale crediamo che Lui viene tra noi e noi lo tocchiamo. È l'atto nel quale si compie l'essenziale: entriamo in contatto con Lui. Egli viene a noi e noi veniamo illuminati da Lui.
In essa siamo ammaestrati e ci viene data forza in una duplice forma: da un lato, ascoltando la Sua Parola, così che Lo sentiamo parlare veramente, Egli ci indica la strada da seguire; dall'altro, per il fatto che Egli si dona a noi nel Pane transustanziato.
Naturalmente le parole possono essere diverse, differenti le posizioni del corpo. Per esempio, nella Chiesa d'Oriente, vi sono alcuni gesti diversi dai nostri.
In India, gesti identici che abbiamo in comune hanno in parte un altro significato.
Quel che conta è che al centro ci sia veramente la Parola di Dio e la realtà del sacramento; che Dio non venga da noi investigato nei pensieri e nelle parole in modo puramente intellettuale e che la liturgia non divenga un'auto-rappresentazione. [...]
La forma liturgica prestabilita dalla Chiesa è importante. [...] È importante non solo l'espressione, ma anche il carattere comunitario di questa forma.

da Benedetto XVI, *Luce del mondo*, Libreria Editrice Vaticana, Città del Vaticano

# Dio e l'uomo - Il linguaggio religioso

## OBIETTIVI DI APPRENDIMENTO

- Riconoscere in Cristo il Figlio di Dio il fondatore della Chiesa.

- Conoscere l'evoluzione storica e di unificazione religiosa e culturale della Chiesa, realtà voluta da Dio, in cui agisce lo Spirito Santo.

- Conoscere il cammino ecumenico della Chiesa.

- Riconoscere che la Chiesa è una realtà articolata secondo carismi e ministeri che fa riferimento a simboli religiosi e realtà sacramentali.

## COMPETENZE

- L'alunno sa ricostruire gli elementi fondamentali della storia della Chiesa e confrontarli con le vicende della storia civile.

- Sa riconoscere i linguaggi espressivi della fede.

# 1 Segno e strumento di salvezza

## LA CHIESA RIDISEGNATA DAL CONCILIO

In particolare durante il Concilio Vaticano II ebbe luogo un profondo ripensamento della Chiesa, della sua vocazione e della sua missione.

Dopo secoli in cui era entrata in competizione con il potere politico, entrambi con l'intento di ottenere la supremazia, dopo secoli in cui aveva preso le distanze dalla società civile, sentita come nemica, ora la Chiesa si sente chiamata in primo luogo **al servizio del popolo di Dio e dell'umanità**. Per questo il Concilio ebbe soprattutto preoccupazioni di tipo pastorale, manifestando uno **spirito di fedeltà alla Sacra Scrittura e alla tradizione**, uno **spirito di fraternità ecumenica** nei confronti delle altre Chiese cristiane, uno **spirito di apertura** al mondo e a tutti gli uomini. Dal Concilio emerse una Chiesa che, proprio attraverso l'impegno di annunciare il vangelo a tutti i popoli, si prodigava per affermare la **giustizia**, giungendo a chiedere perdono per tutti quei cristiani che non furono fedeli al Vangelo. La Chiesa nei confronti del mondo è segno e strumento dell'unione degli uomini con Dio e degli uomini tra loro:

- è **segno** perché manifesta in modo visibile (attraverso le proprie opere) questa unione, che è una realtà invisibile e nascosta;
- è **strumento** perché, per l'incontro di salvezza con Dio, offre all'uomo i mezzi necessari: la Parola di Dio, l'insegnamento della Chiesa (il magistero), i sacramenti.

▲ **Lo Spirito Santo**
Bernard Buffet, XX secolo (Città del Vaticano, Galleria di arte religiosa moderna).

### PER SAPERNE DI PIÙ

## La Chiesa secondo san Paolo

Per esprimere l'immagine della Chiesa, l'apostolo Paolo usa molti paragoni:
- quello del campo (1 Corinti 3,9);
- quello della casa (1 Timoteo 3,15);
- quello dell'edificio (1 Corinti 3,9);
- quello dell'albero (Romani 11,16-18);
- quello del tempio (1 Corinti 3,16);
- quello della sposa (Efesini 5,26);
- quello del corpo umano, composto di varie membra, ma uno e organico (Romani 12,4-5; 1 Corinti 12,12-27).

▶ **L'elevazione dell'ostia consacrata**
Miniatura del XIV secolo per le Decretali di Gregorio IX (Napoli, Biblioteca Nazionale).

## PER SAPERNE DI PIÙ

### La Chiesa e il Regno dei cieli

La Chiesa propone la salvezza di Cristo indistintamente a tutti gli uomini: sta a loro **scegliere se appartenere o meno alla Chiesa**, perché Gesù è morto e risorto per tutti. Il progetto di salvezza è stato preparato dal Padre da tutta l'eternità e Gesù lo ha manifestato nel tempo. Lo Spirito raccoglie nell'unità della Chiesa coloro che hanno accettato di credere e guida la comunità ecclesiale all'incontro con Dio. L'incontro nell'amore di Dio è la realizzazione del suo **Regno**: gli uomini, riconoscendo Dio come Padre, datore di vita, fonte di ogni felicità per l'uomo, accettano di compiere in eterno la sua volontà. Il Regno inaugurato dalla Chiesa si compirà oltre la storia e il tempo: la Chiesa che vive nella storia è dunque solo l'inizio di quella realtà più perfetta e completa che si realizzerà nel Regno dei cieli.

▲ **Una celebrazione eucaristica post-conciliare**
Il sacerdote è rivolto verso i fedeli.

▼ **La comunione degli apostoli**
Luca Signorelli, 1512 (Cortona, Museo diocesano).

## LA REALTÀ DELLA CHIESA

- La Chiesa è **corpo di Cristo**. Come ogni corpo, è formata da parti diverse, che, insieme, formano un "tutto".

- Si è Chiesa **per la fede** e questa fede si manifesta e si attua nell'**ascolto della Parola**, nel **battesimo** e nell'**eucaristia**.

- Nella Chiesa, i credenti condividono lo Spirito di Cristo, sono **fratelli** e hanno come vocazione fondamentale la **carità**.

- Gli appartenenti alla Chiesa sono "**tempio vivente**" di Dio, sono una comunità profetica, cioè ministri della Parola sia verso il mondo in cui vivono sia all'interno della comunità stessa.

- Ciascun membro della comunità è portatore di **carismi**, cioè di doni e vocazioni particolari, al servizio di tutta la Chiesa e del mondo.

- Momento fondamentale e vitale per la Chiesa è la **celebrazione dell'eucaristia**, in cui tutta la comunità celebra il memoriale della morte del suo Signore, rinnova l'attesa della sua futura venuta, alimenta, esprime e verifica la carità fraterna nel ricordo di quella di Gesù, con gioia e gratitudine.

### fonti e documenti

**Lo Spirito Santo e la Chiesa**

[Lo Spirito Santo] introduce la Chiesa nella pienezza della verità, la unifica nella comunione e nel ministero, la provvede e dirige con diversi doni [...], la abbellisce dei suoi frutti. Con la forza del vangelo la fa ringiovanire, continuamente la rinnova e la conduce alla perfetta unione con il suo Sposo.

(Concilio Vaticano II, *Lumen gentium*, 4)

# 2 L'organizzazione della Chiesa cattolica

## LA GERARCHIA ECCLESIASTICA

Nella Chiesa cattolica, il ministero sacerdotale viene esercitato nei tre gradi distinti del diaconato, del presbiterato e dell'episcopato.

- I **vescovi**, in quanto successori degli apostoli, sono i responsabili delle unità amministrative della Chiesa (chiamate **diocesi**) e con i loro collaboratori (presbiteri e diaconi), ne sono le guide spirituali. Hanno il compito di ordinare sacerdoti e diaconi e di amministrare il sacramento della cresima.
- L'insieme dei vescovi (il **collegio episcopale**) ha per capo il vescovo di Roma, il **papa**: egli è il successore di Pietro e, come Pietro, è segno e fondamento dell'unità della fede e della comunione dei vescovi tra loro e di tutta la Chiesa. È il papa che nomina i vescovi e i cardinali, messi a capo delle diocesi più importanti o degli uffici della Curia romana. A differenza degli altri incarichi (episcopali, cardinalizi e presbiteriali), la carica papale è a vita.
- I **presbiteri** o **sacerdoti** o **preti** collaborano con il vescovo e, all'occorrenza, possono sostituirlo (tuttavia, nelle situazioni in cui sia necessaria l'imposizione delle mani, come nel caso dell'amministrazione del sacramento della confermazione, ciò è possibile solo tramite esplicito mandato del vescovo). Se sono a capo di una comunità locale (**parrocchie**), sono detti parroci. I sacerdoti sono ministri della Parola di Dio (cioè hanno il dovere di annunciare a tutti il Vangelo), celebrano i sacramenti, sono pastori della Chiesa ed educatori del popolo di Dio nella fede; a essi sono affidati in modo particolare i più poveri e i più deboli.

◀ **I gradi della gerarchia ecclesiastica**
In questa miniatura del IX secolo sono definite le qualifiche di ciascun grado gerarchico.

### PER SAPERNE DI PIÙ

## La vita consacrata

Nel corso dei secoli si sono sviluppate all'interno della Chiesa, al di fuori dell'ordine sacro e dell'ambito delle diocesi, forme di vita consacrata a Dio. Le più importanti forme di vita consacrata sono costituite da:

- gli **ordini religiosi**, di più antica origine: per esempio:
  - gli ordini monastici (benedettini, cistercensi, certosini...)
  - gli ordini mendicanti (francescani, domenicani, ecc.);

## 2 L'organizzazione della Chiesa cattolica

- I **diaconi** sono coadiutori dei sacerdoti nelle comunità locali, occupandosi del servizio e dell'organizzazione della comunità: distribuiscono l'eucaristia, benedicono i matrimoni, presiedono ai funerali, proclamano il Vangelo, si dedicano ai vari servizi della carità.

I tre ordini (vescovi, presbiteri e diaconi) nel loro complesso costituiscono il **clero**. A differenza dei sacerdoti, i diaconi permanenti possono sposarsi, ma soltanto prima della loro ordinazione.

► Laici "ministri straordinari della comunione"

### LESSICO

**Clero**
Da latino cristiano *clerus*, parte eletta di una comunità.

**Laico**
Dal greco *laikós*, che significa "uno del popolo".

### fonti e documenti

**La missione dei laici**

[I laici] diffondano anche la fede di Cristo tra coloro a cui li legano vincoli sociali e professionali: questo obbligo è reso più urgente dal fatto che moltissimi uomini non possono né ascoltare il Vangelo né conoscere Cristo se non per mezzo di laici che siano loro vicini.

(Concilio Vaticano II, *Ad gentes*, 21)

## IL RUOLO DEI LAICI

Fino al Concilio Vaticano II il termine "**laico**" indicava colui che non era prete né religioso, con una sfumatura di negatività (veniva considerato infatti a un livello inferiore rispetto al clero o ai consacrati).
Il Concilio Vaticano II ha rivalutato fortemente il ruolo dei laici, che devono agire con libertà e responsabilità:

- **all'interno della Chiesa**, dove, anche a causa del declino delle vocazioni, sono chiamati a svolgere compiti che in precedenza erano affidati ai sacerdoti;
- **nel mondo**: non devono operare un distacco dal mondo ma vivere in esso, con la loro professione e nel loro stato di vita (sposato, celibe o nubile), per renderlo più cristiano, per santificarlo con la loro presenza.

I laici dunque sono oggi considerati membri della Chiesa a pieno titolo.

▲ **Santi fondatori di ordini monastici**
Beato Angelico, 1442.

- le **congregazioni religiose**, che comparvero a partire dal XVII secolo (per esempio passionisti, salesiani, ecc.).

Coloro che aderiscono a forme di vita consacrata (uomini e donne) pronunciano, in forma più o meno solenne, **i voti di povertà, castità e obbedienza**.
Agli uomini può anche essere conferito (ma non necessariamente) l'ordine sacro, cioè gli uomini consacrati a Dio possono anche diventare sacerdoti e possono quindi amministrare i sacramenti.

# 3 I segni sacramentali

## I SETTE SACRAMENTI

L'appartenenza alla Chiesa, popolo di Dio, che ha il compito di realizzare già sulla terra il Regno dei cieli (che troverà compimento nella vita futura) è resa visibile da segni visibili detti "sacramenti". Nella Chiesa cattolica sono sette:

- **battesimo**;
- **eucaristia** o comunione;
- **cresima** o confermazione;
- **confessione** o penitenza o riconciliazione;
- **unzione dei malati**;
- **matrimonio**;
- **ordine sacro** o sacerdozio.

I sacramenti accompagnano la vita del credente nelle tappe determinanti della propria esistenza.

▼ **I sacramenti**
Battesimo, matrimonio, ordine sacro, eucaristia in una miniatura di un messale del XIII secolo.

### PER SAPERNE DI PIÙ

## Che cos'è un segno?

È qualcosa di cui tutti noi abbiamo esperienza nella vita quotidiana, al punto di saperlo senza renderci conto di saperlo.

Quando stiamo per attraversare la strada, davanti a un semaforo, noi siamo davanti a un segno. Che cosa fa infatti il semaforo? Accende una luce verde per dare l'ordine "Passare", oppure una luce rossa per dare l'ordine "Non passare", oppure una luce gialla per dirci "Se stai attraversando, affrettati, perché fra poco divento rosso, e non ti permetto più di passare". Ora, "Passare", "Non passare", "Affrettarsi" non sono tre cose fisiche, che possiamo toccare, vedere, sentire: sono tre concetti, tre pensieri diversi, che esistono, ma sono astratti. La luce verde, quella rossa e quella gialla sono invece cose ben visibili. Ma ciascuna di queste luci ci serve per richiamare un ordine (appunto "Passare", "Non passare", "Affrettarsi") astratto, che non vediamo. Possiamo dunque definire il **segno come qualcosa di concreto**, che possiamo cogliere coi nostri sensi, che però ha lo scopo di indicare qualcosa di astratto, cioè qualcosa che possiamo cogliere solo con la nostra mente.

◁ **Il memoriale del sacrificio di Cristo**
Jaime Ferrer, *Ultima Cena*, particolare, XV secolo (Solsona, Museu Diocesà i Comarcal).

## AZIONI MOLTEPLICI

I sacramenti sono azioni:

- **dell'uomo**, in quanto si tratta di gesti umani rituali (eseguiti cioè seguendo modelli conosciuti di movimenti e gesti, recitando le parole ufficiali prescritte dal rito). Queste azioni rituali sono simboliche, essendo un mezzo reale e concreto per esprimere o per sperimentare qualcosa di astratto;
- **della Chiesa**, in quanto si tratta sempre di azioni rituali celebrate insieme a tutta la comunità dei fedeli. Un sacramento è sempre azione della Chiesa e il suo significato e i suoi effetti non si limitano solo alle persone per le quali viene celebrato;
- **di Cristo**, in quanto è Lui che agisce mediante la comunità riunita nel suo nome e che è il suo corpo (per questo motivo l'efficacia di un sacramento non dipende dalla capacità o dalla santità di chi lo celebra). I sacramenti esprimono la nostra fede, la nutrono e la rinforzano; mettono in contatto l'uomo con Cristo, che è così in grado di approfondire la propria amicizia con Lui.

## I SACRAMENTI E LA CHIESA

Nei sacramenti si uniscono un aspetto umano e uno divino: essi cioè sono nel contempo segni **spirituali** e **corporali**. In questo senso la **Chiesa** è essa stessa **sacramento di salvezza** perché, proseguendo l'opera di Cristo, contemporaneamente Dio e uomo, **manifesta in una forma visibile la sua realtà spirituale**. Ogni sacramento, inoltre, esprime:

- ciò che la Chiesa **è** (il popolo di Dio);
- ciò che la Chiesa **sa** (la rivelazione);
- ciò che la Chiesa **offre** (la salvezza voluta da Dio per gli uomini).

▲ **Il sacramento eucaristico**
Alla sua base c'è la fede nel Cristo risorto. (Moretto, *Allegoria della Fede*, 1530 ca., San Pietroburgo, Museo dell'Ermitage).

## 4 I sacramenti dell'iniziazione

### ENTRARE NELLA COMUNITÀ

Per entrare a far parte della Chiesa occorre dare un segno della propria fede alla comunità: i sacramenti dell'ingresso e dell'impegno nella vita cristiana sono detti **segni dell'iniziazione** (vedi a p. 10) e sono: battesimo, eucaristia (o comunione) e cresima (o confermazione).

### IL BATTESIMO

Il battesimo è il primo dei sacramenti ed è la **condizione senza la quale** non è possibile ricevere tutti gli altri. È il sacramento della fede iniziale, che costituisce una **risposta alla grazia di Dio** che chiama una persona a credere: con questo gesto sacramentale essa viene **accolta ufficialmente nella comunità** dei credenti.
Il profondo legame con Dio e con la Chiesa porta al battezzato la **libertà dal peccato originale** e la possibilità di vivere da "uomo nuovo", con lo stile della fede, della speranza e dell'amore.

▲ **La candela nel rito del battesimo**
Il fuoco richiama l'illuminazione dovuta allo Spirito Santo grazie a cui il battezzato diventa "figlio della luce".

◀ **Il battesimo**
Pietro Longhi, XVIII secolo (Venezia, Pinacoteca Querini Stampalia).

### PER SAPERNE DI PIÙ

#### Il rito del battesimo

Il gesto principale del battesimo è quello dell'abluzione con l'acqua (essa è presso tutti i popoli elemento concreto che rimanda alla purificazione e alla rigenerazione di una vita rinnovata), mentre si pronunciano il nome del battezzando e le parole «*Io ti battezzo nel nome del Padre e del Figlio e dello Spirito Santo*».
Seguono alcuni riti simbolici:

- l'unzione con il **crisma** (miscela di olio di oliva e balsami profumati) come consacrazione a Gesù e alla Chiesa;
- la consegna della **veste bianca**, simbolo della nuova dignità cristiana e più concretamente dell'essere rivestiti di Cristo risorto;
- la presentazione della **candela** accesa al cero pasquale, come segno della volontà di essere "**luce del mondo**";
- il rito dell'*effatà* con il gesto sulle orecchie e sulle labbra, quale invocazione perché il cristiano sia capace di ascoltare la Parola di Dio e di professarne pubblicamente la fede.

Con questo rito viene rappresentata e prodotta l'unione del fedele alla **morte e risurrezione di Cristo**: il cristiano, unito con il battesimo alla morte di Cristo, risorge con Lui nella vita eterna.

## L'EUCARISTIA

L'eucaristia è **fonte e vertice di tutta la vita cristiana**. È anche un rito di iniziazione perché la prima volta che ci si accosta a essa si prende parte insieme a tutta la Chiesa al banchetto di Dio, segno e causa di comunione tra Cristo e il credente e di fraternità con gli altri (in tutte le culture il banchetto è il gesto che simbolizza la pace, l'alleanza, la concordia).
Cristo si rende presente nell'eucaristia grazie alla **transustanziazione** (vedi a p. 108) del pane e del vino, ovvero con la trasformazione, a opera dello Spirito Santo, della sostanza di questi alimenti nel suo corpo e nel suo sangue. Questa presenza del corpo e del sangue di Cristo è **il fondamento del sacrificio della Messa**.

▶ **Il sacramento della cresima**
Nei tempi antichi la cresima veniva amministrata insieme al battesimo ai bambini piccoli. (Alberto Arnoldi, 1361, Firenze, Museo dell'Opera del Duomo).

## LA CONFERMAZIONE

La confermazione (o cresima) è il **sacramento della maturità cristiana**. Il battezzato trova in esso la forza per fare le scelte specifiche della propria vocazione personale e per vivere cristianamente la propria quotidianità. Nella confermazione il gesto principale è quello dell'**imposizione delle mani** da parte del vescovo, che invoca lo Spirito sui cresimandi, e dell'**unzione con il crisma** in forma di croce di ogni cresimando; questi riceve poi il saluto di pace che lo accoglie come adulto nella comunità. Questo sacramento viene amministrato **una sola volta** perché imprime un "segno" spirituale: il carattere (o **sigillo dello Spirito**), che è indelebile e indica l'appartenenza totale a Cristo, la sintonia e la collaborazione con Lui, conferisce la protezione divina nei momenti difficili e la forza di essere suoi testimoni.

### PER SAPERNE DI PIÙ

## Protagonisti umani dei sacramenti dell'iniziazione

- Il **battesimo** è ordinariamente amministrato da un sacerdote o da un diacono; in casi straordinari può essere amministrato da chiunque, anche non cristiano, purché intenzionato ad agire secondo la disciplina della Chiesa. Possono ricevere il battesimo gli adulti che lo domandano o i bambini per i quali i genitori lo richiedano. In ogni caso è necessario un periodo di preparazione.

- La **confermazione** viene amministrata dal vescovo o da un suo vicario. Anche per la confermazione è previsto un padrino o una madrina, che si prenda cura del fatto che il cresimato riceva una formazione cristiana. La confermazione viene abitualmente amministrata ai richiedenti nel periodo preadolescenziale.

- Ministri dell'**eucaristia** sono il vescovo e il sacerdote che consacrano il pane e il vino.

▲ **Ostensorio e calice**
Il primo è un oggetto liturgico, realizzato in metallo prezioso, utilizzato per esporre l'ostia consacrata.
Il secondo è un vaso sacro per la consacrazione del vino usato nella celebrazione eucaristica. Probabilmente, nell'epoca del cristianesimo antico, il calice era il recipiente più usuale per le bevande poiché l'eucaristia era un pasto celebrato nelle case private.

# 5 I sacramenti della guarigione

▲ **Il crisma**
È usato nel rito della confermazione e nell'unzione dei malati.

## LA MISERICORDIA DI DIO

I sacramenti della penitenza e dell'unzione degli infermi hanno lo scopo di aiutare l'uomo a vivere ogni situazione di limite umano con la consapevolezza che non è solo e che può trovare conforto in Dio e nella sua potenza misericordiosa. Ambedue sono **sacramenti ripetibili** giacché intervengono in situazioni che ricorrono frequentemente nell'esperienza umana.

## LA PENITENZA

La penitenza (chiamata anche sacramento della **confessione** o del **perdono** o della **riconciliazione**) è il sacramento che permette al peccatore di **ritrovare l'amicizia di Dio**. L'atteggiamento fondamentale che è alla base del sacramento consiste dunque nella **conversione** e nel **ritorno a Dio**.
Il peccatore, dopo aver fatto un esame di coscienza che gli consente di individuare i propri errori, manifesta il proprio pentimento (senza il quale non è possibile riconciliarsi con Dio) attraverso la confessione dei peccati, durante un **colloquio semplice e sincero**. Esso si conclude con la **conferma del perdono**, da parte del sacerdote, a nome di Dio e della comunità, con le parole dell'assoluzione, suggerendogli **atti concreti** da compiere (siano essi preghiere o riparazioni di un qualche danno causato) come dimostrazione del suo impegno a cambiare vita.

---

### PER SAPERNE DI PIÙ

## La storia del rito della penitenza

Nella Chiesa primitiva il credente, al momento del battesimo, veniva riconciliato con Dio e introdotto in uno stato di comunione che poteva essere interrotto unicamente da tre peccati gravi: omicidio, adulterio, apostasia (cioè rinnegamento della fede cristiana). Aver commesso uno di questi peccati comportava la confessione al vescovo e una pubblica penitenza, che poteva anche durare anni. Durante questo periodo, il peccatore doveva sottoporsi a pratiche molto gravose: vestirsi di sacco, digiunare rigorosamente, non accostarsi alla comunione, rimanere lontano da tribunali, negozi, cariche, ecc. Una penitenza di questo tipo, dunque, poteva essere ricevuta solo poche volte nella vita e, per evitare di incappare in essa, molti credenti rimandavano il battesimo alle soglie della morte. Con il passare dei secoli, la Chiesa trovò il modo per rendere più avvicinabile un sacramento che rinsalda il legame con Cristo e fortifica la fede: dall'VIII secolo si affermò dunque la pratica della confessione al sacerdote, che prevede l'espiazione in privato e la possibilità di accostarsi al sacramento tutte le volte che si pecca, senza limiti.

5 I sacramenti della guarigione  **185**

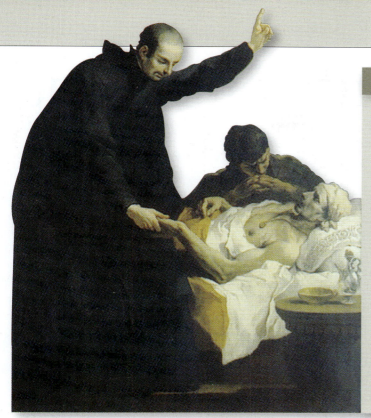

## PER SAPERNE DI PIÙ

### I protagonisti umani dei sacramenti della guarigione

I protagonisti umani del sacramento della riconciliazione sono il penitente, il sacerdote e la comunità cristiana che ha il dovere di accogliere il penitente. Il confessore è tenuto a mantenere segreto ciò che ha udito durante la confessione, a rischio della sua stessa vita.
Nel sacramento della guarigione degli infermi sono il sacerdote e il malato. Si uniscono a loro tutti coloro che si muovono intorno al malato e i componenti della comunità.

◄ **L'unzione dei malati**
Sebastiano Ricci, *San Gaetano conforta un moribondo*, 1725-1727 (Milano, Pinacoteca di Brera).

## L'UNZIONE DEI MALATI

Il sacramento dell'unzione degli infermi **conforta e rafforza** il cristiano che si trova in una situazione di pericolo di vita per **malattia grave**, **infermità** o **vecchiaia**. Molteplici sono gli effetti che l'unzione sacra dona: la grazia, la remissione dei peccati (è un sacramento che non riguarda solo il corpo, ma dona **anche la guarigione dell'anima**), il sollievo durante la prova e, talvolta, la guarigione del malato nel corpo e nello spirito. Il sacramento dell'unzione dei malati ha inoltre **una dimensione comunitaria**, sottolineando che tutta la comunità dei fedeli è accanto a chi soffre e compartecipa alla sua esperienza di dolore.

► **La confessione**
Giuseppe Maria Crespi, 1743 (Torino, Galleria Sabauda).

## *fonti e documenti*

### L'unzione degli infermi nella comunità primitiva

Chi tra voi è nel dolore, preghi; chi è nella gioia salmeggi. Chi è malato, chiami a sé i presbiteri della Chiesa e preghino su di lui, dopo averlo unto con olio, nel nome del Signore. E la preghiera fatta con fede salverà il malato: il Signore lo rialzerà e se ha commesso peccati, gli saranno perdonati.

(*Lettera di Giacomo* 5,13-15)

◄ **La penitenza**
Particolare dell'affresco di Andrea di Bonaiuto, XIV secolo (Firenze, Santa Maria Novella, Cappellone degli Spagnoli).

## 6 I sacramenti del servizio

### L'ORDINE SACRO

Gli apostoli che avevano ricevuto l'incarico da Cristo di ammaestrare le genti e battezzarle (Matteo 28,18-20), poiché non potevano occuparsi di tutto ed essere presenti ovunque, vennero supportati da alcuni cristiani, ai quali essi conferirono una speciale consacrazione mediante l'**imposizione delle mani** (gesto che indica il dono dello Spirito Santo). Era il sacramento dell'*ordine* sacro. Nella Chiesa cattolica esso viene conferito nei tre gradi di **diacono**, **presbitero** e **vescovo**.

Al consacrato Cristo comunica lo Spirito mandato dal Padre, lo fa divenire **segno e strumento** della sua azione di salvezza. I nuovi ministri ordinati vengono così resi partecipi della triplice funzione di Cristo: sacerdote, profeta e re. Il sacramento conferisce quindi loro la missione di santificare, dirigere e istruire il popolo di Dio, dedicandosi **totalmente** al servizio del vangelo per la Chiesa e per il Regno di Dio.

▼ La celebrazione del matrimonio cristiano

> **LESSICO**
>
> **Ordine**
> Il termine designava, in epoca romana, un gruppo di persone con funzioni pubbliche. Nel medesimo significato, passò a indicare, in ambito religioso, un gruppo di persone incaricate di un ministero pastorale.

### PER SAPERNE DI PIÙ

## Caratteristiche del sacramento dell'ordine

Il sacramento dell'ordine viene conferito, nella Chiesa cattolica, unicamente a persone di **sesso maschile**. Nell'ultimo secolo è stato da più parti sollevato il problema del sacerdozio alle donne, ma gli ultimi pontefici a questo proposito si sono pronunciati negativamente.

Il sacramento dell'ordine, come quello del battesimo e quello della confermazione, resta valido **per tutta la vita**: chi lo ha ricevuto, anche se abbandona volontariamente il ministero (o riceve una sospensione da esso), lo mantiene pur non esercitando più le relative funzioni (celebrazione dei sacramenti, ecc.).

Il conferimento del sacramento dell'ordine richiede il **celibato**, sia per i vescovi sia per i sacerdoti (mentre per i diaconi impone il divieto del matrimonio soltanto se successivo all'ordine).

▲ **L'ordinazione sacerdotale**
Giuseppe Maria Crespi, 1712 ca.
(Dresda, Gemäldegalerie).

# IL MATRIMONIO

L'apostolo Paolo (Efesini 5,22-33) parla del matrimonio come di una realtà umana in cui si manifesta nella sua pienezza la salvezza di Cristo.

Già fin nei primi secoli del cristianesimo vennero sottolineate la **necessità dell'aiuto e della grazia di Dio** nell'unione matrimoniale e la dimensione religiosa del matrimonio: esso, infatti, è **immagine dell'unione di Cristo con la Chiesa**.

Il Concilio Vaticano II ha ripreso il tema del sacramento come segno e partecipazione dell'amore di Cristo per la Chiesa e ha descritto le caratteristiche della vita degli sposi cristiani. Lo scopo del matrimonio è **l'amore reciproco** dell'uomo e della donna che dev'essere:

- **fedele**;
- **senza limiti temporali**;
- **fecondo** nella procreazione e nell'educazione umana e religiosa dei figli;
- vissuto **nella comunità civile e in quella religiosa**;
- **aperto al servizio**.

▶ **Il matrimonio**
Alberto Arnoldi, 1361 (Firenze, Museo dell'opera del Duomo).

## PER SAPERNE DI PIÙ

### Il matrimonio cristiano

L'anello che gli sposi si scambiano durante la cerimonia viene anche chiamato "fede", a testimoniare come essi si impegnino a rimanere fedeli l'uno all'altro per tutta la vita, nei momenti lieti come in quelli difficili. Essi promettono di amarsi, nello spirito e nel corpo, e di santificare questo amore con la nascita dei figli, che essi si impegnano ad amare, a far battezzare e a far diventare buoni cristiani, membri anch'essi della Chiesa di Dio.

▲ **Fedi nuziali**

▼ **La consacrazione di un diacono**
Il gesto dell'imposizione delle mani è antichissimo e risale agli usi ebraici.

## PER SAPERNE DI PIÙ

### I protagonisti umani dei sacramenti del servizio

Nell'**ordinazione episcopale** in genere impongono le mani al futuro vescovo i vescovi della regione di appartenenza. Lo aggregano dunque al collegio episcopale, successore del collegio dei dodici apostoli.

Nell'**ordinazione del presbitero** è il vescovo, con altri sacerdoti, a imporre le mani per consacrare chi si appresta a ricevere tale sacramento.

Nell'**ordinazione del diacono** impone le mani solo il vescovo. Nel sacramento del **matrimonio** i celebranti sono gli sposi: nell'esprimere il loro consenso essi sono ministri della grazia di Cristo. Il sacerdote e alcuni fedeli, infatti, sono solo testimoni del consenso matrimoniale e hanno l'incarico di rappresentare la comunità nel momento solenne in cui si forma una nuova famiglia.

# 7 L'anno liturgico

## IL TEMPO CRISTIANO

L'anno liturgico è il periodo di tempo (della durata di un anno, ma non coincidente con l'anno solare), in cui **si ripercorrono i fatti salienti della storia della salvezza e della vita di Gesù il Cristo**.

▶ **Il susseguirsi delle feste cristiane**
Miniatura medievale.

- L'anno liturgico inizia con un periodo di preparazione al Natale detto **Avvento**. Si tratta di un tempo di preghiera e penitenza in vista della celebrazione natalizia, che comincia con l'ultima domenica di novembre o la prima di dicembre. L'Avvento richiama anche l'attesa del ritorno di Cristo al termine della storia, come giudice degli uomini.

- Il 25 dicembre (ricollegandosi alla celebrazione pagana della festa del sole, perché per i cristiani Gesù è il vero sole) viene festeggiato il **Natale**, che **celebra l'incarnazione di Cristo**.

- Il **tempo di Natale**, successivo alla celebrazione della nascita di Gesù, termina la domenica dopo la festa dell'Epifania, con la festa del Battesimo del Signore.

- Precede la Pasqua un periodo di preparazione detto **Quaresima**, che inizia il Mercoledì delle Ceneri. Fino al IV secolo consisteva in una settimana di digiuno e penitenza; successivamente questo periodo si strutturò in un tempo di circa quaranta giorni (nella Bibbia sono numerosi i riferimenti al numero quaranta: per esempio quaranta furono gli anni in cui il popolo eletto vagò nel deserto; quaranta furono i giorni trascorsi da Gesù in preghiera e digiuno nel deserto prima di intraprendere la vita pubblica).

- La Quaresima si conclude con la **Settimana Santa**, che ha inizio con la Domenica delle Palme, e precisamente con il **Triduo pasquale** (Giovedì Santo, Venerdì Santo, Sabato Santo), in cui si ricordano l'Ultima Cena, l'arresto e il processo di Gesù, la morte in croce, la sepoltura e la sua risurrezione.

### fonti e documenti

**L'anno liturgico e il mistero pasquale**

Secondo la tradizione apostolica, che trae origine dal giorno stesso della risurrezione di Cristo, la Chiesa celebra il mistero pasquale ogni otto giorni, in quello che si chiama giustamente giorno del Signore o domenica. [...]
La domenica è per eccellenza il giorno dell'assemblea liturgica, giorno in cui i fedeli si riuniscono "perché, ascoltando la Parola di Dio e partecipando all'eucaristia, facciano memoria della passione, della risurrezione e della gloria del Signore Gesù, e rendano grazie a Dio che li ha rigenerati per una speranza viva

7 L'anno liturgico

- La data di **Pasqua** varia di anno in anno, in quanto viene fissata nella domenica successiva al primo plenilunio che segue l'equinozio di primavera (si colloca tra il 22 marzo e il 25 aprile). La festa, centro della fede cristiana, **celebra la risurrezione di Gesù**. Nella tradizione ebraica la festa di Pasqua commemorava invece il passaggio del mar Rosso da parte degli Ebrei e la liberazione del popolo eletto diretto alla Terra Promessa.

- Il **tempo pasquale**, successivo alla celebrazione della risurrezione di Gesù, dura sette settimane (cinquanta giorni) e si conclude con la festa della **Pentecoste**, in cui si celebra la discesa dello Spirito Santo sugli apostoli e su Maria, segnando l'inizio della Chiesa. L'origine della festa di Pentecoste è ebraica: *Shavuot* (letteralmente: settimane), celebrata sette settimane dopo la Pasqua ebraica, iniziando a contare dal secondo giorno di Pasqua, il 16 di Nisan, festeggiava le primizie del raccolto e commemorava la rivelazione di Dio sul monte Sinai.

- Dalla Pentecoste all'inizio dell'Avvento si svolge il **tempo ordinario**, che dura 34 settimane.

## TEMPO SACRO E TEMPO PROFANO

La scansione secondo il calendario liturgico dimostra come il mondo europeo sia stato permeato dalla presenza del cristianesimo che ha introdotto nella vita quotidiana abitudini proprie della sua liturgia, che tuttora viviamo come scansioni "normali" della nostra vita. La liturgia quindi sia nella scansione del tempo, sacro e profano, sia nell'individuazione di celebrazioni collettive, sia nella dimensione privata dei sacramenti e della preghiera costituisce la dimensione più quotidiana della vita di fede, quella che accomuna lungo il tempo chi appartiene al cristianesimo o, più genericamente, alla cultura dell'Occidente, che al cristianesimo si è riferita, per secoli.

▲ **Il calendario liturgico cristiano**
L'anno liturgico non coincide con l'anno solare.

per mezzo della risurrezione di Gesù Cristo dai morti".
A partire dal Triduo pasquale, come dalla sua fonte di luce, il tempo nuovo della risurrezione permea tutto l'anno liturgico del suo splendore. Progressivamente, da un versante e dall'altro di questa fonte, l'anno è trasfigurato dalla liturgia. [...]
La Pasqua non è semplicemente una festa tra le altre: è la "festa delle feste", la "solennità delle solennità", come l'eucaristia è il sacramento dei sacramenti (il grande sacramento). [...] Il mistero della risurrezione, nel quale Cristo ha annientato la morte, permea della sua potente energia il nostro vecchio tempo, fino a quando tutto gli sia sottomesso.
L'anno liturgico è il dispiegarsi dei diversi aspetti dell'unico mistero pasquale. Questo è vero soprattutto per il ciclo delle feste relative al mistero dell'incarnazione (Annunciazione, Natale, Epifania) le quali fanno memoria degli inizi della nostra salvezza e ci comunicano le primizie del mistero di Pasqua.

(*Catechismo della Chiesa cattolica* nn. 1166-1169; 1171)

# verifichiamo

## ❶ La scelta giusta

**1. Momento fondamentale per la vita della Chiesa è:**
- ☐ la celebrazione dell'eucaristia
- ☐ la celebrazione del battesimo
- ☐ la catechesi
- ☐ il catecumenato

**2. La Chiesa è stata paragonata da san Paolo a:**
- ☐ un animale con molte teste
- ☐ un corpo umano composto di più membra, ma uno e organico
- ☐ un ramo d'ulivo
- ☐ un corpo inanimato

**3. I diaconi:**
- ☐ sono coadiutori dei sacerdoti nella vita delle comunità locali
- ☐ sostituiscono in tutto i sacerdoti
- ☐ si dedicano alla vita contemplativa
- ☐ sono i responsabili delle parrocchie

**4. I vescovi sono i responsabili:**
- ☐ delle diocesi loro affidate
- ☐ delle varie congregazioni religiose
- ☐ del sacramento della cresima
- ☐ dello Stato del Vaticano

**5. Il primo sacramento che è necessario ricevere per diventare cristiani è:**
- ☐ l'ordine
- ☐ il matrimonio
- ☐ il battesimo
- ☐ l'eucaristia

**6. I sacramenti esprimono, nutrono, rinforzano la fede:**
- ☐ di chi li celebra
- ☐ di chi li riceve
- ☐ di tutti coloro che sono presenti al rito
- ☐ di tutta l'umanità

**7. Sono chiamati sacramenti dell'iniziazione cristiana:**
- ☐ matrimonio, eucaristia, confermazione
- ☐ battesimo, confermazione, eucaristia
- ☐ unzione dei malati, confermazione, eucaristia
- ☐ battesimo, eucaristia, penitenza

**8. Sono sacramenti ripetibili:**
- ☐ battesimo, confermazione, eucaristia
- ☐ eucaristia, penitenza, unzione dei malati
- ☐ matrimonio, eucaristia, penitenza
- ☐ ordine, matrimonio, confermazione

## ❷ Vero o falso?

**9. Indica con una crocetta le affermazioni vere (V) e quelle false (F).**

- I sacramenti sono stati istituiti da Giovanni Battista  V  F
- Il battesimo rende pubblico il fatto che una persona entra a far parte della Chiesa  V  F
- Nell'eucaristia il pane e il vino sono elementi simbolici che ricordano il corpo e il sangue di Gesù  V  F
- I sacramenti sono il segno visibile della presenza del Signore risorto tra gli uomini  V  F
- I sacramenti sono contemporaneamente segni spirituali e corporali  V  F
- Il rituale dei sacramenti è simbolico  V  F
- La celebrazione dei sacramenti è strettamente legata all'evangelizzazione  V  F
- Nell'eucaristia il pane e il vino sono segno della presenza reale di Gesù Cristo  V  F

# giochiamo

Sosta di verifica  191

### 1 Trova la parola

Risolvi il seguente cruciverba. Nella parte in verde comparirà il termine che indica il modo in cui vengono chiamati i segni cristiani di cui si è parlato in questa unità.

1. A capo della diocesi.
2. Ha ricevuto il sacramento dell'ordine.
3. Sacramento della maturità cristiana.
4. Fonte e vertice di tutta la vita cristiana.
5. Attraverso di esso si diventa cristiani.
6. Per riceverlo bisogna essere in due.
7. Il cristiano la chiede quando è in pericolo di vita.
8. Al servizio della comunità locale.
9. Si conclude con il perdono.
10. Il sacramento della consacrazione a Dio.

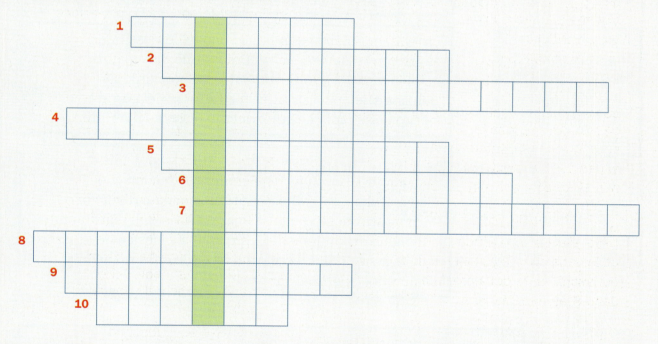

### 2 L'anagramma

Anagrammando i seguenti insiemi di lettere ti compariranno i tempi in cui è suddiviso l'anno liturgico cristiano.

TANEVVO

LETANA

AQUARISME

QUAPAS

ONARRIDIO

# mappa concettuale

**on line**
- Riassunto dell'unità
- Verifica finale
- Guida alla lettura di: *Io non ho paura*
- Guida alla visione di: *Asini*

*attività finali*

La Chiesa è segno e strumento dell'unione tra gli uomini e Dio e degli uomini tra loro. Essa è sacramento di salvezza, perché, proseguendo l'opera di Cristo, manifesta in forma visibile una realtà spirituale.

Alla Chiesa si appartiene per fede, attraverso i sette sacramenti e l'ascolto della Parola di Dio.

I sacramenti dell'iniziazione sono battesimo, comunione e cresima. Con il battesimo la persona diventa parte della Chiesa e viene liberata dal peccato originale. Nella comunione il fedele incontra Cristo presente nel pane e vino per la transustanziazione. Nella cresima il vescovo invoca lo Spirito Santo e unge ogni cresimando con il crisma.

I sacramenti della guarigione sono la confessione e l'unzione dei malati. Nella confessione il peccatore manifesta il proprio pentimento e viene perdonato. L'unzione dei malati conforta e rafforza nel corpo e nello spirito i cristiani che si trovano in pericolo di morte.

I sacramenti del servizio sono l'ordine sacro e il matrimonio. L'ordine viene conferito ai fedeli che, nel diaconato, nel sacerdozio e nell'episcopato divengono segno e strumento della salvezza di Cristo. Il matrimonio è immagine dell'unione di Cristo con la Chiesa e deve essere: fedele, senza limiti temporali, fecondo, vissuto nella comunità e aperto al servizio.

La gerarchia ecclesiastica è così composta: i vescovi sono i responsabili delle diocesi con i loro collaboratori, preti e diaconi; il collegio episcopale ha per capo il papa; i preti sono i ministri della Parola, celebrano i sacramenti e sono pastori della Chiesa; i diaconi aiutano i preti. Il Concilio Vaticano II ha rivalutato il ruolo dei laici.

L'anno liturgico è così organizzato: Avvento, attesa della venuta di Cristo, che si festeggia a Natale. Segue il tempo di Natale che finisce con la festa del Battesimo di Gesù. Poi ci sono 40 giorni di Quaresima che precedono la Settimana Santa e la Pasqua. Il tempo pasquale dura 50 giorni e si conclude con la Pentecoste, festa della discesa dello Spirito Santo. Segue il tempo ordinario.

Attività finali  **193**

# concludiamo la riflessione

## L'immagine

Sei in grado di tirare le fila di quanto hai studiato in questo capitolo? Quale significato hanno, dopo il tuo studio, il testo e l'immagine che sono alle pp. 174-175?

L'arte non è scienza della rappresentazione né scelta intellettuale, e neppure compiaciuta esibizione di "talento", bensì frutto di semplicità e innocenza, pura "gioia di essere cristiani".

L'artista raffigura in primo piano, legati ai sostegni, i tralci da cui spuntano i nuovi germogli; in secondo piano il vignaiolo che taglia da un salice i rami flessibili usati per la legatura stessa.

Il riferimento è alla parabola della vigna in Matteo (21,33-43 e al passo di Isaia 5,1-7); inoltre a Giovanni (15,1; 5), ove Gesù paragona il Padre al vignaiolo, se stesso a una vite e i credenti ai tralci.

La metafora della vigna intesa come "mondo" ricorre più volte nei Vangeli. Essa indica anche la Chiesa, popolo di Dio. Benedetto XVI ha definito se stesso: «*umile vignaiolo nella vigna del Signore*».

## Il destino della Chiesa nella liturgia

A p. 174 hai letto un passo dell'ultimo libro pubblicato da Benedetto XVI in cui si riflette sulla Chiesa e sui "segni dei tempi".

▶ Che cosa, secondo il papa, rende la Chiesa particolarmente visibile?

▶ Attraverso che cosa possiamo entrare in contatto con Dio?

# Glossario

Abbazia, 61
Apostoli, 12
Ascesi, 58

Breviario, 109

Cataro, 88
Catechesi, 5
Catechismo, 109
Cattedrale, 55
Celibato, 106
Chiesa, 7
Clero, 55, 179
Concilio, 29
Crociata, 86

Diaconi, 12
Dogma, 139

Ecumenismo, 164
Enciclica, 139
Episcopi, 12
Eremitismo o anacoretismo, 58
Eresia, 45
Esegesi, 31
Eucaristia, 12

Icone, 78
Indulgenza, 103

Laico, 179

Magistero, 108
Martire, 16
Messale, 109
Metropolita, 43
Monachesimo cenobitico, 58
Morale, 30

Ordine, 186
Ortodossa, 78
Ortodossia, 45

Pagani, 25
Patriarca, 43
Pentecoste, 5
Predestinazione, 106
Puritani, 121

Quaccheri, 121

Sacramento, 108
Scisma, 78
Sequela, 150
Simonia, 73

Teofania, 8
Teologica, 30
Tradizione, 108
Transustanziazione, 108

Vangelo, 4
Vita monastica, 58